퍼펫놀이치료의 이론과 실제

Puppet Play Therapy: A Practical Guidebook

Athena A. Drewes · Charles E. Schaefer 편저
선우현 · 노남숙 · 왕영희 · 서미진 · 안명숙 · 최광현 공역

학지사

역자 서문

오래전부터 전 세계적으로 정서적 투사의 도구였던 인형은 지금의 퍼펫과 유사하게 사용되어 왔다. 특히 치료 상황에서 문제행동을 지닌 어린 아동뿐 아니라 청소년 그리고 그 가족에게 다가가고 의사소통하기에 가장 안전한 도구로 활용되었다. 퍼펫놀이는 아동이나 가족이 갈등을 은유적으로 표현할 수 있는 훌륭한 대리적 도구가 된다. 또한 아동과 가족의 진단과 치료를 돕기 위한 면접으로 폭넓게 사용되고 있다. 현재 퍼펫은 놀이치료실에 구비된 필수적인 놀잇감일 뿐 아니라 대중적으로 활용되고 있지만, 퍼펫놀이에 관한 이론과 기법을 배울 수 있는 기회가 부족하였다.

(사)한국인형치료학회는 2021년 6월에 퍼펫놀이를 주제로 학술 세미나를 준비하면서, 상담 현장에서 퍼펫을 활용한 다양한 기법과 사례를 구체적으로 소개한 이 책을 발견하고 흥분을 감출 수 없었다. 이 책은 퍼펫을 사용하는 구체적 방법과 기존의 심리치료 기법으로 활용할 수 있는 실제 및 상담사례를 소개하고 있어 퍼펫놀이치료의 기법을 손쉽게 배울 수 있도록 구성되었다.

무엇보다도 우리의 번역 작업을 격려해 주셨을 뿐만 아니라 흔쾌히 학술 세미나를 위해 열정적인 강의를 해 주신 이 책의 편저자 Drewes 교수와 기고자 Hartwig 교수에게 감사를 전한다. 퍼펫놀이치료에 대한 이론과 실제를 다양하게 경험할 수 있는 소중한 시간이었다.

이 책이 그동안 퍼펫놀이를 배우고자 하였으나 방법을 찾지 못했던 많은 놀이
치료사, 가족치료사, 심리치료사에게 좋은 지침서가 되고 한국의 상담 현장에서
널리 사용되어, 아무쪼록 많은 내담 아동과 청소년, 성인, 그들의 가족 모두에게
도움이 되기를 바란다.

역자 일동

편저자 서문

퍼펫의 광범위한 인기는 전 세계 거의 모든 놀이치료실에서 퍼펫이 발견된다는 사실에서 확연히 드러난다. 퍼펫은 훌륭한 참여도구이고, 아동들이 갈등을 행동화하고 감정을 표현하고 스트레스 받는 사건을 재현하고 숙달할 수 있도록 하는 데 안전한 방법이며, 더 적응적인 행동을 배우고 연습할 수 있는 방법임이 입증되었다. 그럼에도 불구하고 놀이치료사를 포함한 대부분의 치료사는 불행하게도 치료에서 퍼펫 사용에 대한 교육을 거의 받지 못했다.

이 책의 목적은 치료 목적으로 퍼펫을 사용하는 데 있어 실질적인 지침을 제공하는 것이다. 선구적 통찰력과 새로운 방향을 모두 포함한 퍼펫놀이치료의 효과적인 실천의 기초가 되는 기본 기술과 기법, 적용을 제시하는 것이 목적이다. 또한 이 책은 독자가 대부분 자신의 개인적 신념과 가치관에 부합한 원칙과 실천 기법을 선택할 수 있도록 퍼펫놀이치료의 기초가 되는 주요 이론적 접근 방법을 설명하고 있다. 이 책이 정신건강 및 관련 분야의 초보 전문가와 경험 많은 전문가 모두의 임상 기술을 향상시키는 데 필수적인 지침이 되기를 바란다.

Athena A. Drewes
Charles E. Schaefer

차례

제1부 소개

제 5 부 퍼펫치료 대상과 치료 환경

퍼펫놀이치료의 마법의 세계에 바친다.

제 1 부

소개

●
●
●

| 제1장 | **퍼펫놀이치료의 기본 개념과 실제** |

– Charles E. Schaefer, Athena A. Drewes

❖ 간략한 역사

퍼펫은 3,000년 넘게 전 세계 성인들에게 보편적으로 사용되어 왔고, 신화와 전설에 관련된 정보를 전달해 주고 재미를 주며, 부족 의식과 종교 의식을 향상시키는 데 사용되었다. 활기찬 대상들이 생명력 있게 다가오는 것을 지켜보는 것에 마법적이면서도 멋진 무언가가 있다. 퍼펫은 인간처럼 말하고 움직이기 때문에 사람들은 그들과 동일시하고 퍼펫에게서 자신 또는 자신의 일부를 보게 된다. 퍼펫은 의사소통을 활성화하여 사용자 내면의 정신 상태를 물리적인 형태로 변환하고, 모든 연령대의 사람들을 환상과 기쁨의 세계로 이동시킨다. 퍼펫은 전형적인 어린 시절의 놀잇감인데, 그것이 상상력을 자극하는 힘은 번쩍이고 삐 소리가 나는 현대의 전자 장난감들이 도저히 흉내 낼 수 없다.

❖ 퍼펫놀이치료

1930년대가 되어서야 정신건강 전문가들이 아동의 진단 및 치료 목적으로 퍼펫의 가치를 탐구하기 시작했다. 초기의 선구자는 Adolf Woltmann과 Loretta Bender였다. 그들은 인형극을 사용하여 정신병동의 아동들이 자유롭게 표현하도록 돕고, 퍼펫을 통해 투사된 동일시 과정에서 문제에 대한 해결책을 찾고자 하였다(Bender & Woltmann, 1936; Woltmann, 1940). 퍼펫놀이는 형제간의 경쟁이나 공격적인 표현과 같은 아동들이 흔히 경험하는 주제나 갈등을 바탕으로 한 줄거리를 포함하고 있다. 아동들은 퍼펫 캐릭터가 표현하는 갈등과 문제에 대해 해결책을 제공하도록 요청받았고, 이러한 해결책들이 치료의 기초로 사용되었다.

　퍼펫놀이치료는 진단 및 치료 목적으로 정신건강 전문가가 퍼펫을 사용하는 놀이치료의 한 형태이다. 퍼펫놀이치료는 현대 아동심리치료에서 주로 활용되고 있다. 또한 퍼펫을 사용한 치유와 발전이 촉진되어 최근 몇 년 동안 광범위하게 확장되었다. 퍼펫은 이제 유아기부터 노년기에 이르기까지 인간의 생활주기 전반에 걸쳐 효과적으로 적용되고 있다. 또한 부모와 전문가들은 의료, 교육 및 가정에서 아동에게 유익한 퍼펫놀이를 찾고 있다. 이 책의 제4부에서는 다양한 환경에서 퍼펫놀이를 적용하는 방법을 설명하고 있다.

❖ 퍼펫놀이치료의 기본 개념

퍼펫놀이치료의 치료적 힘

　다음과 같은 치유과정이 퍼펫놀이가 내담자의 치료적 변화를 촉진할 수 있는 주요 방법이다.

1. 자기표현

　퍼펫으로 말하는 것은 내담자가 자신의 목소리로 쉽게 표현할 수 없는 불편한 생각과 감정을 드러내는 데 필요한 심리적 거리를 제공할 수 있다. 퍼펫이 그들을 대신해 말하는 것이라고 항상 부정할 수 있기 때문에 사람들은 그들의 내면 세계를 퍼펫이 묘사하는 것이 안전하다고 느낀다. 아동들은 다른 사람이 말하고 행동하는 것으로 보기 때문에 투사된 행동과 말에 책임지지 않고 퍼펫에게 감정과 생각을 투사할 수 있다.

2. 무의식에 접근

퍼펫은 **투사**(projection), **상징화**(symbolization), **전치**(displacement) 등과 같은 방어 메커니즘을 통해 내담자의 무의식 과정을 들여다볼 수 있게 한다. 투사는 자기 자신의 감정이나 욕망을 무의식적으로 드러내는 것이다. 상징화는 하나의 대상이 다른 대상을 상징하는 것으로, 예를 들어 마녀 퍼펫은 못된 엄마의 모습을 나타낼 수 있다. 그리고 전치는 가족 구성원에 대한 부정적인 감정을 퍼펫에게 드러내는 것이다.

3. 카타르시스

내담자는 폭력이나 좌절에 대한 감정을 스스로 행동화하는 대신, 퍼펫에게 그러한 감정을 불어넣을 수 있다. 예를 들어, 화난 감정을 가지고 있다면 퍼펫을 통해 안전하게 표현할 수 있어 큰 안도감과 기쁨이 뒤따를 수 있다.

4. 실제 교육

퍼펫은 아동들의 관심, 집중력, 학습 참여를 이끌어 내는 것으로 나타났다 (Remer & Tzuriel, 2015). 따라서 합리적 생각, 감정조절 및 사회적 기술과 같은 보다 적응적인 사고, 감정 및 행동을 습득하도록 돕는다.

또한 퍼펫은 시각적 상징을 통해 개념적으로 가르치기 위해 교사와 임상의가 사용할 수 있다(예를 들어, 화난 퍼펫 얼굴은 화난 감정의 상징이다). 그리고 구두 표현, 이해 및 지식 얻기를 통합한다(Peyton, 2001). 퍼펫이 보고 들은 것을 연결하여 말하는 과정에서 아이들이 쉽게 기억할 수 있도록 도울 수 있다. 시각적 요소는 개념적 요소와 시각적 교육에서 효과적으로 결합한다(Peyton, 2001).

5. 정화 반응

스트레스나 외상 사건들을 퍼펫으로 재현함으로써 내담자들은 ① 사건들을 겪는 동안 무기력감과 불안감과 관련 있는 차단된 감정의 정서적 방출, ② 외상과 거리를 두는 경험에 대한 숙달감을 얻기 위해 올바른 행동들을 반복적으로 연습할 수 있는 기회를 얻을 수 있다.

6. 감정 인식

퍼펫은 다른 사람의 감정에 공감할 수 있을 뿐 아니라 내담자에게 자신의 감정을 어떻게 표현하고 이름 붙이는지 모델링해 줄 수 있다. 이것은 아동의 '감정' 어휘를 확장시킨다. 아동들은 퍼펫들에게 속내를 털어놓고 퍼펫을 기쁘게 하기 위해 다른 아동이나 어른에게 하지 않는 어떤 것을 자주 하여 공감을 발달시킨다.

7. 라포

퍼펫을 가지고 노는 재미는 치료사가 장난스러운 아이들과 확실한 라포를 형성하는 데 도움이 될 수 있다. '다가가기 어려운' 아동조차도 퍼펫놀이에 긍정적으로 반응하는 경향이 있다. 퍼펫은 저항을 빠르게 무너뜨릴 수 있고 신뢰와 동기를 높이는 데 도움이 된다.

8. 문제 해결

치료사의 '도우미' 퍼펫은 이성의 목소리가 될 수 있으며 아동이 당면한 문제를 해결할 수 있는 방법을 제시할 수 있다. 반대로, 귀찮은 고민과 같이 아동과 비슷한 문제가 있는 퍼펫의 '도우미' 역할을 할 수 있다. 또한 퍼펫놀이에서 다른 역할들을 놀이하면서도 내담자는 실제 삶의 문제에서의 해결책을 찾을 수 있다.

9. 예행연습

치료사는 병원에서의 절차나 학교에 가기 시작하는 것과 같이 아동이 곧 경험하게 될 스트레스 사건에 대처할 전략들을 모델링하기 위해 퍼펫을 사용할 수 있다. 목표는 스트레스 요인의 알려지지 않은 측면을 줄이고 심호흡 및 자기대화와 같은 대처 전략을 보여 주는 것이다(Shapiro, 1995).

10. 가족역동평가

퍼펫놀이평가는 치료사에게 가족 상호작용, 즉 배경 자료를 기반으로 한 가족 관계에 의존해서 가정하기보다는 의사소통 패턴, 역할 및 연합을 직접 관찰할 수 있는 기회를 제공한다.

❖ <u>이론적 접근</u>

퍼펫놀이의 이러한 추가적인 치료적 힘은 모든 주요한 놀이치료 접근법에 의해 독특한 방식으로 적용되었다. 이 책의 제3부에는 지시적 · 비지시적으로 서로 다른 놀이치료 모델을 따르는 치료사가 퍼펫놀이치료를 실제로 어떻게 하는지에 대한 개요가 포함되어 있다. 아동중심, 정신역동, 아들러 접근법 및 해결중심과 같은 이론적 방향에서 퍼펫놀이의 치유력에 대한 구체적인 적용을 설명하고 있다.

퍼펫의 형태

퍼펫은 인간 행위자에 의해 조작되어 움직이는 무생물체로서 살아 있는 것처럼 보인다. 퍼펫에는 ① 손 퍼펫, ② 마리오네트, ③ 그림자 퍼펫, ④ 머펫(Muppet), ⑤ 사람 퍼펫, ⑥ 손가락 퍼펫과 같은 여섯 가지의 일반적인 유형이 있다.

1. 손 퍼펫

3세에서 10세까지 사용할 수 있다. 이들은 손에 착용하고 퍼펫티어가 조작하는 다양한 퍼펫으로 구성되어 있다. 여기에는 자기 스스로 표현하기 쉽도록 퍼펫티어가 손으로 조작하는 움직이는 입을 가지고 있는 퍼펫이 포함된다. 손 퍼펫은 움직임이 더 많고 줄이 있는 마리오네트보다 공격성과 표현력이 더 뛰어나다(Bender & Woltmann, 1936). 가볍고 편안하고 휴대 가능하며 저렴해야 한다. 손 퍼펫은 약간 더 복잡하며 손가락에 대한 내부 구분이 있어 퍼펫의 팔과 머리를 독립적으로 조작할 수 있다.

2. 마리오네트

줄과 막대를 당겨 위에서 작동하는 관절 부분을 가진 사람이나 동물의 작은 형태로, 일반적으로 퍼펫무대는 퍼펫티어의 손을 숨기기 위해 사용한다.

3. 그림자 퍼펫

이들은 대부분 밝은 판이나 스크린 뒤에서 조종할 때 실루엣이 나타나는 납작하거나 불투명하거나 색깔이 있는 모양의 막대 퍼펫이다.

4. 머펫

머펫은 손 퍼펫과 마리오네트 사이의 방식으로 한두 명의 머펫을 공연하는 사람이 손 퍼펫과 유사한 방식으로 입을 조작하고, 팔과 다리는 마리오네트처럼 줄과 막대로 조작한다.

5. 사람 퍼펫

가장 사실적인 유형의 퍼펫은 복화술사의 사람 퍼펫이다. 퍼펫을 조종하는 사람은 사람 퍼펫 안쪽에 손을 넣고 줄과 막대로 사람 퍼펫의 턱, 팔, 다리를 조작한다. 복화술사는 상당한 기술이 필요하다.

6. 손가락 퍼펫

이것은 손가락에 맞는 작은 퍼펫이다. 어린 아동이 가장 조작하기 쉬운 형태의 퍼펫이다. 쉽게 보관할 수 있으며, 아동은 한 손의 손가락에 온 가족의 캐릭터를 끼울 수 있다.

각 퍼펫의 형태마다 특정한 장점이 있지만, 손 퍼펫은 놀이치료에서 '반드시 있어야 하는' 퍼펫이다. 손 퍼펫은 가볍고 편안하고 휴대성이 뛰어나고 상대적으로 저렴하며, 어린아이부터 노인까지 모두 쉽게 조작할 수 있다. 가장 단순하고 다재다능하기 때문에 가장 인기 있는 퍼펫 형태로 이 가이드북에서 중요한 초점이 될 것이다.

놀이치료실에서 퍼펫의 선택

일반적으로 15~20개의 다양한 퍼펫의 내용물을 전시하는 것이 가장 좋다(Carter & Mason, 1998). 퍼펫의 수가 너무 적으면, 표현의 범위가 충분히 넓어지지 않는다. 너무 많으면 내담자를 압도해 버릴 정도로 선택의 폭이 넓어지기 쉽다. 기본적인 퍼펫의 내용물은 다음을 포함해야 한다.

- 현실의 가족 모형(예: 엄마, 아빠, 두 자녀)
- 야생동물과 가축동물(예: 늑대, 개, 쥐)
- 인간 캐릭터(예: 경찰관, 의사)
- 판타지 모형(예: 마녀, 착한 요정, 악마, 영웅)

일반적인 퍼펫 내용물 중에는 기꺼이 도움을 주는 착한 요정과 같이 아동이 살면서 만날 수 있는 사람을 상징할 만한 것을 포함해야 하며, 또는 소심한 생쥐와 같이 내면의 성격적 특성을 상징해야 한다.

물론 모든 놀이치료사는 개인적으로 좋아하는 퍼펫들을 가지고 있을 것이다. 미국의 놀이치료사들이 실제 가장 유용하다고 입증한 퍼펫들에 대한 최근 조사(Schaefer, 2017)에서 그들은 다음과 같은 퍼펫들을 가장 자주 보고했다. 이러한 특정한 퍼펫들이 아동들에게 매우 치료적이라고 믿는 이유 또한 다음에 요약되어 있다.

- 용(무섭고 충격적인 경험을 숙달하고 표현한다)
- 거북이(많은 수줍은 아동은 머리를 쥐어짜서 사회적 상황에 숨으려 한다)
- 가족(가족 간 상호작용을 나타낸다)
- 상어(공격성을 표현하고, 보호받고 있다고 느낀다)
- 새(날고, 위험에서 쉽게 벗어난다)

- 개(위로와 양육)
- 공룡(힘과 보호의 주제를 표현한다)
- 지퍼로 입을 열고 닫을 수 있는 악어(성난 듯이 그 길에 있는 것을 먹어 치우는 공격성을 표현한다)
- 뱀(힘과 공격성을 표현한다)
- 마법사(더 나은 삶을 만들 수 있는 마법의 힘을 갖는다)

다음의 퍼펫을 선택하도록 추가로 안내한다.

- 아동들이 조작하기 쉬운 것
- 거칠고 단단한 것과 대조적으로 부드럽고 '껴안을 수 있는' 것
- 세척이 가능하거나 깨끗하게 할 수 있는 것
- '성격'을 가지고 있는 것. 이것은 정의하기보다는 인식하기 더 쉬운, 규정할 수 없는 것. 당신이 퍼펫을 볼 때 그 퍼펫이 어떻게 말하고 행동하게 하는지를 직관적으로 알 수 있는 것
- 시각적으로 그리고 질적으로 호소력이 있는 것
- 움직이는 입이 있는 것(5세 이상 아동용)
- 피부색을 포함하여 문화적으로 다양한 것
- 호감이 가는 것

퍼펫 조종의 기초 기술

퍼펫은 민감한 손에서 살 수 있지만 손보다 더 많은 것을 요구하기 때문에 마음을 주어야 한다.

– Tom Tichenor

다음의 퍼펫 조종의 기초 기술은 손 퍼펫들을 생동감 있게 하기 위해 어른들의 능력을 향상시킬 것이다. 다른 기술과 마찬가지로, 능숙해질 때까지 자주 연습

할 필요가 있다. 거울 앞에서 연습할 것을 특히 권장한다.

1. 움직임

움직임은 퍼펫을 살아 움직이게 하는 데 필수적이다(Astell-Burt, 2001). 가능한 한, 퍼펫의 움직임과 몸짓은 퍼펫이 나타내는 동물이나 인간 캐릭터와 유사하게 실제처럼 표현되어야 한다. 강아지는 많은 에너지를 가지고 빠르게 움직이는 반면, '노인' 퍼펫의 움직임은 느리고 신중한 경향이 있다. 슬퍼하는 퍼펫은 머리를 숙이는 것으로 그것을 표현할 수 있다. 퍼펫을 움직이게 하는 조작은 보이는 것만큼 쉽지 않다. 처음에는 퍼펫을 너무 많이 움직여서 지나치게 활동적이거나, 너무 적게 움직여서 둔하거나 생기 없어 보일 수 있다.

아동의 흥미를 유지할 수 있도록 움직임을 변화시키고 동작을 지속적이고 생생하게 유지해야 한다. 말을 하는 동안에 퍼펫의 머리, 입, 몸이 움직이는 한, 아동은 목소리가 실제로 어디서 나오는지 신경 쓰지 않는다.

2. 초점

퍼펫이 말을 하고 있는 사람이나 퍼펫을 쳐다보며 눈을 맞추는 것은 필수적이다. 또한 퍼펫이 말을 할 때, 퍼펫이 말을 하고 있는 사람을 보기보다는, 퍼펫에 관심을 기울이게 하기 위해 퍼펫을 본다.

3. 입의 움직임

사람들은 말을 할 때 아래턱을 위아래로 움직이며, 위턱은 움직이지 않는다. 따라서 퍼펫의 아래턱을 위턱보다 더 많이 움직여 본다. 손 퍼펫 머리에 있는 엄지손가락을 이용해서 아래턱을 통제한 후 퍼펫이 말을 할 때 머리 위에 고정된 다른 네 손가락을 아래로 움직인다.

4. 립싱크

중요한 각 음절이나 단어를 말할 때 1~2인치 정도 퍼펫의 입을 열어서 소리를 낸다. 과장되거나 큰 소리를 말하기 위해서는 입을 벌려 놓는다. 립싱크에서 문장의 시작과 끝 음절은 청중의 주목을 가장 많이 끄는 부분인 것을 명심해야 한다. 그 사이에 일어나는 일은 그다지 눈에 띄지 않는다. 립싱크에서 가장 흔한 실수는 각 음절에 입을 닫는 것인데, 퍼펫이 '말을 삼키는 것'처럼 보일 수 있다.

5. 적절한 목소리

퍼펫의 캐릭터에 맞는 목소리로 변경한다. 공룡 퍼펫으로 약한 목소리를 내거나 쥐 퍼펫으로 큰 목소리를 내는 것은 부적절하게 보일 것이고 믿기 어려울 것이다. 재미있게, 드라마틱하게, 마법적으로 목소리를 과장되게 한다. 독특한 목소리는 퍼펫을 식별하기 쉽고 듣기에도 흥미롭다. 당신 자신의 목소리와 대조되는 목소리를 찾는다. 충격적이고, 놀랍고, 드라마틱하고, 재미있을 수 있다. 퍼펫을 보고 그 퍼펫의 캐릭터들이 무엇을 의미하는지 찾아본다(졸린 눈은 느리고 피곤한 목소리를 의미할 수 있다. 많은 이빨은 재잘거리는 목소리, 큰 입은 위압적이고 깊은 목소리를 의미할 수 있다).

더 높은 목소리 톤이나 더 낮은 목소리 톤을 내기 위해서 특정 단어, 큰 소리, 단어 속도 및 호흡의 질에 영향을 미치는 새로운 목소리를 만들어 낸다.

매우 높거나 낮은 속삭임, 늘어진 하품, 느리거나 빠르기, 으르렁거리거나 끽끽거리기, 심술궂거나 행복한 극적인 목소리를 사용해 본다. 느린 목소리를 내기 위해 단어를 늘어지게 하고, 단호하게 하려면 강하고 경쾌하고 분명한 목소리를 사용해 본다.

6. 자세

이유 없이 퍼펫을 좌우 또는 앞뒤로 기울지 않게 하고 팔을 바닥에 직각으로 고정해 놓아야 한다. 이것은 퍼펫이 발을 가지고 있다는 착각을 일으켜서 더 자연스러워 보이게 한다.

7. 성격특성

퍼펫의 신체적·심리적 특성에 맞게 호감 가는 퍼펫의 성격을 만들어 본다. 이 것은 퍼펫을 더 흥미롭고 매력적으로 만든다.

퍼펫이 어떻게 보이거나 무엇을 상징하는가? 좋아하는 것, 직업, 유머, 친구, 반려동물, 문구, 좋아하는 음식, 개인적인 역사, 특별한 관심사 등 이름을 만들어 준다.

매력적이고, 이국적이고, 깔끔하고, 사랑스럽고, 가정적이고, 지저분하고, 웃 기게 생겼는가? 당신의 퍼펫은 어떤 기분인가? 행복하고, 두렵고, 투덜거리고, 초조하고, 슬프고, 흥분되고, 화가 났는가?

알레르기가 있고, 항상 재채기를 하고, 주기적으로 잠드는 등 특이한 증상을 갖는다. 혼란스럽게 하거나 변덕스러운 성격은 그 퍼펫을 더 인간적이고 더 인 내심 있어 보이게 만든다. 어떻게 행동할 것인가? 그것은 합법적이고, 친근하고, 수줍고, 세련되고, 품위 있고, 나약하고, 거만하고, 강하고, 건망증이 심하고, 어 리석고, 진지한 것일까?

8. 실제보다 더 크게

보는 사람을 사로잡고 매혹시키기 위해서는 퍼펫의 특징이 살아 있는 상대보 다 더 크게 그려져야 한다. 소심한 쥐 퍼펫은 더 소심해야 하고, 사악한 마녀 퍼 펫은 더 사악해야 하며, 바보 같은 캐릭터 퍼펫은 더 바보 같아야 한다.

9. 표정

적절할 때 손가락으로 퍼펫의 얼굴에 주름을 넣어서 공포, 기쁨과 같은 특정 형태의 감정을 두드러지게 표현한다.

10. 이름

예를 들어, Tucker, Dino, Buddy와 같이 더 진짜처럼 보이도록 퍼펫에게 이름 을 지어 준다.

11. 사용 시간

어린 아동들에게 퍼펫 퍼포먼스를 사용하는 시간은 아동의 관심과 집중을 유지하기 위해 짧아야 한다. 일반적으로 10~15분을 넘지 않아야 한다.

12. 준비

일단 아동이 퍼펫을 선택하고 그것을 가지고 놀 준비가 되면, 퍼펫 자신에 대해 몇 가지를 질문한다. 예를 들면, "너의 이름은 뭐니?" "너는 어떤 퍼펫이니?" "너는 좋은 퍼펫이니, 나쁜 퍼펫이니?"와 같다. 이 준비활동은 아동들이 이어서 퍼펫놀이치료 활동에 참여하기 전에 퍼펫으로 애니메이션을 만드는 데 익숙해지도록 도움을 준다.

❖ 실제 이슈

퍼펫놀이의 함정

많은 아동이 악어나 사자 같은 공격적으로 생긴 퍼펫들을 가지고 치료사를 포함해서 다른 사람들을 물거나 때리려고 시도할 것이다. 이것을 미리 방지하려면, 행동이 나오기 전에 더 빠르게 아동에게 퍼펫에 대해 말하도록 시킨다. 예를 들어, 퍼펫의 이름, 나이, 어디에 사는지를 물어본다.

퍼펫 조종술이나 판타지에 기초한 다른 치료 형태에서는 정신병이나 심각한 정서장애 증상을 보이는 아동에게 주의를 기울여야 한다. 그들의 현실에 대한 위약한 통제력이 판타지 놀이로 인해 악화될 수 있고, 그들에게는 두려운 일이 될 수 있다(Woltmann, 1964).

퍼펫 보관하기

퍼펫들을 실제처럼 다루어야 한다. 퍼펫을 상자 안에 던져 넣어서는 안 되며, 책장 위나 선반 위에 진열해 놓아야 한다. 물건을 보관하는 '주머니'가 따로 있는 신발가방이나 받침대를 사용한다. 퍼펫들을 각각의 주머니에 따로 두어 문 뒤에 걸어 두는 것이 퍼펫을 보관하는 가장 쉬운 방법이다. 또한 방 한쪽에 세워 놓는 '옷걸이'에 퍼펫을 걸어 놓을 수 있다([그림 1-1] 참조).

[그림 1-1] 퍼펫 걸이

출처: Athena A. Drewes.

퍼펫 극장

퍼펫 극장은 바닥에 앉는 좀 더 전통적인 것에서부터 탁자나 책장의 상단을 이용해서 아이들이 테이블 아래로 숨을 수 있는 크기까지([그림 1-2] 참조) 다양하다. 테이블을 옆으로 돌려서 빠르게 무대를 만들 수도 있고, 천으로 덮인 막대기를 이용해서 그 사이를 늘릴 수도 있으며, 두 개의 의자 등받이 사이를 벌리거나,

테이블이나 의자 위에 담요를 덮어 뒤에 웅크리고 퍼펫을 올려놓을 수도 있다. 하지만 퍼펫 극장이 꼭 필요한 것은 아니다. 드라마틱한 퍼펫놀이는 극장 없이도 할 수 있다. 퍼펫을 볼 수 있으면 된다.

[그림 1-2]   퍼펫 극장

출처: Athena A. Drewes.

손 퍼펫을 구할 수 있는 곳

고품질의 동물, 사람, 판타지 퍼펫 등 다양한 제품을 다음의 사이트에서 온라인으로 주문할 수 있다.

- Folkmanis: www.folkmanis.com
- The Puppet Store: www.thepuppetstore.com
- PuppetU: www.puppetu.com

종이 접시나 병원에서 사용하는 설압자를 사용하여 퍼펫을 만들 수도 있다([그림 1-3]과 [그림 1-4] 참조).

[그림 1-3] 설압자 퍼펫들

출처: Athena A. Drewes.

[그림 1-4] 종이 접시 퍼펫

출처: Athena A. Drewes.

또는 종이 가방, 양말, 손가락, 머펫 같은 퍼펫들을 포함하여 다양한 퍼펫을 직접 만드는 방법을 www.wikihow.com/Make-Puppets에서 찾을 수 있다. 단색의 천으로 퍼펫을 만들 수 있고, 또는 버튼, 페인트, 깃털, 실 등을 덧붙여서 모슬린 퍼펫을 만들 수 있다. 개인 휴대형 퍼펫을 위해 색깔 있는 천을 www.lakeshore-learning.com에서 구할 수도 있다. 각 패키지에는 15개의 모슬린 천으로 된 손 퍼펫이 있는데, 이를 콜라주 퍼펫이라고 한다.

참고문헌

Association for Play Therapy (1997). A definition of play therapy. *The Association for Play Therapy Newsletter, 16*(1), 7.

Astell-Burt, C. (2001). *I am the story: The art of puppetry in education and therapy*. London, UK: Souvenir Press (E&A) Ltd.

Bender, L., & Woltmann, A. (1936). The use of puppet shows as a psychotherapeutic method for behavior problems in children. *The American Journal of Orthopsychiatry, 6*(3), 341-354.

Carter, R., & Mason, P. (1998). Selection and use of puppets in counseling. *Professional School Counseling, 1*(5), 50-53.

Peyton, J. (2001). *An analysis of the qualities in puppets*. Retrieved April 2, 2017, from www.puppetool.com/!getpublicfile.php?fid=155

Remer, R., & Tzuriel, D. (2015). I teach better with the puppet. *American Journal of Educational Research, 3*(3), 356-365.

Schaefer, C. E. (2017). Play therapists report their most useful puppets. *Play Therapy Magazine, 12*(3), 25-27.

Shapiro, D. (1995). Puppet modeling techniques for children undergoing stressful medical procedures. *International Journal of Play Therapy, 4*(2), 31-39.

Woltmann, A. (1940). The use of puppets in understanding children. *Mental Hygiene, 24*, 445-458.

Woltmann, A. (1964). Psychological rationale for puppetry. In M. R. Hamout (Ed.), *Child psychotherapy: Practice and theory* (pp. 395-399). New York: Basic Books.

용어 해설

손 퍼펫(hand puppet): 퍼펫의 내부에 손을 넣을 수 있거나 손으로 조종할 수 있는 퍼펫의 유형

놀이치료(play therapy): 이론적 모델을 체계적으로 활용해 숙련된 놀이치료사가 놀이치료의 치료적 힘을 활용해 내담자의 심리사회적 어려움을 예방하거나 해결하고 최적의 성장과 발전을 이룰 수 있도록 돕는 것(Association for Play Therapy, 1997)

퍼펫(puppet): 마치 살아 있는 것처럼 보일 수 있게 사람이 조종할 수 있는 인간이나 동물의 형상을 닮은 대상물

퍼펫놀이(puppet play): 아동들을 위해 노는 것이 아니라 아동들과 함께 노는 것. 즉, 퍼펫 극장 같은 것

퍼펫놀이치료(puppet play therapy): 정신건강 전문가가 심리치료를 목적으로 퍼펫놀이를 사용하는 접근법. 퍼펫을 활용하여 치료를 하는 놀이치료의 한 형태

퍼펫 극장(puppet theater): 일반적으로 화면 뒤에 보이지 않게 숨어서 퍼펫티어라 불리는 배우들이 2차원 혹은 3차원에서 퍼펫들을 조종하여 연극을 하는 공연의 한 유형

퍼펫티어(puppeteer): 퍼펫을 공연하는 사람

퍼펫 조종술(puppetry): 무생물체를 살아 있는 인격의 형태로 조작하는 기술. 스토리텔링이나 드라마틱한 표현의 변형으로 기본적으로 예술적 표현의 한 형태

치료적 퍼펫놀이(therapeutic puppet play): 자기나 타인의 정신건강을 향상시키기 위해 퍼펫을 사용하는 것. 치료적 퍼펫놀이는 심리치료에 국한되지 않고, 오히려 '치료적'이라는 용어는 심리적 안녕의 증진이라는 좀 더 일반적인 의미로 사용됨

제2장 모든 연령의 아동들과 함께하는 퍼펫놀이치료

– Eleanor C. Irwin

마리오네트와 퍼펫들은 수 세기 동안 전 세계의 오락거리로 사용되었고, 심지어 디지털에 사로잡힌 시대에도 폭넓은 인기를 유지해 왔다. 18세기에 이탈리아에서 시작된 Punch와 Judy 인형쇼들의 변형이 영국, 프랑스, 독일, 러시아로 빠르게 퍼져 나갔고, 일부는 오늘날에도 여전히 유튜브에 공개되고 있다. 아동들에게 인기 있는 손 퍼펫으로는 〈Mister Rogers' Neighborhood〉의 King Friday와 Lady Elaine, 〈Sesame Street〉의 개구리 Kermit과 Cookie Monster 등이 있다. 한편, 어른들은 〈Avenue Q〉나 〈The Hand of God〉과 같은 브로드웨이쇼에 나오는 실제 배우들과 퍼펫들을 똑같이 좋아했다.

다양한 연령과 문화에 걸친 퍼펫들의 매력은 많은 영역에서, 그리고 놀랄 것도 없이 심리치료에서 점점 더 많이 사용되고 있다. 사람, 동물, 상징적인 캐릭터가 등장하는 이러한 재미있는 놀이들이 보통 흥미를 주지만, 그들은 또한 충격적일 정도로 폭력적이고 실제적이다. 진짜이지만 진짜가 아닌 퍼펫 조종술은 마음속을 꿰뚫어 보듯 인간의 상태에 대한 통찰을 연기할 수 있지만, 또한 '실제인 것처럼' 상상하기 쉽다. 그리고 이러한 역설 속에는 심리치료에 대한 가치의 핵심이 있다.

❖ 퍼펫놀이의 성공을 이끌어 내는 요소

퍼펫은 아동들의 상상력에 즉시 접근할 수 있게 해 주기 때문에 놀이치료실에서 도움이 되고, 고통스러운 '나쁜 감정'으로부터 안도감을 찾기를 원하는 이들의 진단(이해)과 치료(도움)에 도움이 된다(Schafer, 2003). 퍼펫놀이의 가치를 더 크게 끌어올리기 위해서는 미적으로 즐거운 다양한 종류의 손 퍼펫과 함께 비언어적 의사소통을 이해하는 공감능력이 있는 치료사가 필요하다(Schore, 1994). 놀이에 익숙한 숙련된 치료사는 재현하는 놀이를 할 수 있도록 어린아이들을 도울 수 있다(Sandler & Rosenblatt, 1962). 판타지의 삶을 내면화하는 잠재기 아동들(Piaget, 1962) 그리고 정체성, 역할 혼란, 관계, 학교 문제와 '제2의 분리 개별화 문제' 등을 해결하려고 애쓰는 청소년들도 도울 수 있다. 퍼펫놀이의 목표는 모든 아동이 감추어진 것을 증상 형성을 통해 드러낼 수 있도록 돕고, 치료 동맹을 맺고 그들을 도움으로써 그들의 삶에 긍정적인 변화를 가져오게 하는 것이다.

"이건 놀이야. 진짜가 아니라 흉내 내는 거야."라고 알려 주는 것은 숨기고 있는 비밀을 폭로하거나 처벌받지 않는다는 약속으로 위장하는 심리적인 안전을 제공한다. 놀이하는 사람은 미처 알아채지 못하지만, 물론 치료사는 꾸며 낸 **이야기**(story)이더라도 그 **느낌**(feeling)은 진짜라는 것을 알고 있다. 퍼펫들은 가혹하고 자주 위장을 통해 비난하는 초자아를 '매수'해서 숨겨진 수치심, 죄책감, 굴욕으로부터 벗어나도록 약속하는 드라마틱한 놀이를 촉진한다.

❖ 치료사가 퍼펫놀이로 배울 수 있는 것은 무엇인가

형태와 내용 모두 가치가 있지만 다른 종류의 정보를 제공한다. **내용**(content)은 이야기의 근본적인 갈등, 즉 주제, 캐릭터, 줄거리, 갈등에 대한 단서를 주는 반면, **형태**(form)는 이야기가 어떻게 진행되는지, 아동의 강점과 약점 그리고 방어력을 말해 준다.

퍼펫 캐릭터들은 자기 또는 다른 중요한 인물들의 투사들이지만, 종종 아동의 방어로 위장되어 다른 종류의 '언어'로 여겨진다. 놀이에서 사용되는 주요 방어는 상징성, 투사, 전치로서, 다음과 같은 방법으로 대략적으로 정의할 수 있다. 상징성은 한 가지를 (의식 없이) 다른 것으로 나타내는 인간의 마음의 능력이다. 투사는 받아들일 수 없는 생각이나 충동을 다른 사람 탓으로 ('배출')하는 경향을 가리킨다. 그리고 전치는 누군가의 위험하거나 받아들일 수 없는 생각을 다른 누군가(또는 다른 무엇인가)에게로 방향을 돌리는 경향을 암시한다. 모든 사람이 어느 정도 이러한 방어를 활용하기 때문에, 다음 예에서 보듯이 어떻게 퍼펫놀이가 위험해 보이고 무서운 감정들 중 하나를 만족스럽게 '제거'할 수 있는지 분명히 알 수 있다.

5세 Joey: 어떤 퍼펫놀이가 도움이 되는지의 예시

음주운전자에 의해 치인 후 Joey는 심각한 발작을 경험했고, 깨어난 후 그에게 주사를 놓는 의사를 발견했다. 혼란스럽고 겁에 질린 그는 회복되었지만, 특히 병원을 방문하기 전에 나쁜 꿈과 공황발작으로 고통을 받았다. 아들의 '발작'에 피폐해져 수면장애로 지친 부모는 자신들을 위해 도와달라고 간청했고, 이전의 조용하고 사랑스러웠던 아이로 완화되기를 부탁했다.

첫 번째 회기에서, 바닥에 놓인 20여 개의 퍼펫을 사용해서 이야기를 들려 달라고 요청했고, Joey는 즉시 밝은 붉은 악마와 실제처럼 보이는 소년 퍼펫을 선택했다. 퍼펫 무대를 무시하고, 그는 내 사무실 의자에 자리를 잡고 퍼펫들을 책상 위에 올려놓고 놀이를 시작했다. 약간의 구조화를 위해 나는 그에게 퍼펫들을 소개하고 어디서 일어나는 이야기인지(즉, 마지막에 동기부여가 되는 '왜'와 함께 누가, 무엇을, 어디서에 대한 줄거리)를 말해 달라고 요청하였다.

Joey가 조급하게 시작했다. "글쎄…… 병원에 있는 악마 의사와 소년에 관한 이야기야." "넌 이게 필요해. 이건, 기다려. (빨간 연필을 가져와서) …… 여기 큰 게 있어!"라고 말하며 악마 의사는 재빨리 내 책상에 있는 연필을 가져와 유쾌하고 반복적으로 소년을 찔렀다.

그래서 우리는 '악마 의사와 그의 큰 주삿바늘'이라는 제목의, 설명이 없는 직선적인 줄거리를 갖게 되었다. 끝날 때 아동과의 '인터뷰'에서 (양극단이 모두 자아의 일부라는 가정하에) 나는 보통 아동에게 이야기 속에서 누가 되고 싶은지, 누가 되고 싶지 않은지를 물어본다. Joey는 비록 그가 **나쁘지만** 악마가 되고 싶다고 단호히 말했다! 나는 간호사 역할을 맡아서 악마 의사를 인터뷰했다. 왜 그 소년을 그렇게 많이 찔러야 했냐고 물었다. "아! 그 사람 나빠. 그놈이 그를 잡으려고 해!"라고 악마 의사가 말했다. "나빠?" 내가 물었다. "어떻게?" "글쎄." 악마 의사가 말했다. "길에서 자전거를 타서 나빠!"(즉, 사고는 Joey의 잘못이었다. 그가 듣지 않아서 생긴 처벌이었다.)

아직까지는 이해하는 데 혼란스럽지만 Joey는 결국 자신이 그 사고에 책임이 없고 음주운전자의 책임이었다는 것을 알게 되었다. 퍼펫치료는 ① 즐거움, ② 정화, ③ Joey가 그의 회기를 즐기고 더 도움이 된다고 느끼도록 돕는 강력한 치료 동맹(긍정적 전이와 유사한)을 제공했다. 과거 문제로 인해 혼란스럽고 불안하고 부담을 느끼는 것이 줄어든 Joey는 잠재기 아동의 내적 구조 속에서 1학년에 진학했다(Sarnoff, 1976).

퍼펫놀이의 치유력

Joey의 놀이는 이러한 기법이 치유의 가능성이 있다는 것을 말해 준다. 그의 관점에서 이야기를 하면서, Joey는 의사(악마로 **상징화**해서)에게 그의 분노와 증오를 **투사**했다. 또한 그의 공격성(그리고 자기 자신을 비하함)을 악마 의사에게로 **돌렸고**, 그가 문제를 야기했다고 탓했다. 이러한 일련의 심리적 메커니즘에서 우리는 **수동적인 것을 능동적인 것으로 전환**해 주어야 하고(Freud, 1920; Waelder, 1933), 이로써 그러한 놀이를 역할 반전을 통해 **반복 강박** 및 **숙달 시도**와 연결해 준다. Waelder가 매우 간결하게 썼듯이, 놀이는 아동이 '일시적으로 즉시 동화되기에는' 너무 많은 경험을 '조금씩 동화시키는' 방법이다(Waelder, 1933, p. 218). 불안감이 줄어들면서 Joey는 수동적인 피해자에서 적극적인 공격자로 바뀌었으며, "놀이하는 것은 어린 시절에 할 수 있는 가장 자연스러운 자기 치유이다."라는 Erikson의 말을 감동적으로 보여 주었다(1950, p. 222).

❖ 퍼펫놀이 절차

퍼펫 선택의 범위

선택과 다양성은 퍼펫놀이를 심리적으로 안전하고 가치 있게 하도록 돕는 데 중요하다. 훈련된 놀이치료사뿐 아니라 ① 다양한 퍼펫, ② 만약 아동이 원한다면 무대나 무대 뒤의 숨을 장소, ③ 회기 중 반구조화된 인터뷰를 통해 진단자료를 얻는 것이 도움이 된다.

다양성을 추가하려면 ① 현실적인 가족 캐릭터들(엄마, 아빠, 자녀들)과 판타지 퍼펫들(예: 왕, 여왕, 왕자, 공주, 경호원 등), ② 가축과 야생 동물들(개, 고양이, 조류 및 원숭이, 늑대, 고릴라, 뱀, 악어 또는 공격적으로 보이는 이빨을 가진 기타 동물들), ③ 상징적 캐릭터 유형들(마녀, 괴물 또는 악당, 거인, 악마, 해골), ④ '직업' 관련 퍼펫들(의사, 간호사, 특히 처벌하는 초자아 또는 때로는 아버지 인물의 목소리 역할을 자주 하는 경찰관), ⑤ 어떤 것을 상징적으로 나타낼 수 있는 확실한 형태가 없어 보이는 '캐릭터들'(예: 펠트로 된 큰 눈이나 입이 큰 나무 숟가락, 꽃, 보송보송한 조각들이나 거즈 같은 재료, 빛을 표현하거나 마법의 소원 성취 특성을 가지고 있는 별이 달린 막대기)과 같은 범주를 선택할 수 있다.

그러나 놀이치료실의 놀잇감들이 퍼펫놀이에 쉽게 통합될 수 있기 때문에 치료사가 퍼펫을 이용하는 데 제한을 받지 않는다. 때때로 사람 모형물과 동물 모형물이 포함되기도 하는데, 아동들은 무대에서 놀이치료실까지 '경계 깨기'를 하듯이 그들의 판타지를 구체화하는 데 필요한 것을 찾아낸다(사례 예시에서 나타난 바와 같이).

이처럼 다양한 퍼펫을 구입하는 것은 비용이 많이 들 수 있지만, 경험에 비추어 볼 때 초기 비용은 투자할 가치가 있다. '소비'되어 교체해야 하는 미술재료와 달리, 퍼펫들은 거칠게 다루어지는 상징적인 나쁜 어머니(마녀)와 나쁜 아버지(악마)의 사용기간이 더 짧은 것을 제외하고는 심지어 치료사(!)보다도 더 오래 버틸 수 있다. 서로 더 비슷하거나 덜 닮아 보이는 아주 서투르게 묘사된 퍼펫들뿐 아니라 잘 만들어진 특이한 퍼펫들도 중요하다. 성인과 마찬가지로 아동들은 신기함과 품질에 흥미를 느낀다.

직접 만든 퍼펫들

다행히도 치료사들은 퍼펫들을 즉각적인 목적에 맞게 쉽게 만들 수 있기 때문에 미리 만들어진 퍼펫이나 놀잇감에만 의존할 필요는 없다. 종이 접시, 아이스크림 막대기, 스티로폼, 공이나 컵, 종이 수건, 실, 구슬 등과 같은 편리한 예술재료는 아동의 판타지에 맞게 직접 꾸밀 수 있다(나중에 이야기할 Tammy의 이야기 중 '눈물병균'과 같이).

무대 사용

작은 무대는 퍼펫놀이에서뿐만 아니라 다른 많은 드라마틱한 놀이 활동에도 도움이 될 수 있다. 예를 들어, 뉴욕주 얼스터 파크의 Community Playthings처럼 다용도의 대중적인 무대와 같이 인기 있는 무대는 교실, 가게, 동굴, 은신처, 감옥이나 '밤이면 쿵쾅쿵쾅하는' 으스스한 물건들이 있는 고문하는 지하실이 사용될 수 있다. 하지만 무대가 없다면 접을 수 있는 마분지 '극장'을 만들 수도 있고, 배우와 관객 사이를 분리할 수 있도록 공간의 착각을 불러일으키는 무언가를 만들 수도 있다. 만약 이야기가 흥미진진하면, 아동은 그것을 연기할 수 있는 편안한 방법을 찾게 될 것이다. 비록 전체가 보이지만, 심리적 거리로 인해 아동은 자신이 보이지 않는 것처럼 연기한다. '불신을 기꺼이 보류'하는 훌륭한 예시가 된다. 예를 들어, 부모놀이치료에 함께하고 있는 형제 또는 자매가 소파 뒤에서 놀이를 하고, 다른 아동은 의자를 사용하며, 또 다른 사람들은 모래상자나 탁자 뒤에 계속 웅크리고 앉아 있다. 이것은 가장 즉흥적인 무대를 보여 주고 있다. 치료사는 '관객'이 되어 꾸며 낸 것을 유지하고, 꾸준히 지켜보며, 나중에 이야기함으로써 도움을 준다.

반구조화된 인터뷰 사용

아동들과 함께 일하는 첫 번째 단계 중 하나는 아동들이 편안함을 느낄 수 있도록 돕는 것이다. 왜냐하면 불안한 아동들은 놀 수 없기 때문이다. 종종 다음과 같은 '놀이신호'(Piers, 1972)가 도움이 된다. "퍼펫 이야기를 만들어 보자. 같이 놀고 싶은 인형 몇 개를 골라 보자." 그러고 나서 바닥에 인형들을 펼쳐 놓으면 퍼펫의 선택 과정을 볼 수 있고, 때로는 아동 옆의 바닥에 앉을 수 있다(Irwin, 1983). 아동이 선택을 끝내면, 남은 퍼펫들을 치우고 아동이 편안한 놀이 공간을 찾도록 도움을 준다. 이것은 즉흥적인 놀이이기 때문에 어렵거나 규칙을 빠르게 익혀야 할 필요가 없다는 것을 기억하는 것이 중요하다. '책이나 영화, TV 쇼, 비디오 게임에서 나온 이야기가 아닌 꾸며 낸 이야기'를 아동이 말하도록 돕기 위한 아이디어가 있어야 한다.

Richard Gardner(1971)는 내가 퍼펫놀이에 자주 적용해 왔던 흥미 있는 스토리텔링 기술에 대하여 저술하였다. Gardner는 TV 프로그램의 스토리텔러로 아동의 이름(예: 'Master Steven')을 소개하여 텔레비전 쇼의 형식을 사용한다. 이 유용한 '워밍업' 기술은 이미지를 만들어 내는 데 어려움이 있는 불안한 아동들에게 특히 유용하다.

'누가, 무엇을, 어디서, 언제'라는 형식을 이용해 아동에게 편안한 공간을 찾고 캐릭터들을 하나씩 소개해 달라고 제안할 수 있다. 만약 아동이 약간 수줍어하거나 긴장한 것 같다면, 아동이 놀이의 세계로 빠져들 수 있도록 퍼펫에 대한 정보를 꾸며 내어 약간 알려 달라고 부탁하면서 퍼펫에게 짧게 말할 수 있다.

캐릭터들이 소개된 후, 이야기가 어디에서 일어나는지를 물을 수 있다. 그러고 나서 이야기가 시작된다고 알린다. 만약 아동이 망설이고 있다면, 다음과 같이 쇼를 암시하면서 도움을 줄 수 있다. "자, 이제 마녀 부인이 널 만나러 나올 거야. 안녕하세요, 마녀 부인! 오늘은 어떤 하루를 보내고 계신가요?" 아동의 필요에 따라 도움의 양을 적절하게 조절할 수 있다. 대부분의 아동들은 퍼펫에 익숙하지만, 드물게 도움이 더 필요하기도 하다.

어떤 면에서 퍼펫놀이는 마치 백일몽에서 깨어난 것 같다. 꿈에서도 분명한 부분이 있는 것처럼, 아동의 판타지를 확장하도록 도울 수 있는 초기 퍼펫 이야기(분명한 소재)와 '퍼펫 작업'은 잇달아 숨겨진 의미를 정교하게 만들어 내는 '꿈 작업'과 유사하다. 꿈과 마찬가지로, 비록 직관적인 이해가 증가함에 따라 정확한 기록에 대한 필요성은 줄어들지만, 치료사는 중요한 정보를 포착하기 위해 메모를 한다.

이야기의 의미를 이해하는 데 있어 가장 중요한 것은 캐릭터의 이름, 줄거리의 요지, 대화의 중요한 부분('누가, 무엇을, 어디서, 언제'), 쇼의 제목이다. 일단 이야기가 끝나면, 치료사는 다양한 캐릭터에게 나와서 인터뷰를 해 달라고 요청할 수 있다. 이것은 그 이야기의 '왜'를 이해하는 데 도움이 된다. 연필을 마이크처럼 가장해서 (아동이 아닌) 퍼펫에게 직접 말을 건다. 모호성을 명확히 하거나 의미를 확장하기 위해 구체적인 질문을 한다. 예를 들어, "Tommy, 경찰관이 나올 수 있을까?" "그와 얘기하고 싶어요. 안녕하십니까, 경관님! 어머, 정말 고생 많으셨어요! 키 큰 남자가 유죄라는 것을 어떻게 아셨는지 더 자세히 말해 주실 수 있나요?" 등을 묻는다.

놀이 인물들을 인터뷰한 후, 치료사는 자기 자신과 또 다른 존재에 관하여 (더 깊은) 이슈들에 대해 질문할 수 있다. 예를 들어, "Tommy, 이 이야기에서 누군가가 될 수 있다면, 너는 어떤 사람이 가장 되고 싶니? …… 그리고 네가 되고 싶지 않은 사람이 있니?" 등이다. 또한, 예를 들어 "만약 다른 아이들이 이 쇼를 보고 있었다면, 그들은 무엇을 배울까? …… 그들은 이 이야기에서 무엇이 중요하다고 생각할까?"와 같이 이야기의 제목과 '교훈' 또는 가르침에 대해 물어볼 수 있다.

대부분의 아동은 이러한 식의 안전한 구조 속에서 장난스럽게 이야기를 말할 수 있다. 가끔 불안해하는 아동은 치료자에게 이야기를 해 달라고 부탁하기도 한다(Hawkey, 1951). 이럴 경우에는 아동에게 캐릭터들을 선택하는 것을 도울 수 있는지를 묻고 오프닝 장면을 제안한다. 그리고 나서 아동으로부터 알려진 것을 바탕으로 이야기를 지어낸다. Gardner의 상호이야기 꾸미기 기술(1971)은 아동에게 이야기를 해 달라고 부탁하고 나서 이야기를 되돌려 주지만, 갈등에 대한 더 건강한 해결책을 가지고 있기 때문에 이러한 점에서 유익하다.

미취학 아동과 퍼펫 이야기

어린 아동들(4~6세)은 내적 현실과 외부 현실 사이의 과도기에 머물러 있어서 때로는 반복적이고 일관성이 결여될 수 있지만, 쉽게 퍼펫 이야기들에 몰입한다. Gould(1972)는 이 단계에 대해 아동이 진짜인지 아닌지에 대해 확신이 없는 것을 일컬어 '변동하는 불확실성'이라고 말한다. 내면의 삶에 대한 환상을 표현하게 되어 기뻐하는 어린 아동들은 현실에 얽매이지 않고 자신의 생각과 두려움을 표현한다. 그들의 주제는 아기들, 놀이하기/죽이기, 부상당하기, 수술하기, 화재 진압, 그리고 나쁜 아이들 등 있는 그대로에 초점을 맞춘다. 그들의 공격성 욕동을 조절하기 위해 그들의 이야기는 폭력적이고 위험한 주제(물기와 할퀴기, 똥싸개와 오줌싸개, 공격과 반격, 맹수들, 그리고 죽일 수 있는 강력한 총)를 중심으로 전개된다. 그리고 물론 놀이가 너무 무서워지면, 놀이 중단이 일어난다. 이는 다음 예시에서와 같이 현실/비현실에 대한 두려움이 침범당한 것을 나타낸다.

Billy: 슈퍼히어로의 거대함과 비교하여 그의 작음을 두려워하다

놀이는 근원적인 불안감을 막아 주는 역할을 할 수 있지만, 종종 끊임없이 불안감을 느끼는 4세 Billy의 경우는 그렇지 않았다. 슈퍼히어로들이 나쁜 놈들을 죽이는 쇼를 하다가, 그는 갑자기 놀이 영역에서 벗어나 바지 지퍼를 열고, 그의 성기를 꺼내서 "내 쉬를 보고 싶니? 엄청 커!"라고 말했다. 아직 억압을 방어하는 방법을 개발하지 못해서 Billy는 이야기 안에서의 상징에 머무를 수 없었다. 강력한 슈퍼히어로의 주제를 가지고 노는 것은 작음과 무기력이라는 두려운 감정을 자극하는 것처럼 보였다. 그는 두려움을 놀이로 경험하여 남성성과 힘에 대해 안심하고 확인하려는 것 같았다.

나는 Billy에게 그의 나이에 딱 맞는 아주 좋은 성기를 가지고 있다고 말했다. 그리고 시간이 지나면서 그가 나이가 들수록 그것은 더 커지고, 마치 아빠처럼 언젠가 그것은 매우 커진다고 말했다. 하지만 지금은 이야기로 돌아가는 것이 더 좋을 것 같다고 말하고 나서 슈퍼히어로와 평범한 사람들에 대해 더 이야기할 수 있었다.

Billy와 같은 아동들은 아직 억압의 방어기제를 발달시키지 못했기 때문에 무의식적인 생각과 감정을 의식하여 인식하도록 할 수 없고, 도움이 필요하다.

비밀을 폭로하는 취약한 아동들과의 퍼펫놀이에서 드러난 학대 증거

퍼펫놀이에서 활동은 아직 억제되거나 억압되지 않은 강력한 실제 기억을 불러일으키기 때문에, 아동들은 때때로 외상 경험의 에피소드를 놀이로 드러낸다. Barbie의 퍼펫놀이는 어린 딸이 자고 있는 동안 집을 떠났던 '마녀 엄마'를 묘사했다. 그리고 나서 Alvin(애인)이 어린 소녀의 방으로 와서 '칼로 찔렀다'. 이 시점에서 Barbie가 점프를 했고 놀이를 멈추고 화장실에 가야 한다고 말했다. 화장실 부스의 문을 열어 둔 채 그녀는 오줌을 누었다. 그리고 변기를 들여다보았다. 그녀가 무엇을 볼 것이라고 예상했냐고 내가 물었을 때, 그녀는 피를 본 걸로 생각했다고 말했다. Alvin이 그녀를 '찔렀을' 때 그렇게 되었기 때문이다.

대다수의 퍼펫놀이는 그렇게 무서운 판도라의 상자를 열지는 않지만, '숨겨진' 외상을 떠올릴 수 있는 과거 경험과의 연관성에 의해 갑자기 기억이 자극되는 외상에 대한 Terr(1994)의 연구를 떠올리게 된다. 비록 믿을 수 있는 사람과 안전한 치료 환경인 놀이치료실에 있다고 하더라도 Barbie는 그런 연관성을 가지고 있는 것으로 보였다.

잠재기 아동과의 퍼펫놀이

학령기 중기(6~12세)의 아이들은 극놀이에서 자주 복잡한 줄거리를 정교하게 구성해서 판타지로 채운다. 무대를 사용할 가능성이 더 많고, 그들의 이야기는 종종 시작, 중간, 끝이 있고, 도덕적인 복잡한 줄거리로 구성된다. 아마도 퍼펫을 사용해도 된다는 것은 놀이치료실에서 통제된 퇴행의 기회를 제공해 줌으로써 일상적인 학교 방식에서 해방된 것처럼 느껴질 것이다. 그들은 더 큰 충동조절, 만족을 지연시킬 수 있는 능력, 풍부한 판타지 생활, 향상된 언어능력, 유머감각을 가지고(비록 성기기 전 단계에서 퇴행적으로 보일지라도) 가장 잘 놀이한다.

거식증으로 의뢰된 8세 Tammy

금발에 지나치게 마른 Tammy는 초췌하고, 움츠러들고, 슬픈 표정을 짓고 있었다. 부모는 그들이 이혼한 후에 그녀가 먹는 것을 멈추었기 때문에 의뢰했다고 말했다. Tammy의 첫 번째 퍼펫 이야기는 Isobel 공주와 왕 그리고 왕비에 관한 것이었다. 왕과 왕비가 싸웠다. 그것도 많이! 하지만 키스하고 화해하고, 모두를 위한 성대한 잔치를 열었다. 그렇지만 아, Isobel 공주는 모든 사람을 죽일 수 있는 무서운 병균 때문에 먹을 수 없었다. 화가 난 부모들은 Isobel 공주를 성 감옥에 가두어서 벌을 주었다.

Tammy는 이 시점에서 (불안해하며?) 놀이를 멈추고 세균으로 무엇을 사용할 수 있는지 물었다. 나는 **그녀**가 무슨 생각을 하는지 궁금하다고 했고, 그러자 그녀는 색깔 있는 '눈물병균' 손 퍼펫을 종이 접시에 그리고, 뒷면에 아이스크림 막대기를 그리기로 결심했다. 이야기로 돌아가서, 그녀는 여전히 잔치를 벌이고 있는 왕과 왕비에게 세균을 휘둘렀지만, 감옥에서는 위험한 세균을 볼 수 있는 유일한 사람이 그녀였다. 모두 축제를 즐겼지만 감옥에 갇힌 공주는 "당신은 **죽**을 거예요. 세균이 당신을 아프게 할 거예요!"라고 속삭였다. 그녀의 회기가 끝난 뒤 우리는 조심스럽게 세균 퍼펫들을 휴지에 싸서 신발상자에 넣은 다음, 그녀의 다음 회기 때까지 그것들을 높은 선반에 안전하게 '숨겼다'. 돌아온 그녀는 '2장'을 놀이했다. 왕비는 감옥에 있는 Isobel을 찾아가 '좋은 음식'(즉, 접시 위의 모래)을 제공했다. 배고픈 Isobel이 음식을 먹었다. 그런데 다음에는 세균이 흘러나와 그녀를 아프게 했고, 갑자기 '눈물병균'이 그녀를 죽였다! 왕비는 슬펐다. 그러나 다음에 "아, 이제 세균이 사라졌구나!"라고 말했다.

Tammy가 공주를 묻어야 한다고 주장했기 때문에 우리는 공주를 위해 '관'(휴지박스)을 만들어 모래상자에 묻었다. 왕족이 (모래상자) 무덤을 방문했을 때 Tammy는 세균을 흔들며 귀신의 목소리로 "좋은 음식을 먹어라!"(즉, 모래)라고 속삭였다. 배고픈 왕과 왕비는 모래 '음식'을 먹었고, 그들 역시 죽었다.

예술작업과 번갈아 가며 이 이야기의 변화가 나타났다. 시간이 지나면서 Tammy

는 덜 우울해졌으며, 그녀는 이혼의 책임을 어머니에게 돌리고, 어머니에 대한 분노에 대해 이야기했다("엄마는 항상 그렇게 시작해요!"). 그녀는 TV 쇼에서 배웠다고 말한 요리법으로 스파게티를 만들어(그리고 먹었다!) 아버지를 놀라게 했다.

이 사례는 잠재기에 더 많은 창의적 놀이가 나타나는 것을 보여 주었다. 또한 인형극 놀이, 모래놀이, 예술작업 등 아동의 주도에 따라가며 놀이를 촉진하는 것의 중요성을 강조한다.

청소년기: 현실로 돌아가기

청소년들은 학교, 성행위, 음주, 부모나 친구와의 다툼 등 당면한 고민을 다루는 이야기를 자주 한다. 퍼펫을 사용하라는 초대에 응하면서 그들은 즉흥적으로 이야기를 전개해 나간다. 퍼펫 이야기들은 결국 극적인 역할을 핵심으로 한 대인관계의 갈등을 자주 다루도록 자극하게 된다. 청소년이 다른 사람과의 논쟁이나 싸움을 설명하기 시작할 때, "무슨 일이 있었는지 보여 줘. 나에게 말하지 말고 퍼펫 몇 개를 골라서 무슨 일이 일어났는지 보자."라고 말할 수 있다.

Jimmy: 학교 문제들과 마리화나로의 도피

성격이 좋고 인기가 많은 Jimmy는 모든 사람에게 호감을 받는 것처럼 보였지만, 외아들이 공부를 잘해야 한다고 밀어붙이는 그의 부모님과 종종 다툼이 있었다. 첫 번째 회기에서 Jimmy는 운이 좋아서 곤경에서 쉽게 벗어나는 것에 대해 이야기했고, 학교나 '귀찮은' 선생님들, 쇼핑 외에는 신경 쓰지 않는다고 말했다. 그리고 그가 친구들과의 첫 수업 전에 마리화나를 피우는 것을 좋아하는 것은 큰 문제가 아니었다. "있잖아요! 그건 내가 하루를 이겨 내는 데 도움이 돼요!"

하지만 두 번째 회기에서 그의 태도는 침울했다. 부모님과 큰 싸움이 벌어진 게 문제였다고 말했다. 학교에서 전화를 걸어 그의 부모님께 그가 6주 동안 여덟 번이나 지각했다고 말했다. 그는 화가 나서 그들이 그에게 '책을 던졌다.'고 말했다.

이 말을 듣고, 나는 "좋아, 논쟁을 들어 보자. 너의 부모가 될 누군가를, 그리고 네가 될 누군가를 선택하렴."이라고 말했다. Jimmy는 활짝 웃으며 노인(부랑자 퍼펫), 마녀, 그리고 자신을 위해 왕자 퍼펫을 선택했다. 이 이야기는 '부랑자' 아버지와 학교의 전화 통화에서 시작되었다. 왕자에게로 눈을 돌린 아버지는 화가 나서 왜 왕자가 항상 지각했는지 알기를 요구했다. 무뚝뚝한 태도로, 왕자는 학교가 항상 잘못되었고, 항상 실수를 하며, 그를 다른 누군가와 혼동한 것이 분명하다고 말했다.

마녀가 합류했을 때, 그 논쟁은 정말 뜨거웠다. 논쟁은 더 커졌고, 부랑자는 왕자가 거짓말을 하고 있다고 주장하며 더 화가 났다. 처벌로 휴대폰도, 용돈도, 토요일마다 Janie(그의 여자친구)를 만나는 것도 안 된다고 아버지가 말했다. 그러고 나서 갑자기 고함소리를 내고 이야기를 멈췄다. Jimmy의 얼굴은 허세에 찬 표정을 잃었다. 부랑자과 마녀 퍼펫을 바닥에 던지며 그가 말했다. "믿을 수 있나요? Janie를 못 본대! 저놈들!"

이 드라마는 끝났다. 토론은 벌을 받게 되는 것, 학교에 대한 증오, 학교가 버거웠기 때문에 마리화나가 필요하고, 그 일을 할 수 없다는 느낌에서 심각해졌다. 아마도 그는 자동차 기계공으로 살게 될 것이다.

이것이 회기의 새로운 전환점이 되었다. Jimmy는 똑똑한 아이인 것 같았다. 언어, 빠른 사고, 타고난 좋은 지능을 가지고 있었다. 하지만 내가 그렇게 말하자, 그는 가방에서 서류를 꺼내서 나에게 들이밀었다. 철자도 서툴고 글씨도 엉망인 구겨지고 엉망진창인 영어 시험에 깜짝 놀라서, 문득 이 매력적이고 재미있는 아이가 지금까지 진단받지 않았던 학습 문제가 있다는 것을 깨달았다. 그는 훌륭한 타고난 지능 덕분에 이전까지는 합격했지만, 10학년이 되었을 때 더 이상 지속할 수 없었다.

약간의 토론이 끝난 후, 우리는 가족 회의를 하고 나서 학교 회의를 했는데, 그는 정말로 학습 문제의 분명한 패턴을 가지고 있는 것처럼 보였기 때문에, 그가 ADD(부주의 유형) 검사를 받을 계획을 세웠다. 검사는 Jimmy가 회복을 시작한 것이었다.

❖ 요약

퍼펫은 모든 연령대의 아동에게 판타지와 생각, 감정을 전달하는 안전한 방법을 제공한다. 치료 동맹을 맺는 것뿐만 아니라 진단과 치료에 도움이 될 수 있다. 다양한 미학적이고 흥미로운 퍼펫을 사용하여 놀이를 촉진할 수 있는 창의적이고 훈련된 치료사는 더 나아가 아동들이 그들의 목소리를 찾도록 돕는 것을 목표로 한다. 그렇게 함으로써 치료적 변화에 의미 있는 영향을 주게 된다.

참고문헌

Erikson, E. H. (1950). *Childhood and society.* New York: Norton.

Freud, S. (1955). Beyond the pleasure principle. In J. Strachey (Ed. and Trans.), *The standard edition of the complete works of Freud* (Vol. 18, pp. 1-68). London: Hogarth. (Original work published in 1920).

Gardner, R. (1971). *Therapeutic communication with children: The mutual storytelling technique.* New York: Science House, Inc.

Gould, R. (1972). *Child studies through fantasy: Cognitive-affective patterns in development.* New York: Quadrangle Press, 77-84.

Hawkey, L. (1951). The use of puppets in child psychotherapy. *British Journal of Medical Psychology, 24,* 206-214. In C. Schaefer (Ed.), *Therapeutic use of child's play* (pp. 359-372). New York: Jason Aronson.

Irwin, E. (1983). The diagnostic and therapeutic use of pretend play. In C. Schaefer & K. O'Connor (Eds.), *Handbook of play therapy* (pp. 148-173). New York: John Wiley & Sons.

Piaget, J. (1962). *Play, dreams and imitation in childhood.* New York: Norton.

Piers, M. (Ed.). (1972). *Play and development.* New York: Norton.

Sandler, J., & Rosenblatt, B. (1962). The concept of the representational world. *Psychoanalytic Study of the Child, 17,* 128-145.

Sarnoff, C. (1976). *Latency.* New York: Jason Aronson.

Schafer, R. (2003). *Bad feelings: Selected psychoanalytic essays.* New York: Other Press.

Schore, A. (1994). *Affect regulation and the origin of the self: The Neurobiology of emotional development.* Hillsdale, NJ: Erlbaum.

Terr, L. (1994). *Unchained memories: True stories of traumatic memories, lost and found.* New York: Basic Books.

Waelder, R. (1933). The psychoanalytic theory of play. *Psychoanalytic Quarterly, 2,* 208-224.

제2부

퍼펫 평가 기술

•
•
•

제3장 아동평가를 위한 버클리 퍼펫 인터뷰(BPI)

– Jeffrey Measelle, Jennifer C. Ablow

주정부와 연방정부는 건강기관들과 교육기관들이 정신건강 문제 또는 사회 정서적으로 도움이 필요한 아동들을 파악하고, 치료하며, 관찰하는 것에 권한을 준다. 예를 들어, IDEA의 파트 C(Oser & Cohen, 2003), Head Start 자격요건 (Currie & Neidell, 2007), Healthy People 2020(Kindig, Asada, & Booske, 2008)은 위험 상태의 아동들을 파악하고 최대한 빠르게 증거 기반 서비스를 받도록 명시하고 있다. 어린 아동의 25%가 정신장애 혹은 행동장애가 있는 것으로 예상되고, 모든 아동의 60%가 반드시 치료를 받으며 학교생활을 시작해야 한다. 그러나 80%의 아동들은 희생이 큰 장기적인 문제들을 예방하거나 줄일 수 있는 서비스를 받지 않는 것으로 보인다(Costello & Angold, 2016). 이 문제의 원인은 셀 수 없이 많다. 예를 들어, 어린 아동들의 증상과 장애의 정확한 발견은 정신병리학, 특히 빈도가 낮거나 복잡하기 때문에 정신건강에 더 현저한 어려움이 나타날 때까지 감지되지 않는 장애 형태에 대한 이해의 격차 때문에 방해받아 왔다 (Kazdin, 2017).

그러므로 아동의 건강, 정신건강, 사회정서적 상태를 선별, 진단, 관찰할 수 있는 심리학적 방법들이 부족한 것이 심각한 공중보건 문제라는 데 의견을 같이한다. 이 문제에 대한 논평들은 아동들을 위한 자기보고(self-report) 도구가 없다는 것이 배상의 필요성에 있어서 중요한 문제라고 언급한다(Ialongo, Edelsohn,

& Kellan, 2001; Luby, 2006; Paynter, 2015). 부모가 편향된 시각과 다른 어른들과의 의견 차이가 있음에도 불구하고 아동들에게 부모는 '아는 것이 많은 정보 제공자'로 인식되기 마련이다(Hinshaw, Han, Erhart, & Huber, 1992; Luby et al., 2002). 가장 문제가 되는 점은, 부모와 교사는 아동의 내재화된 사회정서적 고통을 알아차리는 데 자주 실패한다는 것이다(Ablow et al., 1999; Whalen, Sylvester, & Luby, 2017). 연령에 적합한 자기보고 도구의 부재는 아동이 필요로 하는 것에 대한 주관적 평가가 과학, 건강, 또는 교육 상황에서 일상적으로 이루어지지 않는다는 것을 의미한다. 이것이야말로 진단 누락의 근본적인 원인이라 생각한다(Albow & Measelle, 1993; Measelle, Ablow, Cowan, & Cowan, 1998).

아동에게 신뢰할 수 있는 자기보고를 이끌어 내는 것은 짧은 집중 시간과 미숙한 표현능력과 같은 다양한 발달적 요인에 의해 복잡하다(논평을 위해 Measelle et al., 1998 참조). 아동에게 흥미롭지 않고 호감을 주지 않거나 아동의 언어능력에 **전적으로** 의존하는 방법들은 아동, 특히 언어가 억제되거나 지연된 아동에게는 효과적이지 않다. 또한 낯선 사람(즉, 성인 면담자)에게 자신의 비밀을 말하는 것에 대한 의식적 혹은 무의식적 걱정 때문에 아동은 말하는 것을 꺼릴 수 있다. 그럼에도 불구하고, 연구에 따르면 아동들은 퍼펫, 그림, 다른 시각적인 요소를 이용한다면, 더 쉽게 자기의 이야기를 할 수 있다(Greenspan & Greenspan, 1991; Irwin, 1985; Valla, Bergeron, & Smolla, 2000). 초기 연구에 따르면, 특히 퍼펫은 죽음(Bernhart & Prager, 1985), 슬픔(Irwin, 1985; O'Conner, Schaefer, & Braverman, 2015), 혹은 공격적인 태도(Bender & Woltman, 1937)와 같은 민감한 주제를 이야기할 때에도 다양한 임상 및 사회경제적 배경을 가진 4~8세 아동들을 참여시킬 수 있다. 요약하자면, 아동이 연령에 더 잘 맞는 활동에 참여할 때, 자신의 이야기를 솔직하게 말할 가능성이 더 높다(Ceci & Bruck, 1993).

❖ 버클리 퍼펫 인터뷰(BPI)

임상 현장에서 인형을 사용하는 보편적인 방법을 바탕으로, 버클리 퍼펫 인터뷰(Berkeley Puppet Interview: 이하 BPI)는 아동들의 자의식 및 대인관계 환경에 대한 평가를 위해 개발되었다. 또 BPI는 이전에 적합한 표준화된 방법이 부족하였기 때문에 이를 해결하기 위해 개발되었다(Ablow & Measelle, 1993). BPI는 아동을 상담할 때 상호적인 대화를 이용해 구조화된 인터뷰 기법과 반구조화된 인터뷰 기법을 아동의 동기부여를 위한 인터뷰 기법과 혼합하여 사용한다([그림 3-1] 참조). BPI에서는 두 개의 똑같은 퍼펫('Iggy'와 'Ziggy'라는 이름을 가진 강아지들)이 서로 상반되는 의견을 말하고, 그다음에 아이에게 직접 물어본다. 예를 들면, 다음과 같다.

Iggy: 나는 친구가 엄청 많아.
Ziggy: 나는 친구가 별로 없어.
Iggy: 너는?

또는

Ziggy: 우리 부모님은 자주 싸우셔.
Iggy: 우리 부모님은 안 싸우셔.
Ziggy: 너희 부모님은 어때?

[그림 3-1] 6세 아이와 함께 하는 BPI

출처: Jennifer Ablow.

BPI에서는 강제적인 선택 혹은 인식-과제 응답 형식 대신에 아동과 퍼펫 사이에 유동적이고 자의식 없는 대화를 촉진하는 목표를 가지고, 아동들이 더 자연스럽고 편안하게 퍼펫과 이야기하며 대답할 수 있도록 한다([그림 3-2] 참조). BPI를 한 대부분의 아동은 직접 대답하거나 어떤 퍼펫이 자기와 비슷한지 언어적으로 표현한다. 나머지 아동들은 한 퍼펫에 이름을 붙이거나 퍼펫을 가리키는 것과 같은 비언어적인 표현 등으로 제한된 반응을 보인다. 아동들의 반응에서 개인적인 차이의 범위를 알기 위해, BPI는 광범위한 규칙 기반 코딩 시스템을 사용한다. 아동의 반응이 언어적이든 비언어적이든, 정교하든 제한적이든, BPI의 코딩 시스템을 통해 4~8세 아동들의 인터뷰 반응을 이해할 수 있다. 특별히 면담자가 특정 사항에 대한 경험 부족으로 인해 양면적인 자기의식이나 불확실성을 띠더라도, 지침을 이용하여 아동의 반응을 판독해 아동의 추론 과정 및 비유적 표현을 이해할 수 있다. 요약하자면, BPI는 아동들에게 그들만의 방식으로 대답할 수 있게 해 준다. 이에 BPI의 중심 성과 중 하나는 다양한 주제에 대해 아동과 퍼펫 사이에 유동적이고 자의식 없는 대화를 촉진하는 능력이다.

[그림 3-2] 4세 아이와 함께하는 BPI

출처: Jennifer Ablow.

〈표 3-1〉에 BPI의 핵심 대화형, 연령별 적합한 방식들이 요약되어 있다. 자세

히 말하자면, 〈표 3-1〉은 표준화된 적용을 위해 개발된 BPI를 수행하는 데 필요
한 필수 사항 및 권장 사항, 그리고 이해 가능하고 측정 가능한 반응을 얻기 위

〈표 3-1〉   BPI에서 연령별 적합한 방법들

영역	방법
준비물	• 두 개의 똑같은 Iggy와 Ziggy라는 성별이 없는 손 퍼펫(강아지들) • 움직이는 입 • 확연한 특징은 없지만, 귀엽거나 매력적인 부분(예: 부들부들한 귀) • 그 외에는 필요 없음(예: 무대, 의자, 책상)
과제 구조, 요구사항, 항목 표현	• 명확하고 간단한 소개로 절차의 정확성 확보 • 쉽고 사실적인 항목으로 명확하고 이해할 수 있는 보고 확립 • 퍼펫들이 서로 상반되는 상황을 이야기해서 사회적으로 바람직한 반응의 기대치를 낮춘다. • 행동적 또는 문맥적으로 고정된 항목은 정확성을 높인다(우울증: "나는 학교에서 울어/울지 않아."). • 증상/문제 및 강점/역량 항목 • 강요된 반응 및 선호에 기반된 반응이 아니어야 한다: 아동들은 "너는 어때?"에 대답을 하고, 퍼펫이 기준을 세운다("많이 그래, 아니면 조금만 그래?"). • 추후 열린 질문은 반응을 명확하게 할 수 있거나, 아동의 참여를 유지하기 위해 개입될 수 있다. • 맞춤형 질문: 정신 상태에 맞게 선정된 질문 항목들 중 선택 • 권장하는 인터뷰 프로토콜 시간: 10~25분
아동 반응 양식	• 언어적 반응 • 비언어적 반응(퍼펫을 가리키거나 만지는 행동) • 변화 가능(예: 비언어적으로 시작하나, 언어적으로 변화됨) • 퍼펫은 아이가 질문을 이해하지 못했으면, 다시 질문을 말해 줄 수 있다. • 아이의 대답에 대한 퍼펫의 반응은 정확함을 확보할 수 있다("맞아. 나도 그래. 나도 슬퍼.").
사회적/ 상호작용적 특징	• 퍼펫들은 아이에게 관심 있는 또래로 등장한다("우리는 너에 대해 알고 싶어!"). • 우발적인 언어적 · 비언어적 행동은 퍼펫의 관심, 참여 그리고 아동에 대한 반응 능력을 전달한다. • 퍼펫은 아동의 관심도를 관찰하고 맞추어야 한다. • 퍼펫은 아동의 영향을 관찰하고 맞추어야 한다. • 퍼펫은 아동의 언어능력을 관찰하고 맞추어야 한다.

해 퍼펫들이 아동들과 어떻게 작용하는지에 대한 상호작용적인 특징들을 고려한다.

원래 BPI는 두 번에 걸쳐서 진행하는 인터뷰로 계획되었는데(Ablow & Measelle, 1993), 1부는 우울, 불안, 공격성 등 아동들의 학업 및 사회적 역량과 정서적 안정에 대한 파악을 목표로 했다(Measelle et al., 1998에 서술되어 있음). 2부는 대상 아동의 자기 가족에 대한 인식, 특히 부모와의 관계(예: 애착, 갈등) 및 형제자매와의 관계 파악을 목표로 했다(Ablow, Measelle, Cowan, & Cowan, 2009에 부분적으로 서술되어 있음).

그러나 BPI는 의도적으로 단일 인터뷰나 제한된 내용 영역 집합이 아닌 방법으로 설계되었다. 실제로, BPI가 개발된 후 연구자들의 목표는 과학자들 및 임상의들과 함께 이 인터뷰의 다양한 내용을 확보하는 것에 있다. 따라서 연구자들은 BPI가 아동평가에 대한 모듈식 접근 방식을 이용하는 연령별 적합한 방법으로 본다. 현재 인터뷰에서 사용되는 항목 및 척도는 [그림 3-3]과 [그림 3-4]

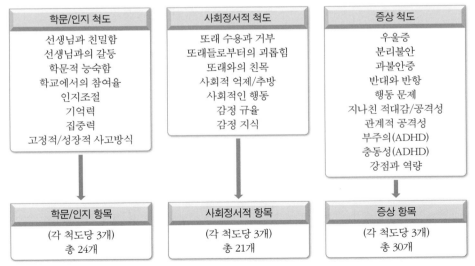

[그림 3-3] BPI 자기 영역들, 하위 척도, 관련 항목

주: BPI 가족 영역들 및 수반되는 하위 척도는 여기에 제공되지 않는다. 이 영역은 부모의 부부관계에 대한 인식뿐만 아니라 부모와 형제자매와의 관계에 대한 자녀의 다중 척도 평가를 포함한다.

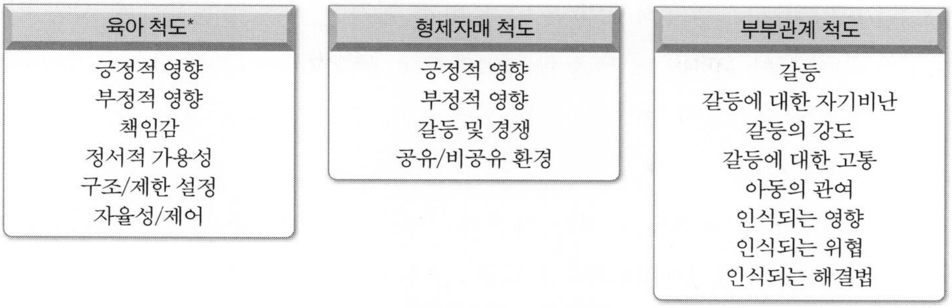

육아 척도*	형제자매 척도	부부관계 척도
긍정적 영향 부정적 영향 책임감 정서적 가용성 구조/제한 설정 자율성/제어	긍정적 영향 부정적 영향 갈등 및 경쟁 공유/비공유 환경	갈등 갈등에 대한 자기비난 갈등의 강도 갈등에 대한 고통 아동의 관여 인식되는 영향 인식되는 위협 인식되는 해결법

[그림 3-4]　BPI 가족환경 영역 및 하위 척도

* '부모'를 위한 항목들은 물론 엄마와 아빠 모두를 위한 육아 척도가 개발되었다.

에 요약된 다양한 영역에서 개발되고 세분화되었다. [그림 3-3]은 아동에 관한 영역을 표시하고, [그림 3-4]는 아동의 가족에 대한 인식을 판단하기 위한 영역을 표시한다.

❖ 평가도구로서 BPI의 과학적 · 임상적 효용에 대한 증거

BPI는 4~8세의 아동들이 자신에 대한 중요한 정보를 제공할 수 없다는 비난에 강력한 반론을 제시해 왔다. 초기 과학적 보고서(Ablow & Measelle, 1993; Measelle et al., 1998; Measelle, John, Ablow, Cowan, & Cowan, 2005)의 발표 이후, BPI에 대한 연구는 아동들이야말로 자신의 고통스러운 내적 상황에 대하여 말할 수 있고(Luby, 2006; Ringoot et al., 2013), 조기 개입은 행동 변화를 이끄는 아동들의 자기평가에 변화를 일으킬 수 있으며(Cowan, Cowan, Ablow, Johnson, & Measelle, 2005), 아동들의 자기 특징에 관한 보고는 5년 후와 10년 후 실제 세계의 결과를 예측한다(John, Measelle, Ablow, Cowan, & Cowan, In press)고 반복적으로 증명했다. 과학적 논평들은 BPI가 아동평가 분야에서 표준임을 밝혔다(Briggs-Gowan & Carter, 2008; Luby, 2006; Navsaria & Luby, 2015; Nilsson et al., 2015; Shiner & Caspi, 2003). 또한 BPI의 이론적이고 검증된 항목/척도/영역 및 관련 항목(screener)은 여러 맥락에서 활용되고 있고, 8개 이상의 언어로 번역되었으며, 다양한 사회경제적 · 임상적 · 문화적 배경을 가진 아동들에게 성공적으로 실현되었다(Almqvist & Almqvist, 2015; Göttken, White, Klein, & von Klitzing, 2014; Heberle & Carter, 2015; Prosic-Santovac, 2016; Rijlaarsdam et al., 2016; Ringoot et al., 2017).

실질적인 연구에 따르면, BPI는 아동들의 자기 자신과 자신이 관찰하고 참여하는 관계에 대한 인식에 대하여 신뢰할 수 있고 유효한 척도이다. 아동들은 질문을 이해하고 무의식적으로 퍼펫과 대화에 참여하게 되며, 그 과정에서 차별화되고 일관된 반응을 보인다. 이러한 연구들의 주요 발견 중 하나는 4~8세의 아동과 성인 한 명의 판단이 성인 두 명 사이의 판단보다 더 정확하다는 것이었다. 예를 들어, 우울해하는 기분에 대한 어린 아동들의 자기보고와 아동들의 내면화 행동에 대한 교사 평가 사이의 일치는 교사들과 엄마들 사이의 동의 수준을 초과했다(Measelle et al., 1998). 마찬가지로, 아동들의 반사회적인 행동의 등급에 대한 아동–교사의 판단 일치가 교사들과 부모들 사이의 판단 일치 수준보다 더 컸다. 부모의 결혼생활의 역동을 보고할 때, 자녀들의 BPI 자기보고는 배우자의 이러한 동일한 행동에 대한 보고보다 임상적으로 훈련된 면담자가 제공한 보고서와 더 강하게 상관관계가 있다(Ablow et al., 2009). 이러한 데이터는 어린 아동들의 인식/보고서가 덜 타당하다고 보고 아동의 정서적 · 행동적 문제를 확인하려고 할 때 또는 아동의 가족환경의 어떤 측면이 그들을 고통스럽게 할 수도 있고 그렇지 않을 수도 있는지를 설명할 때 성인 정보에 의존하는 현장의 경향에 비추어 중요하다.

임상적으로 BPI는 아동들의 치료과정을 지원하는 동시에 유용한 평가도구로서의 역할을 했다. BPI를 통해 아동에게 특정한 질문들을 전달할 수 있다. 더 나아가 숙련된 면담자는 '예/아니요'로 끝나지 않고 상세한 대답을 유도해 낼 수도 있다. 연구적인 맥락에서 보자면, 선정된 시간(일반적으로 데이터 수집 프로토콜에서 BPI에 허용된 시간뿐만 아니라 아동의 집중적 역량도 반영한다) 내에 미리 결정된 질문 항목 목록을 관리하는 것이 중요하다. 그러나 임상 시에는 면담자가 더 많은 관용성을 가지고 아동의 대답에 맞추어 후속 조치를 취할 수 있도록 한다.

BPI의 임상적 평가 및 치료 도구로서의 활용성을 보여 주기 위해, 다음의 사례는 상세한 대답을 유도해 나가는 과정을 중요시했다.

사례 설명 1: 7세 남자 아동과의 인터뷰에서의 질문 항목들

Iggy: 우리 부모님이 싸울 때, 나는 별로 걱정을 안 해.
Ziggy: 우리 부모님이 싸울 때, 나는 너무 걱정스러워.
Iggy: 너는 어때?
아동: 우리 부모님이 싸울 때, 나도 너무 걱정스러워. 싸울 때마다 아빠가 화를 내면서 손을 쓰시거든.
Ziggy: 아, 진짜? 아빠가 어떻게 하시는데?
아동: 아빠가 화나시면 나랑 엄마의 손목을 비틀거나, 엄마가 말하는 것을 그만두게 하려고 엄마의 입술을 이렇게 잡아(흉내를 내며).
Iggy: 힘들겠네.
아동: 응.

부모님의 결혼 상태를 평가하는 추가 항목과의 더 큰 맥락에서, 면담자가 처음에는 아동에게 동의하고("아, 진짜?"), 그다음에 퍼펫을 이용하여 더 자세한 내용에 대하여 질문했다. 면담자는 아직 회기가 진행 중이고, 질문 도중이나 이후에 가정폭력이나 신체적 학대의 우려 가능성을 파악할 수 있는 다른 기회가 있을 수 있다는 점을 인식하여, 초기 후속 조치를 넘어 조사할 필요는 없었다.

사례 설명 2: 중산층 가정을 표본으로 하는 대규모의 중재 연구에서, 부모의 보고에 따르면 자기의 목소리가 싫어서 3세 때부터 말을 하지 않았다는 4.5세 소녀와 BPI를 진행했다. 표준화된 소개를 하고 아동이 말을 할 수 있도록 설계된 몇 가지 연습 항목을 물어본 후, 면담자는 아이가 비언어적으로 대답할 수 있는 방법을 고안했다.

Ziggy: 우리한테는 굳이 말로 대답할 필요 없어. 괜찮아!

Iggy: 응. 맞아. 괜찮아. 말하는 대신 네가 나랑 비슷하다면 나를 가리키고, Ziggy랑 비슷하면 Ziggy를 가리켜.

Ziggy: 아니면 우리 머리를 쓰다듬어도 되고! 네가 원하는 대로 해, 알았지?

아동: (고개를 끄덕인다.)

아동은 고개를 흔들거나 끄덕이고, 퍼펫의 머리를 쓰다듬는 비언어적인 의사소통으로 20분 동안 BPI를 진행하였다. 면담자가 아동의 비언어적인 반응을 이해했는지 확인할 수 없을 때면, 퍼펫을 통해 이를 정확히 확인하였다.

Ziggy: 미안해. 다시 말해 줄래? 너는 대부분 슬프다고 생각하니?

Jggy: 아니면 슬프지 않다고 생각하니?

아동: (Ziggy의 머리를 쓰다듬는다.)

Ziggy: 아, 그래? 너는 대부분 나처럼 슬프구나?

아동: (고개를 끄덕인다.)

사례 설명 3: 아동이 퍼펫과 함께 참여하고 있고 무엇이 질문되고 있는지 이해하는 가장 좋은 지표 중 하나는 자신에 대해 부정적인 말을 한 퍼펫에게 아동이 위로의 말을 할 때이다. 종종 이러한 사례들은 면담자가 즉각적인 질문을 넘어 아동의 생각을 자세히 조사할 수 있는 기회를 준다. 다음 사례에서 5세 소년은 퍼펫들의 말에 다음과 같이 대답했다.

Iggy: 나는 학교에서 아이들이랑 놀 때, 나도 같이 놀 수 있냐고 물어봐.

Ziggy: 나는 학교에서 아이들이랑 놀 때, 나도 같이 놀 수 있냐고 물어보지 않는데.

Iggy: 너는 어때?

아동: Ziggy, 네가 외롭지 않게 아이들한테 같이 놀자고 물어보는 게 어때?

Ziggy: 흠, 그래? 너는 어때? 너는 아이들한테 같이 놀자고 물어봐?

아동: 응. 나는 같이 놀자고 물어봐.

Iggy: 어떻게 하는 건데?

아동: 나는 내가 아는 아이한테 가서 같이 놀아도 되는지 물어봐. 그들은 언제나 "응. 같이 놀자."라고 대답해. 만약 내가 모르는 아이라면, 친절해 보이는 아이한테 가서 물어봐.

Ziggy: 한번 그렇게 해 볼게! 고마워!

❖ 아동의 범위

사회정서 평가나 행동 평가를 위해 언급된 아동들을 포함하여 대부분의 아동들은 별다른 문제 없이 BPI를 완료할 것이다. 거의 모든 상황에서 아동들은 Iggy와 Ziggy와 함께 이야기하는 것을 즐거워하며, 회기가 끝날 때는 종종 실망감을 나타낸다. 하지만 몇몇 아동은 인터뷰하는 동안 피곤해하거나, 지루해하거나, 불안해하거나, 흥분하거나, 비협조적일 수도 있다. 이런 상황에서 면담자는 아동을 돕고 격려하기 위해 다양한 방법을 사용하도록 권장한다. 때때로 짧은 휴식이 도움이 될 수 있지만, 아동이 휴식 후에 다시 시작하지 않을 수도 있다. 행동 및 사회정서 요구가 다른 아동을 위해, 면담자는 위험 아동들에게서 얻은 경험을 바탕으로 BPI를 사용할 때 다양한 방법을 제공한다.

아동과 라포 형성하기

인터뷰를 진행하기에 앞서, 아동과 라포를 형성하는 것은 매우 중요한 과제이다. 아동을 만나고 싶어 하는 두 퍼펫 친구가 있다는 이야기와, 퍼펫들이 그들 자신에 대해 아동에게 말하는 것에 신이 나 있다는 이야기를 해 주는 것이 유용하다고 판단된다. 아동이 면담자와 충분한 신뢰감을 쌓기 전에 퍼펫들을 보여 주는 것은 권장하지 않는다. 우리의 경험상, 퍼펫을 만날 수 있다는 이야기를 들으면, 면담자와 신뢰감을 형성하는 데에는 오랜 시간이 걸리지 않는다.

인터뷰 어조

모든 아동을 인터뷰할 때는 면담자가 중립적이지만 따뜻한 어조를 채택하는 것이 필수적이다. 각 퍼펫에 대해 동일한 중립적인 어조를 사용하여 아동이 어느 퍼펫이 말하든 둘 다 선택 가능하다는 것을 알 수 있도록 해야 한다. 즉, 긍정적인 진술이 더 낙관적으로 들리지 않거나 부정적인 진술이 더 비관적으로 들리지 않는 것이 중요하다. 또한 면담자가 지나치게 활기차거나 부자연스러운 목소리를 사용하는 것은 피해야 한다. 이것들은 인터뷰 내내 지속되기 어렵고 종종 아동들에게 진실하지 않은 것처럼 보일 수 있다. 또한 면담자는 아동이 쉽게 이해할 수 있는 편안하고 일정한 속도로 질문해야 한다. 예를 들어, 두 문장을 하나의 긴 발언으로 병합하지 않고 각 퍼펫이 고유한 관점을 제공한다는 것을 아동에게 명확하게 나타내기 위해 질문 어간 사이에 약간의 일시적인 중지가 있어야 한다. 질문 어간이 표시된 후, 약간의 일시 중지를 통해 아동이 완전히 응답할 수 있도록 기다려야 한다. 면담자는 아동이 자신의 생각을 완성하고 다음 항목으로 넘어갈 준비가 되어 있는지 확인하는 것이 중요하다. 어떤 일이 있어도, 한 항목에서 다음 항목으로 빠르게 이동함으로써 서두르는 분위기를 조성하는 것은 피해야 한다.

언어 문제가 있는 아동

아동이 이해하는 데 어려움을 겪고 있다면, 단순히 다시 질문하는 것으로는 충분하지 않다. 오히려 잘린 형태로 질문을 다시 하는 것이 일반적으로 아동의 이해를 향상시킬 수 있다. 말로 표현하기 어려워하는 아동은 그 아동에게 "너는 어때?"라고 묻기 전에 질문을 나누어 하는 것도 도움이 될 것이다. 일반적으로 질문의 일부를 잘라 물어보면, 아동은 질문의 핵심을 보다 쉽게 이해할 수 있다. 예를 들면, 다음과 같다.

Ziggy: 나는 어떤 것에 오래 집중하는 것이 힘이 들어.

Iggy: 나는 어떤 것에 오래 집중하는 것이 힘이 들지 않은데.

Ziggy: 너는 어때? 오래 집중하는 것이 힘드니?

Iggy: …… 아니면 오래 집중하는 것이 힘들지 않니?

일반적으로 일단 아동이 이해력 문제나 표현력 문제가 있다는 것이 명백해지면, 면담자는 아동의 가장 편안한 표현 형태를 파악한 다음, 이 스타일을 항목 관리에 통합해야 한다. 아동에게 가장 편한 표현 방식에 맞게 인터뷰 전달 시 조절하여 도움을 주는 것이 목표이다. 이것은 거의 항상 항목을 두 개로 나누어서 사용하는 것을 포함한다.

또한 아동의 반응 지연이 아동이 산만해졌거나 항목을 완전히 이해하지 못했다는 것을 암시하는 경우도 있다. 이때 아동에게 면담자가 질문을 다시 전달함으로써 아동의 반응을 이끌어 낼 수 있다.

대부분의 아동에게 도움이 되는 일반적인 고려사항

아동의 자의식에 영향을 주는 것을 피하기 위해, 면담자는 대답에 대한 반응으로 가치 판단을 하는 것을 피해야 한다(즉, '좋다.' 또는 '나쁘다.'). 또한 면담자는 아동의 반응(긍정적이든지 또는 부정적이든지)을 항상 인정하도록 노력해야 한다. 그렇게 하지 않으면, 일부 아동들의 자의식이 무의식적으로 증가할 수 있다. 아동들의 반응을 검증하고 흥미와 관심을 전달하기 위해 퍼펫 중 하나 또는 둘 다 "아, 나도 같아." "나도 그래." 또는 "아, 알겠어." 같은 중립적인 표현으로 아동의 반응을 항상 인정해야 한다. 불필요하게 들리지 않도록 인터뷰 내내 서로 다르지만 적절한 후속 조치를 취해야 한다. 제시된 항목만 염두에 두고 해당 항목과 일치하는 적절한 응답을 사용해야 한다. 예를 들어, 제시된 항목이 부모와 관련이 있다면(예: "엄마는 나랑 노는 걸 좋아해."/ "엄마는 나랑 노는 걸 싫어해"), "우리 엄마랑 같네."로 아동의 반응을 따른다. 실제 질문과 후속 조치 사이의 일치성은 자연스러운 대화를 촉진하는 데 도움이 된다.

외현화 행동

BPI를 하는 동안 안절부절못하거나, 산만하거나, 심지어 공격적인 행동을 통해 고통을 표현하는 아동들은 적절한 대응 전략들을 통해 인터뷰를 유지하는 것을 도울 수 있다. 아동들이 집중할 수 있도록 면담자는 아동의 이름을 자주 사용하고, 선제적이고 규칙적인 칭찬(예: "정말 잘하고 있어! 우리는 너를 알게 되어 정말 즐거워!")을 통해 아동을 격려해야 한다. 때때로 대답에 보상을 주는 인센티브(스티커, 짧은 휴식 시간 등)를 주어 아동을 달래며 진행하는 것이 도움이 되거나 필요할 수도 있다.

인터뷰 중에 아동의 행동이 문제가 된다면(예: 퍼펫에게 적대적인 행동을 보임), 면담자는 퍼펫들을 아래로 내리고 아동에게 해도 되는 것과 하면 안 되는 것을 말한다. BPI에서 퍼펫들은 효과적인 격려와 집중을 유도할 수 있다. 하지만 아동이 계속해서 퍼펫들을 즐거운 친구로 볼 수 있도록 하기 위해, 면담자들이 어려움을 겪고 있는 아동들에게 더 지시적이거나 교정적인 개입에 대한 책임을 지도록 제안한다.

내재화 행동

드물기는 하지만, 인터뷰 질문이 아동을 화나게 하는 것 같으면, 아동의 감정적인 어려움을 인정하고 퍼펫을 통해 공감함으로써 아동에게 응원과 격려를 제공하는 것이 도움이 된다(예: Ziggy—"나도 그렇게 느끼고, 힘들 것 같아."). 이것이 도움이 되었을 경우, 아동이 자신의 마음에 남아 있는 것을 더 많이 표현하도록 유도하기 위해 열린 질문을 하는 것도 유용할 수 있다. 좀 더 산만한 아동들도 마찬가지로 칭찬과 격려로 아동의 말을 정상화하고 아동이 계속하도록 격려한다. BPI는 내재화 문제를 다루는 아동들에게 매우 효과적이라고 생각한다. 퍼펫들 중 하나는 항상 비슷한 감정을 공유하고 있기 때문이다. 그리고 퍼펫이 중립성을 가지고 아동에 대한 그들의 실질적인 관심을 전달하기 때문이다("맞아. 나도 많이 무서워해.").

일부 아동들은 처음에 불안하거나 지나치게 자극을 받을 것이다. 대부분의 경우, 수줍은/불안한 아동들은 단지 퍼펫들이 친근하다는 것을 느끼고, 질문에 대한 이해를 얻으면 된다. 일반적으로 하나 혹은 두 개의 연습 질문 이후에(예: "나는 피자를 좋아해."/"나는 피자를 싫어해. 너는?") 아동은 대화를 나누고 인터뷰에 응할 방법을 찾는다.

신경발달 증상을 가진 아동

자폐증과 같이, 의심되는 신경발달장애가 있는 아동의 증상이 보통보다 심각하거나 의사소통이 현저하게 불가능한 경우 BPI는 아마 사용되지 못할 것이다. 연구원들과 임상의들은 일부 아동이 퍼펫을 사회적으로 혐오스럽다고 느낄 수도 있는 가능성까지 신중히 고려해야 한다.

BPI 매뉴얼은 이러한 상황에 대응하는 광범위한 절차 지침을 제공하고 있다. 핵심 제안들 중 일부는 다음과 같다.

❖ BPI 지침 요약

1. 실제 퍼펫 인터뷰로 전환하기 전에 아동과 신뢰감을 쌓아야 한다. 아동에게 각각의 퍼펫을 소개하고, 인터뷰에서 어떤 일이 일어날지 설명한다. 하나 또는 두 개의 연습 질문을 사용하여 아동을 참여시키고 인터뷰가 어떻게 진행되는지 시연한다. 아동이 절차를 이해하고 참여하기 전까지는 실제 인터뷰를 시작하지 말아야 한다.

2. 중립적이고 비판적이지 않은 어조로 인터뷰한다. 면담자는 명확하고 편안하며 부드러운 속도를 사용해야 한다. 한 항목에서 다음 항목으로 빠르게 이동하여 서두르는 분위기를 조성하지 말아야 한다. 또한 면담자는 BPI를 오락적 요소로 보지 않을 것을 강력히 권장하고, 질문을 할 때 너무 격양되어 있으면 안 된다. 실제로 아동놀이치료나 아동극 경험이 풍부한 면담자가 아동을 인터뷰할 때 더 중립적이고 사실적인 어조를 사용하는 것에 있어 어

려움을 느낀다는 것을 발견할 수 있었다.

3. 아동의 반응에 관심을 전하기 위해 "나도 그래!"와 같은 간단한 인정 문구로 아동을 따라가면 된다. 단, 아동의 반응에 평가적인 문구(예: "오, 좋다." 또는 "그건 아쉽네." 등)가 따르면 안 된다.

4. 보다 어려운/도전적인 아동을 인터뷰할 때, 격려와 긍정적인 피드백을 통해 아동이 계속 참여할 수 있도록 돕는 것이 중요하다. 원칙적으로, 아동의 행동 문제가 발생하기 전에 예방 차원으로 면담자가 먼저 칭찬과 격려를 할 것을 강력히 권장한다. 격려와 긍정적인 피드백의 예는 다음과 같다.

> "너는 열심히 하고 있어!"
> "우리는 너랑 이야기하는 것이 정말 즐거워."
> "우리는 너를 알아 가는 것이 정말 즐거워."
> "우리는 너에게 우리 자신에 대해 말하는 것을 좋아해."
> "우리는 너에 대해 듣는 것이 정말 좋아."
> "우리는 너랑 얘기하면서 정말 즐거웠어."
> "우리가 잠시 쉬기 전에, 질문 몇 개가 더 남아 있어. 그런데 너는 그것을 잘 해낼 거야."

5. 아동의 이름을 자주 말하여 아동이 정신을 바싹 차리고 주의를 기울이는지 확인하고, 인터뷰 과정을 개인화하되, 그 효과를 떨어뜨리는 경우는 많지 않아야 한다.

6. 질문을 반복해야 할 경우, 두 옵션을 둘 다 다시 질문해야 한다. 질문 중 하나만 반복하여 질문하지 말아야 한다.

7. 아동이 어떤 항목을 이해했는지 명확하지 않은 경우가 있다. 질문의 의도를 이해·반응하는 데 어려움을 겪는 아동의 경우, 면담자는 인터뷰 과정의 일부로 항목을 두 개로 나누어서 질문하는 방법을 사용해야 한다. 예를 들어, 각 항목을 절반씩 표준 방식으로 전달한 후, 면담자는 항목을 요약하고 다

시 전달하여 아동에게 선택할 두 가지 옵션을 제공한다. 이 방법은 이해하는 데 어려움이 있는 아동들이나 긴 지문을 사용하는 경우 매우 효과적이다.

Iggy: 만약 친구가 내가 말하는 대로 안 하면, 그 아이랑은 더 이상 친구 안 할 거야.

Ziggy: 만약 친구가 내가 말하는 대로 안 해도, 나는 그 아이에게 그렇게는 말하지 않을 거야.

Iggy: 너는 어때? 만약 친구가 네가 말하는 대로 안 하면, 그 아이랑 친구를 안 할 거야?

Ziggy: …… 아니면 그녀에게 그렇게 말하지 않을래?

8. 아동이 질문을 이해하는 데 어려움을 겪는 경우, "다시 해 볼까?"와 같이 아동에게 선택권을 주는 말을 피해야 한다. 둘째로, 만약 면담자가 표현 언어 문제가 있는 아동에게 "다시 해 볼까?"라고 요구하는 경우, 면담자는 질문을 잘라 내어 아동이 자신의 생각/감정을 표현하는 데 성공할 수 있도록 할 필요가 있다. 우리는 아동들의 언어능력이 반영되도록 인터뷰 과정을 수정하지 않고 아동들의 어려움을 반복적으로 인정함으로써, 그 결과 아동들이 영향을 받아서 변화되는 것을 보아 왔다.

9. BPI의 목적은 면담자와 아동 사이에 불필요한 대화를 장려하는 것이 아니다. 그러나 면담자가 각본에 없는 후속 질문을 하려고 하면서 인터뷰의 진행이 중단되는 임상적 문제가 발생할 수 있다. 예를 들어, 아동이 어려운 감정과 생각을 드러낼 때, "이 질문은 엄청 어렵지만 너는 정말 잘하고 있고 너랑 이야기하는 게 즐거워."라고 격려해 주는 것이 유용하고 중요하다. 대화는 분명한 목적을 가지고 사용되어야 한다.

10. 마지막 질문을 한 후에 퍼펫들은 아동에게 인터뷰가 끝났음을 알려 주어야 한다. 더 중요한 것은, 퍼펫과 함께 이야기한 아동에게 감사함을 표현해야 하고(예: "우리랑 이야기해 주어서 고마워."), 퍼펫들이 아동들과 이야기를

나누고 그들에 대해 배우는 것이 즐거웠다는 것을 아동에게 알려야 한다. 또 떠나기 전에 아동에게 퍼펫들에게 궁금한 것이 있으면 무엇이든지 물어보도록 해야 한다.

❖ 요약

BPI는 어린 아동들의 자기 및 타인에 대한 인식을 연령에 맞게 수집하기 위해 고안되었다. BPI에 대한 다양한 연구 및 임상 연구는 4~8세의 아동들로부터 광범위한 정보를 얻는 방법으로서 신뢰할 수 있는 증거를 밝혔다. BPI를 구체적으로 실현하는 것에 관심이 있는 개인 또는 집단을 위해, 표준화된 전달이 목표일 때 공식 훈련을 강력히 권장한다(즉, 여러 면담자에 걸쳐 또는 반복 관리가 계획된 경우에). 좀 더 이념적인 맥락에서, BPI 방법은 상당히 유연하며 다양한 전달 환경에 맞게 적용될 수 있다.

참고문헌

Ablow, J. C., & Measelle, J. R. (1993). *The Berkeley puppet interview manuals.* Berkeley, CA: University of California.

Ablow, J. C., & Measelle, J. R. (2009). Capturing young children's perceptions of marital conflict. In M. S. Schulz, M. K. Pruett, P. Kerig, & R. Parke (Eds.), *Strengthening couple relationships and interventions for optimal child development: Lessons from research and intervention* (pp. 41-57). Washington, DC: APA.

Ablow, J. C., Measelle, J. R., Cowan, P. A., & Cowan, C. P. (2009). Linking marital conflict and children's adjustment: The role of young children's perceptions. *Journal of Family Psychology, 23,* 485-499.

Ablow, J. C., Measelle, J. R., Kraemer, H. C., Harrington, R., Luby, J., Smider, N., Dierker, L., Clark, V., Dubick, B., Heffelfinger, A., Essex, M. J., & Kupfer, D. J. (1999). The Macarthur three-city outcome study: Evaluating multi-informant measures of young children's symptomatology. *Journal of the American Academy of Child and Adolescent Psychiatry, 38*, 1580-1590.

Almqvist, A. L., & Almqvist, L. (2015). Making oneself heard: Children's experiences of empowerment in Swedish preschools. *Early Child Development and Care, 185*(4), 578-593.

Bender, L., & Woltman, A. G. (1937). Puppetry as a psychotherapeutic measure with problem children. *New York State Association of Occupational Therapists, 7*, 1-7.

Bernhardt, B. R., & Prager, S. B. (1985). Preventing child suicide: The elementary school death education puppet show. *Journal of Counseling and Development, 63*, 311-312.

Briggs-Gowan, M. J., & Carter, A. S. (2008). Social-emotional screening status in early childhood predicts elementary school outcomes. *Pediatrics, 121*(5), 957-962.

Ceci, S. J., & Bruck, M. (1993). Suggestibility of the child witness: A historical review and synthesis. *Psychological Bulletin, 113*(3), 403.

Costello, E. J., & Angold, A. (2016). Developmental epidemiology. In D. Chichetti (Ed.), *Developmental Psychopathology: Volume I* (Third Edition, pp. 1-35). New York: Wiley.

Cowan, P. A., Cowan, C. P., Ablow, J. C., Johnson, V., & Measelle, J. R. (2005). The family context of parenting in children's adaptation to school: Support for early intervention. In *Monographs in parenting* (pp. 1-414). M. H. Bornstein (Series Editor). Mahwah, NJ: Erlbaum Publishers.

Currie, J., & Neidell, M. (2007). Getting inside the "black box" of Head Start quality: What matters and what doesn't. *Economics of Education Review, 26*(1), 83-99.

Göttken, T., White, L. O., Klein, A. M., & von Klitzing, K. (2014). Short-term psychoanalytic child therapy for anxious children: A pilot study. *Psychotherapy, 51*(1), 148.

Greenspan, S. I., & Greenspan, N. T. (1991). *The clinical interview of the child* (2nd ed.). Washington, DC: American Psychological Association.

Heberle, A. E., & Carter, A. S. (2015). Cognitive aspects of young children's experience of economic disadvantage. *Psychological Bulletin, 141*(4), 723.

Hinshaw, S. P., Han, S. S., Erhart, D., & Huber, A. (1992). Internalizing and externalizing behavior problems in preschool children: Correspondence among parent and teacher ratings and behavior observations. *Journal of Clinical Child Psychology, 21*, 143–150.

Ialongo, N. S., Edelsohn, G., & Kellan, S. G. (2001). A further look at the prognostic power of young children's reports of depressed mood and feelings. *Child Development, 72*(3), 736–747.

Irwin, E. C. (1985). Puppets in therapy: An assessment procedure. *American Journal of Psychotherapy, 39*, 389–399.

John, O. P., Measelle, J. R., Ablow, J. C., Cowan, C. P., & Cowan, P. A. (In press). Young children's self-reported personality traits predict academic and social outcomes 5 and 10 years later. *Psychological Assessment.*

Kazdin, A. E. (2017). Addressing the treatment gap: A key challenge for extending evidence-based psychosocial interventions. *Behavior Research and Therapy, 88*, 7–18.

Kindig, D. A., Asada, Y., & Booske, B. (2008). A population health framework for setting national and state health goals. *Jama, 299*(17), 2081–2083.

Luby, J. L. (2006). *Handbook of preschool mental health: Development, disorders, and treatment.* New York, NY: Guilford Press.

Luby, J. L., Heffelfinger, A., Measelle, J. R., Ablow, J. C., Essex, M. J., Dierker, L., Harrington, R., Kraemer, H. C., & Kupfer, D. J. (2002). The MacArthur health and behavior questionnaire compared to the DISC-IV: Greater sensitivity in identifi cation of DSM-IV internalizing disorders in young children. *Journal of the American Academy of Child and Adolescent Psychiatry, 41*, 458–466.

Measelle, J. R. (2005). Children's self-perceptions as a link between family relationship quality and social adaptation to school. In P. A. Cowan, C. P. Cowan, J. C. Ablow, V. Kahen-Johnson, & J. R. Measelle (Eds.), *The family context of parenting in children's adaptation to school* (pp. 163–188). *Monographs in parenting.* M. H.

Bornstein (Series Editor). Mahwah, NJ: Erlbaum Publishers.

Measelle, J. R., Ablow, J. C., Cowan, P. A., & Cowan, C. P. (1998). Assessing young children's self-perceptions of their academic, social and emotional lives: An evaluation of the Berkeley puppet interview. *Child Development, 69*, 1556-1576.

Measelle, J. R., John, O. P., Ablow, J. C., Cowan, P. A., & Cowan, C. (2005). Can young children provide coherent, stable, and valid self-reports on the big five dimension? A longitudinal study from ages 5 to 7. *Journal of Personality and Social Psychology, 89*, 90-106.

Navsaria, N., & Luby, J. (2016). Assessing the preschool-age child. In M. K. Dulcan (Ed.), *Dulcan's textbook of child and adolescent psychiatry* (pp. 37-56). Arlington, VA: American Psychiatric Association Publishing.

Nilsson, S., Björkman, B., Almqvist, A. L., Almqvist, L., Björk-Willén, P., Donohue, D., & Hvit, S. (2015). Children's voices: Differentiating a child perspective from a child's perspective. *Developmental Neurorehabilitation, 18*(3), 162-168.

O'Connor, K. J., Schaefer, C. E., & Braverman, L. D. (2015). *Handbook of play therapy*. New York: John Wiley & Sons.

Oser, C., & Cohen, J. (2003). *Improving part C early intervention: Using what we know about infants and toddlers with disabilities to reauthorize part C of IDEA*. Washington, DC: Zero to Three Policy Center.

Paynter, J. M. (2015). Conducting Developmental and Cognitive Assessments with Young Children with Autism Spectrum Disorders, *Journal of Psychologists and Counsellors in Schools, 25*(1), 126-128.

Prosic-Santovac, D. (2016). Popular video cartoons and associated branded toys in teaching English to very young learners: A case study. *Language Teaching Research, 21*(5), 568-588.

Rijlaarsdam, J., Tiemeier, H., Ringoot, A. P., Ivanova, M. Y., Jaddoe, V. W., Verhulst, F. C., & Roza, S. J. (2016). Early family regularity protects against later disruptive behavior. *European Child & Adolescent Psychiatry, 25*(7), 781-789.

Ringoot, A. P., Jansen, P. W., Rijlaarsdam, J., So, P., Jaddoe, V. W. V., Verhulst, F. C., &

Tiemeier, H. (2017). Self-reported problem behavior in young children with and without a DSM-disorder in the general population. *European Psychiatry, 40*, 110–115.

Ringoot, A. P., Jansen, P. W., Steenweg-de Graaff, J. C. J., Measelle, J. R., van der Ende, J., Jaddoe, V. W. V., Hofman, A., Verhulst, F. C., & Tiemeier, H. (2013). Young children's self-reported peer relations, emotional and behavioral problems: The psychometrics of the Berkeley puppet interview. *Psychological Assessment, 24*, 1273–1281.

Shiner, R., & Caspi, A. (2003, January). Personality differences in childhood and adolescence: Measurement, development, and consequences. *Journal of Child Psychology and Psychiatry, 44*(1), 2–32.

Valla, J. P., Bergeron, L., & Smolla, N. (2000). The Dominic-R: A pictorial interview for 6-to 11-year-old children. *Journal of the American Academy of Child & Adolescent Psychiatry, 39*(1), 85–93.

Whalen, D. J., Sylvester, C. M., & Luby, J. L. (2017). Depression and anxiety in preschoolers: A review of the past 7 years. *Child and Adolescent Psychiatric Clinics of North America, 26*(3), 503–522.

📄 부록: BPI 항목 샘플

　BPI는 단일 또는 특정 질문 집합이라기보다 도구로 간주된다. BPI 방법은 유연하게 설계되었고, 면담자가 일련의 질문과 내용 영역(content domains)을 개발할 수 있도록 지원한다. 여기에 우리는 연구에서 효과적인 것으로 입증된 언어와 복잡한 특징들에 관련된 몇 가지 예를 제공한다.

우울증
나는 내가 싫다.
나는 내가 좋다.
나는 외로운 아이이다.
나는 외로운 아이가 아니다.

걱정
나는 별로 걱정하지 않는다.
나는 많이 걱정한다.
나는 배가 많이 아프지 않다.
나는 배가 많이 아프다.

사회적 억제
새로운 친구들을 만날 때 나는 부끄럽지 않다.
새로운 친구들을 만날 때 나는 부끄럽다.
다른 아이들에게 놀아도 되냐고 물어보는 것은 나를 불안하고 수줍게 만든다.
다른 아이들한테 놀아도 되냐고 물어보는 것은 나를 불안하게 하거나 수줍게 만들지 않는다.

적대감/공격성
나는 친구를 자주 때린다.

나는 친구를 때리지 않는다.

나는 다른 아이들을 놀리고 괴롭히는 것이 재미있다고 생각한다.

나는 다른 아이들을 놀리고 괴롭히는 것이 재미없는 것 같다.

부주의

나는 집중하는 것이 힘들다.

나는 집중하는 것이 힘들지 않다.

나는 선생님이 시키는 것을 기억하기가 어렵다.

나는 선생님이 시키는 것을 기억하는 것이 어렵지 않다.

부모의 따뜻함과 긍정적 영향

엄마는 나를 사랑한다고 말해 준다.

엄마는 나를 사랑한다고 말하지 않는다.

아빠는 나를 싫어한다.

아빠는 나를 좋아한다.

부모의 분노와 적개심

엄마가 화가 나면, 엄마는 나를 때린다.

엄마가 화가 나도, 엄마는 나를 때리지는 않는다.

아빠는 화가 났을 때 나에게 소리를 지른다.

아빠는 화가 나도 나에게 소리를 지르지는 않는다.

부부 갈등

부모님은 내 앞에서 싸운다.

부모님은 내 앞에서 싸우지 않는다.

부모님은 많이 싸운다.

부모님은 많이 싸우지 않는다.

부부 갈등 자기비난

부모님의 싸움은 나에 관한 것이 아니다.

부모님의 싸움은 나에 관한 것이다.

부모님이 싸울 때, 나는 부모님이 나에게 화가 났다고 생각하지 않는다.

부모님이 싸울 때, 나는 부모님이 나에게 화가 났다고 생각한다.

부부 갈등 해결

부모님이 싸운 후에, 부모님은 서로에게 미안하다고 말한다.

부모님이 싸운 후에, 부모님은 서로에게 미안하다고 말을 하지 않는다.

부모님이 싸운 후에, 부모님은 화해를 하지 않는다.

부모님이 싸운 후에, 부모님은 화해를 한다.

또래 수용과 거부

나는 학교에 친구가 많다.

나는 학교에 친구가 많지 않다.

다른 아이들은 나한테 같이 놀자고 물어보지 않는다.

다른 아이들은 나한테 같이 놀자고 물어본다.

또래들로부터의 괴롭힘

아이들은 나를 밀거나 넘어뜨리는 비열한 짓을 한다.

다른 아이들은 나한테 그런 짓을 하지 않는다.

아이들은 나에게 비열한 말을 한다.

아이들은 나한테 비열한 말을 하지 않는다.

제4장

가족 퍼펫 인터뷰(FPI)

– Catherine Ford Sori

역사적으로 놀이치료와 가족치료 분야는 분리되어 따로 발전했으며, 두 분야를 통합함으로써 실현할 수 있는 많은 이득을 인식하는 사람은 거의 없었다 (Sori & Gil, 2015). 1975년에 Irwin과 Malloy가 '가족 퍼펫 인터뷰(Family Puppet Interview: 이하 FPI)'를 소개하면서 이 격차를 해소하기 시작했다. 이 혁신적인 '가족놀이치료(Family Play Therapy: 이하 FPT)' 기법은 은유적 이야기를 통해 가족의 의사소통 스타일, 문제, 경험 등을 알아내기 위해 고안되었다. FPI는 가족 전체가 참여하는 대화형의 구조화된 평가 및 치료 활동이며, 중요한 '상징적인 가족 환상 자료'를 보여 주기 위한 '풍부한 대화형 데이터'를 생성한다(Irwin & Malloy, 1975, p. 179). 가족들이 보다 안전하고 경계가 더 적은 상태에서, 어려운 문제와 감정에 대해 상징적으로 소통할 수 있는 형식을 제공하며 놀이 맥락 안에서 가족들이 서로를 이해할 수 있는 새로운 방법을 제공한다. 가족들은 각각 퍼펫을 선택하고 자기만의 이야기를 만든 다음, 퍼펫을 통한 퍼펫 공연을 치료사에게 보여 준다. Irwin과 Malloy(1975)는 각각 이야기의 제목이나 이야기 속의 교훈을 물어보고, 구성원들을 초대하여 퍼펫의 행동이나 감정을 되새겨 보며, 마지막으로 가족 구성원들에게 살면서 경험하고 있는 것이 있는지 묻는 등 후속 질문들을 제공한다.

20년이 지난 후에, Gil(1994)은 FPI를 포함한 FPT의 특별한 이점과 혁신적인 방법을 자세히 설명한 첫 번째 책인 『가족치료에서의 놀이(Play in Family Therapy)』를 출판했다. 여기서 Gil은 Irwin과 Malloy(1975)의 개괄적인 질문으로 넘어가기 전에 은유적인 측면에서 내담자의 이야기를 더 이해하는 데 추가 시간을 사용하는 개념을 소개했다. Gil은 내담자의 이야기에서 풍부한 상징적인 소재에 더 깊이 접근할 수 있도록 '은유를 풍부하게 하는' 방법을 고안했다. 이러한 확장은 가족들을 상징적인 이야기에 더 오래 있게 하고, 우뇌가 내담자의 직관, 창의성, 감정을 더 깊이 끌어들이도록 하여 무의식적인 것을 표면화되도록 한다(Crenshaw & Tillman, 2013; Gil, 1994, 2011, 2015; Gil & Sobol, 2005 참조). '은유에 머물기' 위해, Gil은 퍼펫에게 이야기를 확장하거나 각각의 이야기에 대한 영향을 탐구하도록 요청할 수도 있고, 또는 멀리 떨어져 있는 두 개의 퍼펫이 상호작용하도록 지시할 수도 있다. 이것의 가치는 "가족 은유의 마법은 멀리 떨어진 관찰, 회고, 또는 해석에 대한 치료사의 집중에 의해 중단되지 않는다."는 것이다(Gil, 1994, p. 51). 잠재적인 이점으로는 내담자의 방어력을 줄이고, 가족 구성원들이 독특한 방식으로 관계를 맺으면서 가족의 즐거움과 기쁨을 증가시키며, 그들이 고려하지 않았던 문제들에 대한 새로운 해결책을 암시하는 것이다. 이 확장 이후, 치료사는 '은유에서 나오기' 그리고 Irwin과 Malloy(1975)가 제시한 보다 분석적인 좌뇌를 사용하는 질문을 이용한다. Gil(2011)은 "분석적이고 통찰지향적인 좌뇌가 우리 뇌의 보다 창조적이고 상징적인 작용에 의해 평가되고 깨달음을 느낄 때 엄청난 잠재력이 분출된다."(p. 209)라고 말했다. 이 장의 초점은 Gil의 확장 방법(1994, 2011, 2015)을 포함한 FPI와 이 활동의 이점을 확장하는 혁신적인 방법이다.

❖ FPI 준비과정 및 준비물

FPI는 약 20~30개의 퍼펫을 필요로 한다. 너무 많은 선택이 내담자를 위축시킬 수도 있지만, 다양한 특성을 제안하기에는 충분하다. 아동들은 가축, 농장, 동물원 그리고 야생동물을 포함한 동물들의 표현과 잘 관련되어 있다. 다른 범주로는 공룡, 바다 생물, 날아다니는 생물, 곤충 그리고 환상 동물들(예: 유니콘)이 있다. 동물 가족을 대표할 수 있는 같은 종의(아마 다른 크기일 것이다) 퍼펫(예: 사자와 아기 사자)을 찾아보라. 다만, 수량보다 더 중요한 것은 퍼펫이 상징적인 잠재력을 가지고 있어야 한다는 것이다. 선악(천사와 악마), 공격성(악어, 공룡), 취약성(아기, 양, 강아지) 등 다양한 특징을 나타내는 퍼펫을 선택한다. 다른 추천은 특별한 힘을 가진 존재들(천사, 마녀), 동화나 판타지적인 인물들(왕, 여왕, 외계인), 현명함과 관련된 것들(부엉이, 마법사) 또는 우월한 힘을 가진 것들(사자, 고릴라)이다. 직업(경찰, 의사, 소방관)이 있는 퍼펫들과 인종적으로 다양한 퍼펫은 특히 가치가 있다. 많은 내담자는 '숨을 수 있는' 퍼펫(거북이, 조개), 변신을 묘사하는 퍼펫(나비로 변신하는 애벌레) 또는 놀라움의 요소[병 안에 있는 정령(요정 genie), 깜짝 장난감 상자]에 끌린다. 전문적인 퍼펫들은 튼튼하고, 화려하며, 매혹적이지만, 비싸다. 퍼펫들은 양말과 실, 또는 소매점 또는 차고 세일에서 발견되는 박제 동물로 만들 수도 있다(Foraker-Koons & Sori, 2015 참조). 추가적인 이점으로는 내담 아동들이 자신이 바뀌어 가는 과정을 즐긴다는 것이다. 가장 이상적인 퍼펫은 아래턱이 말을 하는 것처럼 움직일 수 있고, 머리와 팔이 자연스러운 움직임을 모방하도록 움직일 수 있다(Carter & Mason, 1998). 다양한 비율의 퍼펫은 치료사들이 어떻게 크기와 특성이 힘과 통제를 포함한 가족의 관계, 역할, 문제에 대한 은유적인 표현이 되는지를 추측할 수 있게 해 준다. 장비를 사용할 수 있는 환경인 경우, FPI 회기를 비디오로 녹화하면 유용하다(다음의 내용 참조).

❖ FPI 진행

어떤 퍼펫을 쓸지 결정할 때 몇 가지 주의사항이 있다. 때때로 가족 구성원들은 모두 비슷한 특징을 가진 퍼펫(예: 거북이와 조개는 숨을 수 있는 등껍질을 가지며 땅과 물 두 곳에서 다 살 수 있는 생물이다.)을 선택하거나, 누군가 똑같은 두 개의 퍼펫(예: '쌍둥이 원숭이')을 원할 수도 있다. Gil과 Sobol(2005)은 사람들이 사용하기를 원하는 퍼펫 수를 제한하는 것에 대해 다음과 같이 경고한다.

> 다른 누구보다도 더 많은 것을 가지고 싶어 하는 아이. 아마도 그 아이는 가족 내에서 소외감을 느낄 것이다. 아마도 그 아이는 특별하거나 다른 느낌을 받을 필요가 있다. 어쩔 수 없이 가족 구성원들은 똑같은 퍼펫을 골라야 할 수도 있고, 때로는 한 사람의 선택이 다른 모든 사람에게 분위기를 조성할 수도 있다(p. 351).

Karakurt(2012)는 누군가가 여러 개의 퍼펫을 선택할 때, 각각은 자기(self)의 다른 측면(예: 길을 잃은 화난 원숭이, 무력한 양)을 나타낼 수 있다고 제안한다.

지침

약 30개의 퍼펫이 놓인 방으로 가족을 데려오는 것으로 FPI를 시작한다. 활동을 소개하려면 다음과 같이 간단하고 명확한 지침을 제공한다.

> 당신은 이 퍼펫들을 둘러보고 가장 끌리는 것을 선택하세요. 그리고 시작, 중간, 끝이 있는 이야기 하나를 함께 만들어 주세요. 두 가지 규칙만 지켜 주시면 됩니다. 첫째, 이야기는 동화나 영화처럼 이미 알고 있는 이야기가 아니라 독창적이어야 합니다. 둘째, 이야기를 만든 후에 퍼펫을 통해 이야기만 들려주는 것이 아니라, 퍼펫을 통해 말함으로써 공연을 해 주셔야 합니다. 저는 30분 동안 나가 있을 테니 그동안 퍼펫을 고르고 이야기를 만들어 주시면 됩니다. 끝나고 문을 열어 주시면 제가 다시 와서 청중이 될게요.

성인들이 의구심을 나타내거나 참여를 꺼리면 Gil(2011)은 자신을 믿고, 호기심을 가지도록 해 달라며, 함께 노는 데 중점을 두고 안심하라고 제안한다. 대부분의 아동들이 퍼펫으로 노는 것을 좋아하지만, 때때로 아동들은 시무룩하고 무관심할 수 있다. 그들의 관심을 끌기 위해, 당신이 가족의 '공연'을 비디오로 녹화하게 될 것이라고 설명한다(녹음에 동의한다고 가정하면). 그러면 여러분은 다음 주에 함께 그것을 볼 수 있다!

과정과 내용의 관찰

FPI의 모든 단계에서, 가족의 진행과정(그들이 어떻게 관계하고 상호작용하는지)과 그들의 이야기 내용(은유적으로 표현되는 것들)을 예리하게 관찰하는 것이 필수적이다. 일방경 거울 뒤나 회기 후 녹화된 것을 보면서 가족들이 퍼펫을 고를 때 가까운 곳에서 관찰한다(Gil & Sobol, 2005). (방 안에 머무르는 것, 심지어 구석에서 조용히 앉아 있는 것도 일부 내담자를 자의식적으로 만들고 창의력을 저해할 수 있다.) 어떤 퍼펫이 고려되고, 버려지고, 보관되는지, 그리고 퍼펫 선택을 둘러싼 가족 역동에 주목하라. 관심의 정도가 어느 정도인가? 형제자매는 부모의 관심을 얻기 위해 경쟁하거나 특정한 퍼펫을 두고 다투는가? (만약 그렇다면, 무슨 일이 일어날까?) 퍼펫이 선택되거나 할당되었는가? 선택을 제한하거나 거부하거나 제안하려는 사람이 있는가? 각각 몇 개의 퍼펫을 선택하는가? 흥미로운 퍼펫을 찾을 수 없는 사람이 있는가? 가족 구성원들이 열심히 서로 대화를 하는가, 아니면 혼자 조용히 선택하는가?

이야기 창작의 관찰

퍼펫들이 선택되면, 가족들이 이야기를 어떻게 만들어 가는지에 대한 과정은 "가족이 임무를 수행하고 완수하기 위해 어떻게 조직하는지를 보여 주고 명확하게 한다"(Gil, 1994, p. 49). 시작하는 데 용이한지 또는 어려움이 있는지의 수준과 이야기 전개에 대한 각 개인의 기여도를 알아본다. 줄거리는 어떻게 결정되는가? 뚜렷한 리더와 따르는 사람(추종자)이 등장하는가? 누구의 생각이 특권이고, 누구의 생각이 무시되거나 거부되는가? 역할이 할당되거나 선택되었는가? 다른 사람들이 주저하는 동안 한 사람이 책임을 떠맡는가? 부모들은 아이들을 격려하는가, 거슬려 하는가, 아니면 경멸하는가? 그들이 가능성을 탐색하고 그들의 선택에 대한 결정을 내릴 때 정서적인 환경은 무엇인가?

그 내용은 종종 걱정, 다툼, 가족 비밀, 금지된 주제, 억눌린 감정, 상실(부모의 유기 포함), 그리고 가족이 경험하고 있는 긴장된 관계의 은유적 표현이다. 이야기가 전개되면서, 어떤 주제들이 제안되었는가? 어떤 실제 위협이나 위험이 암시될 수 있는가? 가족이 그 문제를 해결할 수 있는가? 또한 개인과 가족의 강점과 회복력의 징후를 파악하도록 노력하여야 한다. 이것은 나중에 희망을 주고 변화에 대한 긍정적인 기반을 제공하기 위해 사용될 수 있다.

가족의 이야기 공연

가족이 돌아와도 된다는 신호를 보낸 후, 그들을 편안하게 해 주는 한 가지 방법은 퍼펫들의 이름을 물어보고 당신에게 자신에 대하여 한두 문장을 들려주도록 초대하는 것이다(Gil, 1994). 시작하는 데 어려움을 겪는다면 '어디서 이런 이야기가 일어나는지, 앞으로 어떻게 될지 궁금하다'는 식의 접근이 효과적일 수 있다. 만약 내담자가 그 역할에서 벗어나 치료사에게 말을 건넨다면, 퍼펫(내담자가 아니라)을 보고 퍼펫 이름을 부르며 퍼펫에게 상호작용을 하도록 격려하여 그들을 은유 속으로 다시 인도해 보라(예: "빨간 Robin, 너는 바쁜 벌에게 그것에 대해서 말하고 그녀의 기분을 물어볼 수 있겠니?").

과정 및 내용에 대한 관찰은 가족 공연에 있어 더 큰 중요성을 가진다. 과정 관찰에는 각 가족 구성원의 참여와 즐거움의 수준을 확인하는 것이 포함된다. 모두 참여하는가? 퍼펫들은 어떻게 상호작용을 하는가? 퍼펫이 보여 주는 감정은 무엇인가? 대화는 일관성이 있는가, 아니면 혼란스러운가? 회기 이후 비디오 보기를 통해 추가적인 통찰력을 얻을 수 있다. 과정 관찰을 통해 양육 스타일(허용적 또는 권위적), 부모–자녀 애착, 개인과 가족이 얼마나 잘 기능하는지, 가족 경험을 암시할 수 있는 주제 등을 평가할 수 있다. 이러한 관찰은 가족 평가, 가설, 목표, 치료 계획 및 이후의 개입을 알려 주는 다양한 실제 관점(예: 구조적, 서술적, 경험적, 해결중심)을 통해 볼 수 있다.

공연 중 내용 관찰은 가족이 원작 이야기를 만들 때 목격한 것과 비교해야 한다. 동일한 주제가 명백하거나 변경되었거나 새로운 주제가 도입되었는가? 어떤 역할이 제안되는가? 그 이야기는 문제에 대한 건강한 해결책을 포함하고 있는가? 때때로 가족의 원래 이야기는 공연 중에 새로운 방향으로 전환된다. 그것은 더 심각한 문제들을 드러내고, 은유에 대한 대체적인 해석을 제안하며, 더 많은 숨겨진 문제와 더 깊은 감정을 드러낼 수도 있고, 가족들이 경계했던 주제들을 드러낼 수도 있다.

은유 과정 및 확대

가족들이 '은유 속에' 집중할 수 있도록, 질문을 하고 이야기를 이해할 때 가족이 아닌 퍼펫을 직접 바라보아야 한다(Bromfield, 1995). 만약 내담자가 퍼펫을 통해 응답하지 않는 경우, 퍼펫을 직접적으로 지칭하는 질문을 하면 해당 내담자가 다시 캐릭터로 돌아올 수 있다. 증폭된 질문들은 이야기의 내용을 넘어서 치료사들이 이야기의 중요한 요소들을 탐구하기 위해 더 오랜 시간 '은유에 머물도록' 허용한다(Franklin, 2015; Gil, 2011). 이러한 열린 질문들은 의식을 확대하고 무의식적인 생각이나 억압된 감정이 표면화될 수 있을 만큼 충분히 긴 은유에 초점을 맞춘다. 치료사들은 이야기가 끝난 후 퍼펫들에게 무슨 일이 일어나는지 보다 자세하게 물어볼 수 있고, 가족 구성원들이 새로운 상호작용 방식으로 확장하도록 도전할 수 있으며, 퍼펫 두 개를 초대하여 함께 토론하거나 활동을 계획할 수 있다. 이 외의 다른 것도 가능하다(Gil, 1994, 2011, 2015 참조). 치료사는 호기심 표현에 중점을 두어야 하지만 임상적 해석은 최소한이어야 하며(Gil & Sobol, 2005), 내담자들과 공유해서는 안 된다. 이 진술과정 이후 치료사는 Irwin과 Malloy(1975)가 추천한 '은유 범위 밖의' 질문들을 할 수 있으며, 이 질문에는 그들 자신의 삶에서 경험하고 있는 것과 비슷한 부분이 있는지 물어보는 것도 포함된다.

이야기를 정리할 시간이 부족하면 줄거리를 간략하게 제공하고, 가족의 노력과 창의력에 박수를 보내며, 얼마나 즐거웠는지 알려 준다. 다음 회기에서 함께 녹화본을 볼 수 있기를 기대한다고 알리고, 다음 주 동안 이러한 경험을 되새기도록 요청한다. Gil(2011)은 '은유 속에 머물면서' 과정 질문을 개발하는 것은 이 인터뷰를 새로 접한 사람들에게는 어려울 수 있지만 직접 해 보면 쉬워진다고 말한다. 일주일 정도의 시간 동안 녹화본을 다시 보면서, 자세하게 진술된 질문을 검토한 후에 캐릭터, 은유, 주제, 감정, 의미 등을 다음 회기에서 보다 깊이 있게 탐구할 수 있다. 이 시간은 또한 치료 계획을 개발하고 앞으로의 회기에서 어떻게 퍼펫과 은유법을 가장 잘 활용할지를 결정하는 데 사용될 수 있다.

치료과정에서의 퍼펫과 은유법 사용

퍼펫들의 행동, 이야기의 은유적인 내용, 상호작용의 새로운 방법들은 치료과정 내내 참고되고 확장될 수 있다. Gil(2015, p. 174)은 가끔 의상을 이용해 가족에게 "이번에 자신들이 만든 역할을 맡아 연기해 주세요."라고 부탁한다. 내담자는 자신의 퍼펫을 사용하여 감정을 다시 느끼거나, 또는 퍼펫이 안전한 감정 거리를 제공하는 어려운 대화를 나누도록 요청할 수 있다(의상이 그렇듯이).

두 번째 FPI

만약 한 가족이 후속 FPI에 참여하도록 요청받는다면, 그들은 같은 퍼펫을 원하거나 두 번째 이야기에 새로운 퍼펫을 사용하고 싶어 할 수도 있다. 두 가지 FPI의 기록을 비교하는 것은 변화를 강조하고, 내담자를 격려하며, 추가 치료가 필요한 영역을 명확히 하는 데 유용하다. 이는 문제 해결, 가족 기능 향상, 관계 개선 및 기타 치료 목표 달성을 위한 내담자의 진전을 측정하는 고유한 방법을 제공한다.

FPI의 이점을 확장하는 방법

FPI를 위해 선택된 퍼펫들은 가족이 종료시점에 가까워질 때 여러 가지 방법으로 창의적으로 적용될 수 있다. 가족들은 FPI를 다시 검토할 수 있는데, 치료사는 'TV 리포터'로서 각각의 퍼펫을 인터뷰하기 위하여 장난감 마이크를 사용한다. 치료사들은 퍼펫들이 어떻게 함께 협력할 수 있는지를 알아보는 '전문가'이다. 퍼펫들의 전문적인 지식을 공유하는 것은 비슷한 상황에 있을 수 있는 '관객들'에게 도움이 될 수 있다.

한 가족의 FPI에 사용된 퍼펫들은 '퍼펫 반영 팀(puppet reflecting teams)'(Sori,

2011a)으로 통합되어, 가족들에게 다른 사람들이 어떻게 그들을 보는지에 대한 신선하고 놀라운 시각을 제공한다. 이것은 막혀 버린 사례를 진행시킬 수 있는 훌륭한 메커니즘이다. Karakurt(2012)는 다양한 문화에서 FPI의 성공적인 사용에 대해 논의하고 있으며, 문화적으로 관련된 FPI의 적용은 청소년에게 인기 있는 "Rappin' FPI"(Sori, 2010)이다. 숙제로 가족들에게 랩을 만들어 오라고 요청하고, 다음 회기에서 퍼펫을 이용해 랩을 공연하는 방식이다. 질문들은 성공적인 공연이 어땠는지, 그들을 놀라게 한 것이 무엇인지, 가장 어려운 부분이 무엇인지, 무엇을 가장 즐겼는지를 탐구할 수 있다(가족에게 녹음된 랩을 선물하는 것은 그들의 치료 경험을 상기시켜 주는 소중한 것이다).

대체 적용 프로그램은 치료사가 FPI에 사용된 퍼펫들을 통합하면서, 가족에 대한 랩을 만드는 것이다(Sori, 2011b). 치료사가 연기자가 되고 가족이 청중이 되면서 역할을 뒤바꾼다. 이 방법은 특히 치료의 마지막 단계에서 훈훈하고 재미있게 가족의 치료를 축하하는 방법이다. 내담자들은 치료사의 전문적인 면모만을 보다가 이러한 것을 보게 되는 것을 매우 즐거워할 것이다. 가족들이 같이 일어서서 함께 할 수 있도록 준비하고 손뼉을 치며 박자에 맞추어 움직이도록 하라!

❖ <u>사례 설명</u>

이 사례(Sori, 2015)는 최근 이혼한 엄마 Scarlett과 세 명의 10대 자녀로 구성된 가족을 다룬다. 17세인 John은 운동을 즐겼고 학교 미식축구팀의 선발 수비수였고, 13세인 Josiah는 형과 달리 독서와 체스를 좋아했으며, 15세인 Justine은 꽤 인기가 있었지만 최근 학교에서 행동 문제가 불거지면서 관심 학생으로 지정되었다. 가족들은 수다스럽고 따뜻한 모습을 보이며 함께 있는 것을 즐기는 듯했다. 최근 이혼을 묻는 질문에 모두 '괜찮다'는 의견이었고, Justine의 학교에서의 행동을 제외하면 모든 것이 '괜찮다'는 의견으로 일치했다. 진행해야 할 상황이 거의 없어, 치료사는 다음 회기에서 FPI를 하기로 결정했다.

두 번째 회기에서 치료사는 가족에게 30개의 퍼펫을 보여 준 후, 흥미로워 보이는 퍼펫들을 골라 달라고 요청했다. 그들은 함께 시작, 중간, 끝을 가진 독창적인 이야기를 만들고, 퍼펫들을 통해 연기할 수 있었다. 치료사는 그들이 시작할 수 있도록 나갔으며, 그들이 준비되었다는 신호를 보낼 때 돌아와 퍼펫들을 통해 그들의 이야기를 들어 주는 관객이 되어 주곤 했다.

일방경 뒤에서, 치료사는 엄마가 '사랑하고 양육하는' 것으로 묘사되는 큰 소(Elsie)를 선택하는 것을 지켜보았다. John은 '정글의 왕'인 큰 고릴라(Bruzer)를 선택했다. "Patty는 모든 작은 동물을 돌본다."라고 말하면서, Justine은 아기를 등에 업고 다니는 엄마 코알라('Patty와 아기 Mimi')를 바로 선택했다. 형의 뒤를 이어 Josiah는 '정말 멋지고, 거의 Bruzer만큼 힘이 센'(Bruzer를 짜증 나게 했다) '멋진 친구(Cool Dude)'라는 이름의 작은 고릴라를 선택했다. 숲속에서 길을 잃은 Stanley라는 친구를 찾기 위한 이야기를 만드는 데 모두가 참여했다. 그들이 준비되었다는 신호를 보내자, 치료사가 돌아왔다.

각 캐릭터가 소개된 후, 공연이 시작되었지만 원작과는 거리가 먼 내용이었다. Elsie(엄마)가 이야기를 시작했지만 Patty(Justine)가 Elsie의 생각은 우둔하고 Elsie 자신이 무엇을 하는지 모르기 때문에 효과가 없다고 소리를 지르며 방해했다. Bruzer가 끼어들어, Bruzer는 자신이 숲에서 가장 큰 동물이고 모두가 그를 무서워하기 때문에 Stanley를 찾는 일을 맡아야 한다고 말하며 합류했다. Elsie(엄마)가 Stanley가 엄청 좋은 친구여서 사라진 것이 얼마나 끔찍한지 신음했을 때, Bruzer는 "Stanley는 내게 친구가 아니야."라고 반박하는 것으로 새로운 줄거리의 반전이 전개되었다. Elsie는 Bruzer에게 Stanley가 그동안 가져왔던 음식에 대해 감사해야 한다는 것을 상기시켰다. 그들의 원래 이야기와는 다르게, 모두가 아무도 알아들을 수 없을 정도로 큰 소리를 지르기 시작했다. 그러다가 갑자기 Justine이 길고 불길해 보이는 침을 가진 커다란 가오리 퍼펫 Stanley를 꺼내자 불협화음은 갑자기 멈추었다. Elsie는 Stanley를 따스하게 맞이했지만, 다른 사람들은 Stanley가 돌아온 것에 대해 별다른 반응이 없었고, 이야기는 그렇게 끝이 났다.

잠시 기다린 후, 치료사는 줄거리와 퍼펫들의 행동에 대한 질문을 했다. 퍼펫에 대한 확대 질문으로는 "Stanley를 잃어버려서 아무도 찾지 못했을 때 어땠나요?" "Stanley가 숲에서 나오는 것을 보고 누가 가장 기쁘고 누가 가장 기쁘지 않았을까요?" "그들은 Stanley가 숲에서 무엇을 했다고 생각했고, 어떻게 그는 길을 잃었을까요?" "그렇게 크고 위협적인 침을 가진 친구를 그들 가운데에 둔 것은 어땠을까요?" "엄청 위험한 숲에서 친구를 구한 기분이 어떤가요?" "Stanley가 위협했다면 어떻게 행동했을까요?" "만약 그랬다면 어떻게 그의 거대한 침으로부터 나 자신을 보호할 수 있을까요?"와 같은 질문들이 포함되었다. 마지막 질문에 대해 Bruzer는 즉시 자신이 숲에서 가장 크고 힘이 세며 Stanley the Stringray—가오리인 Stanley—보다 훨씬 크다고 대답했고 그들을 보호할 수 있다고 대답했다. Elsie는 Bruzer의 대답에 대해 Stanley는 별로 위협적이지 않으며 겉으로 보이는 것만 그렇다고 말했다. 아이들은 그 대답에 대해 어두운 표정과 무언의 목소리로 반대를 외치는 듯하였다.

엄마는 자신의 삶에서 뭔가 비슷한 일이 일어날 수 있었는지에 대한 질문에 아이들이 목격했던 가정폭력 때문에 아이들의 아버지와 이혼한 것은 이번이 두 번째라고 시인했다. 시간이 거의 남지 않은 상황에, 치료사는 엄마가 자신과 아이들을 그러한 불안한 폭력으로부터 보호하기 위해 취한 조치에 대해 칭찬했다. 치료사는 Eisie와 Bruzer가 가오리로부터 모든 동물을 안전하게 지키는 방법에 대해 그 주에 이야기해 볼 수 있는지를 물었다.

치료사는 안전이 이 가족의 주요한 주제인 것을 알았지만, FPI는 그것들을 뚫고 그들의 은유적인 이야기에 드러낼 수 있도록 했다. 치료사의 가설은 Stanley the Stringray가 그들의 아버지를 표현한다는 것이었다. 퍼펫의 역할을 고려했을 때, John의 퍼펫(Bruzer)은 가족의 주요 보호자처럼 보였다. Patty와 아기 Mimi(Justine)는 작은 동물들의 보호자였고, Elsie(엄마)에게 가장 요란하고 큰 소리로 도전하는 사람으로, 가족을 잘 운영하기 위한 엄마의 노력이 얼마나 비효율적인지를 단언했다. Josiah의 퍼펫 선택은 Josiah의 내면에 있는 두 가지 반대 세력을 상징했을 것이다. 즉, Cool Dude(작은 고릴라)는 형을 본받고 싶어 했고,

Stanley the Stringray는 아버지에 대한 분노나 상반된 감정을 암시했다. Elsie the Cow(엄마)는 원래 자신을 '사랑과 양육'이라고 표현했으나, 다른 퍼펫들이 그녀를 무능하다고 생각하면서 문제가 되었다.

다음 회기에서는 가족과 함께 FPI 영상을 보고 어떻게 즐겼는지 논의한 후, 치료사는 상담에서 그들 자신이 하고 싶은 일을 떠올릴 수 있는지 물었다. 개인이나 전반적인 가족 목표는 이야기의 내용과 그것을 만들고 수행하는 가족의 과정을 반영하는 가족(그리고 치료사)에 의해 설정되었다.

그로부터 일주일 후, 치료사는 둘째 아이와 셋째 아이를 먼저 만나기로 결정했고, 그 과정에서 Justine은 헤어지기 직전에 그동안 말하지 못한 끔찍한 비밀을 말했다. 아빠는 이혼 직전에 폭력을 휘둘렀다고 말이다. 아빠는 집에서 John이 끼어들어 아빠한테서 벨트를 뺏기 전까지 Justine을 쫓아다니며 벨트로 때렸다. 이후 엄마가 아빠 앞에 나서면, 엄마가 더 심각한 폭력을 당할 것 같다는 생각에 엄마한테 이 일에 대한 것을 말하지 않겠다는 합의가 있었다. 토론 끝에, 모든 사람은 엄마에게 이 비밀을 말할 때라는 것에 동의하였다. Scarlett은 자신의 딸도 전남편의 폭력을 겪었다는 사실을 알고 소스라치게 놀랐고, 아이들이 Stanley the Stingray로부터 그녀를 보호하기 위해 비밀로 했다는 것을 알고 자신에게 실망했다. 아이들은 그녀에게 Stanley가 자기들을 밀치고 지나가는 것을 막기 위해 자물쇠를 바꿔 달라고 간청했고, 그들은 엄마가 Stanley를 다시 찾을 거라는 생각으로 걱정과 두려움에 떨었다. 치료사는 그들이 FPI에서 사용했던 퍼펫들을 회수하여 각각 Elsie에게 이것이 그들에게 어떤 영향을 미쳤는지, 숲에 있는 동물들이 안심할 수 있도록 돕기 위해 무엇을 할 수 있는지 말해 달라고 부탁했다.

Elsie는 숲속 동물들을 보호하기 위한 조치를 취했고, 가족은 그 목표를 향해 빠르게 나아갔다. 엄마는 안전과 구조뿐만 아니라 양육과 즐거운 시간을 제공할 수 있는 유능한 부모가 되었다. 퍼펫의 다투는 소리는 조용해졌고, 아이들은 더 잘 듣는 법을 배웠으며, 숲속의 어떠한 가오리에게서라도 그들을 안전하게 지켜줄 Elsie를 믿었다.

마지막 회기에서 치료사는 가족을 위해 '치료용 랩'을 했으며, FPI에서 사용된 퍼펫을 사용했다. 그들의 성장, 목표를 향한 진보, 그들의 수많은 장점을 유쾌하고 재미있게 강조하기 위한 목적이었다. 퍼펫의 시각적 요소는 랩의 극적인 영향을 강화시켰고 더 깊은 수준의 의미를 전달했다. 치료사가 퍼펫과 장난감 마이크를 이용해 노래한 랩은 가족에게 즐거움을 주었다. 모두 일어나서 박수를 치고 춤을 추고 같이 랩을 하며 즐거움을 표현하였으며, 마지막에 서로 '하이파이브'를 하며 막을 내렸다. 가족 구성원들은 치료사가 가족 내에서 목격했던 많은 변화를 기록한 장난스럽고 재미있는 형식의 구체적인 기록인 '랩'의 원고를 받으면서 매우 즐거워했다. FPI의 은유법은 가족의 초기 경계를 벗어나 '뒷문을 통해' 들어가는 방식으로 가족의 문제를 발견하고 탐구하였다. FPI는 가족 간에 관계 발전을 이루어 냈고, 그들은 빠른 진전을 이루었다. 이 가족은 이런 경험을 평생 잊지 못할 것 같다.

FPI(그리고 다른 FPT 방법)는 '초이론적인 것'(Gil, 2015; Schaefer & Drewes, 2014)으로 간주될 수 있으며, 대부분의 놀이 및 가족치료 이론과 통합된다(Dermer, Olund, & Sori, 2006 참조). 놀이는 아동들뿐만 아니라 어른들에게도 치료 효과가 있으며, 가족이 함께 놀 때 그 이점이 점점 커진다. FPI는 함께 놀면서 새로운 기쁨을 경험함으로써 상처 입은 가족들에게 새로운 생명을 불어넣을 수 있다. 두 분야의 요인들을 통합할 때 걸림돌이 있다면, 이는 호기심 많고 모험적이며 성장과 치유의 새로운 가능성을 발견하기를 열망하는 사람들에 의해 극복될 수 있다(Gil & Sori, 2015 참조).

참고문헌

Bromfield, R. (1995). The use of puppets in play therapy. *Child and Adolescent Social Work Journal, 12*(6), 435-444.

Carter, R., & Mason, P. (1998). The selection and use of puppets in counseling. *Professional School Counseling, 1*(5), 50-53.

Crenshaw, D., & Tillman, K. (2013). Access to the unconscious. In C. E. Schaefer & A. A. Drewes (Eds.), *The therapeutic powers of play: 20 core agents of change* (2nd ed., pp. 25–38). Hoboken, NJ: Wiley.

Dermer, S., Olund, D., & Sori, C. F. (2006). Integrating play in family therapy theories. In C. F. Sori (Ed.), *Engaging children in family therapy: Creative approaches to integrating theory and research in clinical practice* (pp. 37–65). New York, NY: Routledge Press.

Foraker-Koons, K., & Sori, C. F. (2015). A guide to making puppets without breaking the bank. In C. F. Sori, L. Hecker, & M. Bachenberg (Eds.), *The therapist's notebook for children and adolescents* (2nd ed., pp. 327–330). New York, NY: Routledge.

Franklin, P. (2015). Tell me all about it: Using objects as metaphors. In C. F. Sori, L. Hecker, & M. Bachenberg (Eds.), *The therapist's notebook for children and adolescents* (2nd ed., pp. 9–12). New York, NY: Routledge.

Gil, E. (1994). *Play in family therapy*. New York, NY: Guilford Publications.

Gil, E. (2011). Family play therapy: Igniting creative energy, valuing metaphors, and making changes from the inside out. In C. E. Schaefer (Ed.), *Foundations of play therapy* (2nd ed., pp. 207–226). NY: John Wiley.

Gil, E. (2015). *Play in family therapy* (2nd ed.). New York, NY: Guilford Publications.

Gil, E., & Sobol, B. (2005). Engaging families in therapeutic play. In C. E. Bailey (Ed.), *Children in therapy: Using the family as a resource* (pp. 341–382). New York, NY: Guilford.

Gil, E., & Sori, C. F. (2015). Obstacles and opportunities in utilizing family play therapy. In E. Gil's (Ed.), *Play in family therapy* (2nd ed., pp. 33–56). New York, NY: Guilford.

Irwin, E. C., & Malloy, E. S. (1975). Family puppet interview. *Family Process, 14,* 170–191.

Karakurt, G. (2012). Puppet play with a Turkish family. *Journal of Family Psychotherapy, 23,* 69–78.

Schaefer, C. E., & Drewes, A. (Eds.). (2014). *The therapeutic powers of play: 20 core agents of change* (2nd ed.). Hoboken, NJ: Wiley.

Sori, C. F. (2010). Rappin' family puppet interview. In L. Lowenstein (Ed.), *Creative family therapy techniques* (pp. 63–66). Toronto, Canada: Champion Press Books.

Sori, C. F. (2011a). Puppet reflecting teams in family therapy. In H. G. Rosenthal (Ed.), *Favorite counseling and therapy techniques* (2nd ed., pp. 281–290). New York, NY: Routledge.

Sori, C. F. (2011b). Using hip-hop in family therapy to build "rap" port. In H. G. Rosenthal (Ed.), *Favorite counseling and therapy homework assignment* (2nd ed., pp. 299–308). New York, NY: Routledge.

Sori, C. F. (2015). Using the family puppet interview in assessment and goal setting. In C. F. Sori, L. Hecker, & M. Bachenberg (Eds.), *The therapist's notebook for children and adolescents* (2nd ed., pp. 21–26). New York, NY: Routledge.

Sori, C. F., & Gil, E. (2015). The rationale for integrating play and family therapy. In E. Gil's (Ed.), *Play in family therapy* (2nd ed., pp. 1–32). New York, NY: Guilford Press.

제5장 퍼펫 문장 완성 검사(PSCT)

— Susan M. Knell

문장 완성 검사(Sentence Completion Tasks: 이하 SCT)는 투사 기법의 형태이며, 전통적으로 투사에 대한 정신분석적 견해에 기반을 두고 있다. 투사 기법은 애 매한 자극에 대한 개인의 욕구, 감정, 갈등, 동기 등을 외현화하는 것이다(Rabin, 1960). 성인과 청소년들에게 SCT는 가장 자주 사용되는 투사 기법 중 하나이다 (Lubin, Larsen, & Matarazzo, 1984). 피검자는 인용된 어간의 유연성으로 문장어 간을 완성하는데, 이는 문장 완성(Sentence Completion: 이하 SC)가 인기 있게 광 범위하게 사용되는 이유이다(Goldberg, 1965).

1800년대 후반에 SCT는 정신장애를 평가하기 위해 미완성 문장 방식을 제시 하였다(Ebbinghaus, 1897: Hart, 1986에서 재인용). 응답이 복잡하면 지적 잠재력 은 더 크게 영향을 받는다고 생각하였다. 그 후에 다른 사람들은 지적인 평가로 서 사용하기 위해 이 기술을 계속 개발하였고, 20세기 중반에 정서/성격 발달의 지표로서 도입하였다. Tendler(1930)와 같은 치료사들은 감정적 반응을 끌어내 기 위해 문장어간을 사용하는 것을 도입했다. 이후 수십 년 동안 다양한 형태가 사용되었으며, 제2차 세계대전(Hart, 1986에 서술됨)에 미군들을 위한 심리 검사 배터리에 SC가 추가되었고, 나중에는 비군사적인 용도로 사용되었다.

❖ 아동용 SCT

대부분의 전통적인 SCT는 처음에는 청소년과 성인을 위해 개발되었으며, 어린 아동에게 사용하는 것은 문제가 될 수 있다. 특히 발달에 민감한 평가도구의 부족으로 인해 미취학 아동의 평가와 치료가 어려울 수 있다. 어려운 점은 실행, 아동에 대한 이해, 결과 해석 등과 같은 이슈를 포함한다.

아동과 함께 투사 기법을 다룰 때는 연령, 발달 수준, 참여 의향 및 과제를 이해하는 능력을 고려해야 한다(Hart, 1986). 또한 아동이 검사자와 분위기에 대해 편안함을 느끼는 것이 평가 결과를 이해하는 데 중요한 요소이다. 해석이 규범적인 관점에서 기초가 되도록 하기 위해서, 검사자는 반응에 영향을 미칠 수 있는 발달 문제에 대한 명확한 실무 지식을 보유하는 것이 중요하다. 또 해석은 다양한 출처의 협업 정보로 이루어져야 하며, 여기에는 부모, 자녀 및 중요한 다른 사람(예: 교사)과의 임상 인터뷰가 포함될 수 있다. 마지막으로, 대부분의 아동은 놀이를 통해 자신을 표현하고, 일반적으로 놀이는 아동들과 함께 활동하는 데 가장 신뢰할 수 있는 양식으로 여겨지므로, 치료에서의 놀이 사용은 충분히 입증되어 있다. 놀이 통합 평가 과정은 평가 및 진단 정보를 수집하기 위한 보다 발전적인 방법을 제공한다.

❖ 아동의 평가 시 퍼펫 사용

어린 아동들을 대상으로 한 평가와 치료 모두에서 퍼펫의 사용은 발달적으로 적절하고 기록이 잘 되어 있다(예: Irwin, 2000). 퍼펫을 평가에 통합하면 보다 발전적으로 적절한 접근 방식이 제공되므로 보다 신뢰할 수 있는 임상 정보로 이어질 가능성이 높다.

검사자는 아동이 편안함을 높이면서 과제에 대한 이해를 증진할 수 있도록 참여시켜야 한다. 퍼펫을 평가에 통합할 때 놀이를 하는 것은 유용할 수 있다(검사자가 완전히 정색하는 얼굴/표정과 함께, 단조로운 목소리로 인형들을 사용하는 것을 상상해 보라. 그리고 이런 상황에서 아동이 과제에 참여하게 될 가능성에 대해 생각해 보라!).

놀이에서 다른 놀잇감들처럼, 퍼펫들은 갈등과 감정을 표현하는, 위협적이지 않은 방법을 제공한다. 아동 입장에서는 갈등이나 감정을 표현하는 것은 아동 자체가 아니라 퍼펫일 수 있다. Irwin(1985)은 퍼펫으로 가상의 TV 속 이야기를 말하게 하는, 퍼펫을 활용한 평가 기법을 설명했고, 이야기의 의미에 대한 명확성을 제공하기 위해 임상 인터뷰가 이어졌다. 후에 Irwin(2000)은 아동과 가족들을 함께 진단하고 치료하기 위해 퍼펫 사용에 대하여 점검하였다. Irwin은 발달적 고려사항을 다루면서 "어린 아동들은 종종 그들의 갈등을 놀랄 만큼 명확하게 그리고 꾸미지 않고 드러내기 때문에 진단적인 그림을 묘사하는 데 도움을 준다."라고 말했다(p. 685). Irwin은 또한 어린 연령 집단에서의 퍼펫놀이에서는 적게 검열이 되었고, 퍼펫놀이가 더 공공연하게 갈등으로 가득 차 있다는 것을 주목하였다.

❖ SCT에 대한 연구

특히 다양한 형태와 응답 범위 때문에 SCT는 심리측정학상으로 검증되지 않았다. 다양한 연구자가 SCT의 특정 형식을 지원하는 경험적 데이터를 문서화했지만(예: Weiss, Zilberg, & Genervo, 1989), 다른 형식의 일반화 가능성은 적합하지 않다. 임상 현장에서 SCT가 사용되는 경우가 많으며, 반응에 대한 질적 분석이 권장된다. 분명히 해석을 할 때 검사자의 기술, 경험 및 이론적 방향이 작용한다. 아동들을 위해 가장 많이 연구된 SC는 아동용 Hart 문장 완성 검사(Hart Sentence Completion Test: HSCT; Hart, 1986)이다. 이 도구는 가족, 사회, 학교 환경, 자의식 등 4차원을 중심으로 표준화된 채점 절차를 제공하기 위해 개발되었으며, 6~18세 연령의 아동들이 함께 사용하도록 설계되었다.

❖ 퍼펫 문장 완성 검사(PSCT)

일반적으로 6~7세 미만의 아동에게 보다 전통적인 SCT를 사용하는 것은 적절하지 않다. 이 연령 미만의 아동은 대부분 과제에 대한 기대치를 이해하는 데 어려움을 겪기 때문에 일관성 있게 대응할 수 없다. SCT에서 수집할 수 있는 풍부한 임상 자료 때문에, Knell(1992, 1993)은 퍼펫 문장 완성 검사(Puppet Sentence Completion Task: 이하 PSCT)의 사용을 제안했다. 이 도구를 사용하는 근거는 어린 아동에게 발달적으로 더 민감한 과제를 제시하여 아동이 연령에 적합한 방식으로 이해하고 대응할 수 있게 하는 것에 있다. PSCT(Knell, 1992; Knell & Beck, 2000)는 전통적인 아동용 SCT를 취학 전 아동에게 더 적합하게 만들기 위해 개발되었으며, 이 장에 제시되어 있다.

연령 범위

PSCT는 3~7세 아동들에게 사용할 수 있다. 이 연령은 취학 전 아동과 저학년 아동의 개인 차이를 고려할 때 대략적인 경계이다. PSCT를 완성할 수 있는 2.5세 아동은 분명 있지만, 평균적인 아동들은 3세 이전에 충분한 언어능력을 가지고 있지 않을 것이다. 일반적으로 어린 아동일수록, 언어 전달이 덜 정교하다. 매우 어린 아동들에 대한 제한에도 불구하고, 이 검사는 여전히 중요한 임상 정보를 제공할 가능성이 있다. 게다가 이 검사는 나이가 많은 미취학 아동(4~5세)에게서 더 많은 임상 정보를 이끌어 내는 경향이 있다. 이보다 더 높은 연령대에서는, 나이 많은 아동들(6~8세)이 이 검사를 완성할 수 있는 언어능력을 가질 수 있지만, 그들이 퍼펫에는 관심이 없다는 것을 발견할 수도 있다. 따라서 6~8세 범위의 아동들은 종종 퍼펫 검사에서 전통적인 SCT로 빠르게 이동할 수 있지만, 처음에는 PSCT의 형식에 의해 도움을 받을 수 있다.

대상자 고려사항

연령에 대한 고려를 제외하고는, PSCT 사용에 제한이 없다. 발달지연, 자폐증 또는 심각한 언어장애가 있는 아동들은 일부 수정 없이 이 검사를 완료할 수 없을 수도 있지만, 대부분의 아동들은 잠재적으로 이 검사를 완료할 가능성이 있다. 수화에 능통한 청각장애 아동에게는 수화에 능통한 검사자나 수화에 능한 통역사를 통해서 검사를 수행할 수 있다. 생활연령과 관계없이 정신연령이 3세 미만인 아동은 PSCT를 완료할 수 없을 것이다.

재료들

아동이 퍼펫에 관심이 없다면 다른 놀이 재료들이 준비되어 있어야 하지만, 퍼펫은 꼭 필요한 주요 재료들이다.

퍼펫의 선택

PSCT를 사용하기 위하여 다양한 종류의 퍼펫이 도입될 수 있다. 아동이 선택을 해야 하지만, 너무 많은 옵션으로 인하여 압도되어서는 안 된다. 퍼펫은 다른 범주(예: 사람 대 동물 퍼펫)를 나타내야 한다. 퍼펫들은 아동 앞이나 접근 가능한 장소(예: 오픈형 장난감 캐비닛의 하단 선반)에 배치되어야 한다. 어느 경우든 퍼펫은 아동의 눈높이에 있어야 한다. 절차의 일환으로, 아동은 퍼펫을 선택해야 한다는 말을 듣는다. 아동이 선택하는 퍼펫의 범주뿐만 아니라 선택의 방식을 관찰하는 것도 도움이 된다. 남아나 여아가 선택을 빨리 하는가, 아니면 많은 시간이 걸리는가? 아동이 이러한 선택을 하는 데 관심이 있고 검사를 계속하는 데 열심인 것 같은가, 아니면 아이가 무관심을 나타내거나 표현하고 있는가? 그 과정 중에 아동의 말투를 메모하는 것이 특히 도움이 된다. 아동이 특별한 퍼펫을 선택한 이유를 말하는가? 아동이 검사자에게 돌아서서 자신을 위해 퍼펫을 선택해 달라고 요청하는가? 이러한 유형의 관찰은 잠재적으로 아동의 기능 수준, 정서적 문제 및 욕구에 대한 많은 이해를 더할 수 있다.

문장어간의 선택

PSCT는 발달에 적절한 방식으로 전통적인 SCT를 활용하기 위하여 처음 도입

되었다. 어간은 표준 어간으로부터 도출되었으며, 중요한 임상 정보(예: 가족, 자기존중감, 감정, 잠재적 외상)를 이끌어 낼 수 있는 영역을 반영하였다. 표준화된 SCT가 존재하지 않았기 때문에 임상적 판단에 의해서 문장 어간은 추가하거나 삭제했다. 처음 사용된 PSCT(Knell, 1992, 1993)는 취학 전 아동에게 사용하도록 설계되었다. 목표는 대부분의 아동이 사용할 수 있는 일련의 문장어간 세트를 제공하는 것이었다. 검사 마지막에 피해자 또는 학대 문제와 관련된 선택적 어간이 다수 추가되었다. 학대를 당한 것으로 알려지지 않은 아동들에게도 이러한 어간은 학대나 외상의 가능성을 배제하는 데 도움이 되었다. 그러나 이들을 포함하는 것이 임상적으로 부적절하다고 판단되는 경우에는 제외될 수 있다. 특별한 삶의 상황이나 문제를 제시하는 특별한 어간은 특정 대상(예: 이혼한 부모의 자녀)에 대해 검사자가 추가할 수 있다. 일반적으로 사용되는 일부 추가 어간은 취학 전 및 저학년 아동들에게 흔히 볼 수 있는 문제와 연관된 것으로 PSCT의 선택 문항 부분에 제시된다(부록 참조).

Ruma(1993)는 성학대를 당한 아동들을 대상으로 한 놀이치료에서 치료사가 때로는 학대받은 아동들에게서 흔히 볼 수 있는 주제를 소개할 수도 있다고 말하였다. Ruma는 주도하지 않고 아동을 격려하려는 노력을 묘사하였다. 문장어간은 학대의 일반적인 후유증을 확인할 수 있는 기회를 제공한다. "최악의 비밀은……." 또는 "내 침대에 누워서 나는 ……을 생각한다."와 같은 문장어간은 정신적 충격을 받거나 학대받은 아동들에게 인터뷰에서 밝히기 어려운 정보를 전달하는 구조로 제공될 수 있다.

일부 아동들에게는 이 구조가 너무 압도적일 수 있다. 그러한 아동들은 침묵이나 이해하기 어려운 반응으로 이러한 문장에 반응할 수 있다. 한 예로, 4.5세 아동 Richard는 돌보미에게 학대를 당했다(Ruma, 1993). 비록 그는 학대에 대한 정보를 공개했지만, 자신이 공개한 내용을 자세히 설명하거나 새로운 정보에 대하여 이야기하는 것을 매우 꺼렸다. 그는 PSCT의 많은 문장어간에 대해 대답할 수 있었지만, "내가 말하지 말아야 할 비밀은 ……이다."라는 어간을 제시했을 때에는 대답할 수 없었다. Richard는 새로운 정보를 드러내지는 않았지만, 대응하지 못하는 어려움이 그가 이미 공개한 학대 정보를 확증해 주었다.

PSCT의 실시

라포를 확립하는 것은 PSCT 실시의 중요한 첫 번째 단계이다. 아동이 검사자와 함께 놀이치료실에서 편안해 보이면 PSCT를 도입할 수 있다. PSCT를 언제 실시해야 하는지에 대한 엄격한 규칙은 없다. 가급적이면 너무 많은 회기가 진행되기 전에 PSCT를 제공해야 한다. 일부 아동의 경우 첫 번째 회기에 PSCT가 포함될 수도 있다. 다른 아동은 더 편안해지고 라포가 형성될 때까지 기다리는 것이 더 바람직할 수 있다. PSCT는 상당히 구조화된 활동이기 때문에, 아동과 함께 있는 대부분의 시간이 구조화되지 않은 자발적인 놀이를 포함한다면, 검사를 도입하는 것이 더 어렵다. 따라서 검사는 처음 2~3회기 내에 실시하는 것이 좋다.

PSCT 실시 절차는 비교적 간단하다(부록 참조). 검사자는 아동에게 퍼펫을 고르게 하고, 검사자도 두 개의 퍼펫을 고른다. 그 아동에게 검사자를 위해 퍼펫을 고를 수 있는 선택권이 주어질 수도 있다. PSCT는 두 부분으로 나뉜다. 1부에서 검사자는 첫 번째 퍼펫(퍼펫 A)에 대한 문장어간을 읽는다. 문장어간을 읽은 후 검사자의 두 번째 퍼펫(퍼펫 B)이 응답한다. 그런 다음, 검사자가 퍼펫 C(아동이 들고 있는)로 전환하고 아동이 퍼펫에 대해 응답해야 함을 알려 준다. 검사자가 아동의 차례임을 나타내는 방법은 음성 조절 또는 아동의 퍼펫을 가리키는 손동작 또는 둘 모두를 통해 이루어질 수 있다. 1부에는 총 5개의 문장어간이 있다. 그러나 검사자는 아동이 과제를 이해하는 것이 확실해지면 바로 PSCT의 2부로 이동한다. 그러므로 아동이 몇 문항을 실시한 후 검사를 이해하는 것이 분명한 경우에는 1부에 있는 총 5개의 문장을 모두 실시할 필요는 없다. 많은 아동이 금방 알아들을 수 있고 1부에서 필요한 반복을 좋아하지 않는 것 같다. 이러한 상황에서는 가능한 한 빨리 2부로 이동하는 것이 적절하다. 이것은 아동이 퍼펫 C에 대해 주는 응답에 의해 분명해질 것이다.

아동이 과제를 이해하지 못할 경우, 검사자는 첫 문장어간을 시작하여 퍼펫이 아동에게 지시하도록 할 수 있다. 아동이 1부를 이해한다는 것이 확실해질 때까지 2부를 진행하지 않는 것이 중요하다.

2부에서 검사자의 첫 번째 퍼펫은 아동의 퍼펫에게 직접 문장어간을 말하고, 아동은 자신의 퍼펫으로 반응한다. 대부분의 아동들은 한 가지 대답만을 하지만, 어떤 아동들은 퍼펫에 대한 반응과 자기 자신에 대한 반응을 보일 것이다. 두 반응 모두 기록해야 한다. 2부에서 모든 문장어간이 항상 제공될 수 없기도 하고 그것이 필요한 것은 아니다. 일부 아동들, 특히 더 어린 취학 전 아동들은 모든 문장어간에 반응하는 것을 용납할 수 없다. 다른 이들, 특히 나이가 더 많은 아동들은 그 모든 과제를 해낼 수 있다. PSCT를 단축해야 한다는 것이 명확해지면 검사자는 임상적으로 관련이 있는 문장어간을 선택하거나 특정 주제에 대해 '끌어당기는' 문장어간을 선택하는 것이 좋다. 종종 아동의 관심 수준이 떨어지기 전에 더 관련 있는 문장으로 가기 위해 일부 항목을 건너뛸 필요가 있다. 선택형 문장어간의 일부 또는 전부는 아동과 임상적으로 관련이 있을 때 사용할 수 있다. 실시 순서는 중요하지 않으며, 검사자는 아동이 흥미를 잃기 전에 임상적으로 관련된 문항을 제시하도록 과제 실시에서 유연하게 관리해야 한다.

아동과 부모의 허락을 받으면 PSCT의 진행을 테이프에 녹음하는 것이 도움이 되는 경우가 많다. 이것은 특히 언어표현능력이 완전히 발달하지 않은 어린 아동을 대상으로 할 때 도움이 된다. 이를 통해 검사자는 아동에게 쉽게 이해되지 않는 단어를 반복하도록 하는 데 초점을 맞추기보다는 아동에게 집중할 수 있다. 또한 검사자가 아동의 반응을 기록하는 데 한 손을 사용하는 것이 아니라 퍼펫을 위해 양손을 자유롭게 유지할 수 있게 해 준다. 비록 2부에서 퍼펫을 위해 두 손을 사용할 필요는 없지만, 검사자는 1부에서 양손을 사용할 필요가 있을 것이다. 1부에서 반응을 기록하고 작성하는 것은 힘든 일이다. 물론 테이프 녹음을 사용하려면 검사자는 회기가 끝난 후 최대한 빨리 테이프를 듣고 필기해야 한다.

아동에게 특정 문장어간에 대한 자세한 설명이나 정보를 요청하는 것이 도움이 될 수 있다. 검사자는 아동에게 자신의 반응을 설명하도록 요청하거나 응답에 대한 구체적인 질문을 할 수 있다. PSCT는 표준화되고 규준화된 척도가 아니기 때문에, 검사자는 어떤 반응을 더 추진할 것인지 그리고 언제 다음 문장어간으로 넘어갈 것인지를 결정할 때 임상적 판단을 사용할 수 있다. 이러한 결정은 아동의 반응에 대한 검사자의 성찰 그리고 언제 즉시 자료를 수집하는 것이 가장 좋은지와 언제 기다리는 것이 더 적절한지에 대한 임상적 감각에 기초해 이루어진다.

❖ <u>사례 설명</u>

사례 예시

Jack은 7세 8개월 된 소년으로, 불안과 감정을 조절하는 데에 어려움이 있어 의뢰되었다. 그는 학교에서 질책을 받으면 화를 내고, 종종 자신이 하지 않은 일에 대해 비난을 받는다고 느꼈다. 집에서는 세 명의 형제자매들이 그를 비판하면 화를 냈다.

Jack은 치료사와의 첫 회기 동안 퍼펫에 끌렸고, 즉시 그가 선택한 퍼펫을 통해 의사소통을 시작했다. 두 번째 회기에서, PSCT가 소개된 것은 그가 문장어간을 즉시 이해하고 응답했기 때문에, 검사의 도입 부분이 필요하지 않다는 것은 매우 분명했다. (문장어간에 뒤이어 **굵은 글씨**로 표시된 Jack의 대답이 있다. 검사자의 질문은 물음표가 있는 괄호 안에 있다.)

나는 가끔 **무서운 물건** (어떤 것?) **괴물들이 무서워요.**

토요일이어서 가장 행복해요. (왜?) **왜냐하면 나는 학교에 가지 않아도 되고 거북이 수학도 하지 않아도 되기 때문이에요**(그는 거북이 퍼펫을 손에 끼고 이야기하였고, 토요일 회기였다).

나는 **누나들이 나에게 못되게 굴 때** 가장 슬퍼요.

나는 **부모님이 싸우실 때** 무서워요.

나의 가장 큰 문제는 **쑤셔 넣는 거예요.** (어떤 것?) 가끔은 부모님과 갈등이 있고, 그들은 나와 의견이 일치하지 않아서 저의 기분을 상하게 해요. 제가 도와주고 있음에도 불구하고 도와주고 있지 않다고 생각을 해요.

학교에서 가끔 **선생님은 내가 하지 않은 것에 대해 나를 비난해요.** (어떤 것?) 우연히 내가 뭔가를 했지만 다른 사람이 다른 일을 해서 나는 비난을 받아요.

선생님은 평소에는 잘해 주시지만 항상은 아니에요. (좋지 않을 때는?) 선생님께서 나에게 소리칠 때. (언제?) 내가 서툴 때.

PSCT 실시에서의 추가 고려사항

PSCT 실시 전에 임상적으로 관련된 어간 추가하기

PSCT의 특성상 각각의 검사를 실시할 때 과제를 개별화하는 것이 가능하다. 선택된 어간이 항상 모든 아동의 필요를 충족시키는 것은 아니다. 문장어간을 실시 전 기본 작업에 추가하여 해당 작업을 아동 및 아동의 현재 문제와 관련되게 할 수 있다. 어간은 아동의 환경, 가족 구성, 또는 삶의 스트레스 요인들마다 특유의 특정 문제에 대한 정보를 얻기 위해 추가될 수 있다. 문장어간은 끝이 없다. 다음 사례에서는 배변 문제에 대한 임상 정보를 포착하는 데 사용되는 추가된 문장어간의 사용을 설명한다.

사례 예시

Seth는 3세 5개월 된 소년으로, 배변 훈련과 행동에 관련된 문제로 의뢰되었다. 그의 어머니는 Seth가 종종 순응하지 못하고 유치원에서 그의 행동을 관리하는 데 어려움을 겪고 있다고 보고했다. 그는 배뇨 훈련을 받았지만 변기를 사용하는 것보다 배변을 참는 것을 더 좋아했다. 만약 그가 오랫동안 배변을 참으면 그의 변은 딱딱해졌고, 그래서 그의 소아과 의사는 대변 연화제를 추천했다.

이러한 배변 훈련 문제에 대한 우려 때문에 PSCT를 실시하기 전에 여러 문장어간이 추가되었다. 처음 몇 문장어간은 정규 평가의 일부였다. 추가된 것들은 Seth로부터 배변 훈련 문제에 대한 정보를 끌어내기 위해 특별히 사용되었다.

나는 **밖에서 노는 것을** 좋아해요.

나는 **괴물을** 무서워해요.

나는 **웃을 때, 행복할 때, 큰 똥을 쌀 때** 가장 행복해요.

나는 **똥을 싸고, 변기에 물을 내립니다.**

내가 화장실에 갈 때, **나는 아무것도 할 수 없어요.**

나는 **네가 화장실에 가면** 내 손을 씻어요.

나는 화장실에 가서 **쉬쉬 하면서 변기의 물을 내려요.**

신체 기능에 대해 아동의 단어를 알고 사용하는 것이 중요하다(예: 아동과 함께라면 '쉬쉬'는 소변 대신, '끙끙'은 배변 운동을 대신하여). 이 이름들은 부모들과의 초기 인터뷰에서 수집할 수 있다.

Seth의 대답은 그가 배변 훈련 문제에 대해 말할 수 있었다는 것을 암시한다. '내가 화장실에 갈 때'라는 어간에 대해 "나는 아무것도 할 수 없어요."라는 그의 빠른 반응은 배변을 위하여 화장실 가기를 거부하여 부모들이 우려한다는 것을 잘 알고 있음을 시사한다. 게다가 '웃을 때, 행복할 때, 큰 똥을 쌀 때'에 대한 그의 반응은 그가 배변할 때 변기를 사용할 수 있다면 그가 기뻐할 것이라는 것을 암시하거나, 그가 배변할 때 그의 부모님이 웃고 기뻐할 수도 있다는 것을 암시할 수도 있다. 대신에, 부모님은 그가 변기를 사용하지 않을 때 미소를 짓지 않으며, 부모님이 웃는 것이 Seth의 소망이다. 비슷하게, 그가 배변을 한 후 "변기의 물을 내려요."라고 말했을 때, 이것은 Seth가 어렵지 않게 변기를 사용하고 물을 내릴 수 있는 것에 대한 환상의 반영이거나, 그렇게 하도록 압력을 가하는 것일 수 있다.

PSCT 실시 중 임상적으로 관련된 어간 추가하기

때때로 검사자는 아동에게 자신의 반응을 확대하도록 요청함으로써 응답에 대한 추가적인 설명을 추구할 수 있다. Jack에게 검사자는 몇 번이나 설명을 요구했다(예: 그가 두려워하는 무서운 것들이 무엇인지, 그리고 그가 왜 토요일에 가장 행복했는지 묻는 것). 한편, 추가 문장어간을 통해 이 설명을 획득하는 것이 도움이 될 수 있다.

검사자가 아동의 특정 문제에 대해 어느 정도 알고 있을 때, 사전에 추가할 수도 있고, 아동의 반응에 따라 과제 실시 중에 자발적으로 추가할 수도 있다. 이 설명의 후자 형태의 예가 다음의 사례에서 제공된다.

사례 예시

Brian은 5세 8개월 된 소년이었는데, 그는 그의 돌보미 집에서의 행동 문제 때문에 의뢰되었다. 부모의 말에 따르면, Brian은 집에서 꽤 잘 처신했고 구조적인 환경에서는 잘했다고 한다. 하지만 그의 돌보미 집에서 Brian은 그 돌보미의 아들을 밀고, 밀치고, 때리고, 발로 차는 경우가 많았다. Brian이 계속 공격적으로 행동하면 돌보미는 더 이상 Brian을 보살피지 않겠다는 조짐을 보였기 때문에 부모는 긴장감을 느꼈다. 돌보미의 상황에 대한 Brian의 인식에 관한 정보를 수집하기 위해 PSCT에 몇 개의 문장어간이 추가되었다. 이 문장은 특히 돌보미와 그녀의 아들과 관련이 있다. 게다가 PSCT를 실시하는 동안 Brian의 반응에 대한 추가적인 설명이 필요한 것이 분명했다. 이것은 Brian의 반응을 바탕으로 자발적으로 문장어간을 추가함으로써 이루어졌다. 돌보미의 집에 대한 Brian의 인식에 대한 구체적인 정보를 수집하기 위해 PSCT의 실시에 앞서 규칙적인 형태의 문장어간을 프로토콜에 추가했다. (밑줄 친) 문장어간은 PSCT를 실시하는 동안 검사자가 **자발적으로** 추가한 것이다.

Karen(돌보미)은 **심술궂어요.**

Karen은 심술맞아요. 왜냐하면 내가 뭘 잘못하면 나에게 몹시 화를 내기 때문이에요.

Karen이 나에게 화를 낼 때, 나는 가요. 나는 그림을 그려요.

그림은 **하트 모양이에요.**

Steven(돌보미의 아들)은 **착해요.**

가끔 Steven이 못되게 굴면 내가 Karen에게 가서 말해요.

Karen은 <u>때때로 자신의 아이를 타임아웃 시켜요. 그녀는 나에게도 그렇게 하죠.</u>
<u>내가 타임아웃을 당하면, 나는</u> **외로움을** 느껴요.
<u>나는 외로울 때 나는</u> **슬품을** 느껴요.

이 예에서, 검사자는 Brian의 상황에 대한 감정을 끌어내기 위해 돌보미와 그녀의 아들과 관련된 문장어간을 사용할 계획이었다. 그러나 Brian의 반응을 바탕으로 더 많은 정보를 끌어내기 위해 부가적인 문장어간이 추가되었다. 이 예는 문장어간의 자발적인 추가가 어떻게 아동의 감정에 대한 많은 정보를 이끌어 낼 수 있는지를 보여 준다. 이 문장어간은 사전에 고안될 수는 없었을 것이다.

PSCT에서 퍼펫 이외의 놀잇감 사용하기

이 과제를 퍼펫 문장 완성으로 지정했음에도 불구하고, 유연성은 여전히 평가 과정의 주된 관심이다. 취학 전 연령대의 아동들의 경우 퍼펫에 관심이 없거나 함께 놀기를 거부하는 아동들도 있다. 그런 아동들이어도 PSCT의 진행은 여전히 가능하다. 다음 예는 퍼펫을 사용하지 않으려는 아동과 PSCT를 함께 사용하는 것을 보여 준다.

사례 예시

Mark는 배변용 변기에 배변하는 것을 거부한 3세 9개월 된 아이였다. Mark는 약 2.5세의 나이에 배뇨 훈련을 받았고, 열심히 배뇨를 위해 변기를 사용하려 했지만, 변기에 앉아 배변하는 것을 거부했다. 대신, Mark는 (더 이상 사용하지 않던) 기저귀를 요구했고, 그 기저귀를 배변용으로 사용하곤 했다. 부모들은 이 요청에 계속 응했지만, 유치원에서는 그가 '완전히 대소변 훈련을 끝내지 않을 시' 유치원에 머무는 것을 허락하지 않았다. 그들은 그가 배변할 때 기저귀를 차는 것을 허락하지 않았고, 따라서 그는 반나절 동안만 유치원에 있을 수 있었다. Mark는 부모님께 자신이 유치원에서 오후에 있는 재미있는 활동을 놓치고 있다는 것을 표현하였으며 유치원에 남고 싶은 의욕이 넘쳤다. 부모가 Mark의 기저귀를 주지 않자 Mark는 배변 활동을 자제했다. 이 선택은 변을 참음으로써 발생할 수 있는 변비에 대한 우려 때문에 적절하지 않았다.

제시된 다른 문제로는 Mark의 공격적인 행동과 불복종이 포함되어 있었다. 의뢰 당시 그는 괴물과 마녀에 대한 두려움뿐만 아니라 동생이 태어난 것에 대한 감정도 다루고 있었다. Mark의 부모는 Mark가 자동차의 이름을 알고 자동차에 대한 많은 정보를 식별할 정도로 장난감 자동차에 많은 관심을 보였다고 보고했다. 평가에 대비해 Mark의 배변 문제에 대한 심경과 관련한 정보를 수집하기 위해 많은 문장어간을 표준 목록에 추가했다. 그러나 Mark는 그에게 주어진 퍼펫들을 사용하는 것을 거부했다. 이 과제를 진행하기 위해 퍼펫이 장난감 자동차로 대체되었다. 다음 사례에서 검사자는 마치 자동차들이 문장어간을 말하는 것처럼 이야기했고, Mark는 마치 차를 대변하는 것처럼 그 어간에 대해 대답했다.

나의 기저귀는 **나의 기저귀는 모두 사라졌어요. 그래서 나는 화장실에서 똥을 싸요.**

모두 사라졌어? **나는 기저귀를 빼서 기저귀 통에 모두 던졌어요. 그래서 나는 화장실에 가서 나의 응가를 쌌지요.**

미스터 자동차(Mark의 손에 있는 장난감 자동차를 가리킴), **나는 마녀를 무서워해요. 내가 뭘 두려워하는지 알아요? 나는 나무 같은 생명체가 무서워요. 나는 그것이 내 침대에서 나올까 봐 무서워요.**

나는 **엄마와 아빠가 나를 떠났을 때 슬프고** 나는 **그냥 울어 버려요.**

PSCT에 치료용 문장어간 추가하기

일부 아동의 경우, 이 문장어간은 '치료적으로 선도적인' 것으로 고안될 수 있다. 즉, 어간은 아동의 상황에 맞게 만들어질 수 있지만, 보다 심리교육적인 방식으로 아이에게 치료적으로 도움을 줄 수 있다. 이는 검사자가 충분한 평가 정보가 있고 치료용 어간을 얻은 정보에 악영향을 주지 않는다고 느낀다면 일반적으로 더 적절하다. 문장어간이 진단 목적으로만 사용되는 것이 아니라 놀이치료의 일부인 경우 나중에 치료에 사용될 수도 있다. Mark의 PSCT 후반부에 대한 예는 다음과 같다.

> 내 문제는 **나도 몰라요.**
> 어떤 아이들은 배변 문제가 있어. 너는 배변 문제가 있니? 네, **그래요. 아니요.**
> **나는 응가 하러 가요. 나는 그것을 싸서 닦아요. 나는 변기에 응가를 하고 물을 내려요.**

Mark의 반응은 그가 배변하기 위하여 변기를 사용하지 않는 것에 대해 그의 부모님이 가지고 있는 우려를 잘 알고 있다는 것을 암시한다. 하지만 그는 자신에게 '배변 문제'가 없다고 주장하며, '싸고, 닦고, 내리고' 할 뿐이다. 흥미롭게도, Mark는 처음에 배변 문제가 있다고 대답했지만, 재빨리 그의 대답을 '아니요'로 바꾸었다.

❖ 요약

퍼펫 문장 완성 검사(PSCT)는 미취학 아동과 취학 연령 아동에게 사용하도록 고안된 적합한 수단이다. 나이가 더 많은 아동과 성인이 함께 사용하는 SCT를 기반으로 하지만 어린 아동들의 참여를 용이하게 하기 위해 고안되었다. PSCT의 몇 가지 측면은 어린 아동들로부터 정보를 수집하는 데 더 도움이 된다. 아동이 지시를 이해한다는 것이 분명해질 때까지 과제 자체는 시작되지 않는다. 아동에게 '퍼펫의 목소리'를 통해 문장을 완성할 기회를 주거나, 즉흥적으로 퍼펫 없이 문장을 완성할 수 있는 기회를 줌으로써 유연성이 제공된다. 퍼펫을 사용하는 것은 검사자에게 그들이 어떻게 느끼는지에 대하여 직접 말할 필요가 없기 때문에, 일부 아동들에게 도구로서 제공된다. 다른 아동들의 경우, 일단 퍼펫들이 과제를 구조화하는 데 도움을 주면, 퍼펫들 없이도 자유롭게 반응할 수 있다. 어느 경우든 퍼펫(또는 다른 적절한 놀이 재료)을 사용하면 이 과제를 관리하기 위한 안전하고 친숙한 구조를 얻을 수 있다.

이 과제에서 수집된 데이터를 분리하지 않고 수집된 모든 정보와 함께 사용되는 것이 중요하다. 인터뷰 정보(예: 발달 이력을 포함한 부모 인터뷰, 아동 놀이 인터뷰)와 더 객관적인 방법[예: 아동 행동 체크리스트(Child Behavior Checklist; Achenbach & Rescorla, 2000), ASEBA 매뉴얼—취학 전 아동용(Manual for the ASEBA—Preschool Edition; LaFrenier & Dumas, 1995)]이 유용하다. 교사나 간병인과 같은 다른 중요한 성인의 정보는 종종 중요할 수 있다. 최종 목표는 수집된 모든 정보로부터 아동 상황에 대한 아동의 인식을 개념화하는 것이다.

참고문헌

Achenbach, T. M., & Rescorla, L. A. (2000). *Manual for the ASEBA preschool forms and profiles*. Burlington: University of Vermont, Department of Psychiatry.

Ebbinghaus, H. (1897). Uber eine neue Methode zu Prufung geistiger Fahigkuten undihre Anwendung bei Schulkindern [Concerning a new method of testing intellectual abilities and their use in school children]. *Zeitschrift fur Psychologie, 13*, 401–459.

Goldberg, P. A. (1965). A review of sentence completion methods in personality assessment. In B. I. Murstein (Ed.), *Handbook of projective techniques* (pp. 777–822). New York: Basic Books.

Hart, D. H. (1986). Sentence completion techniques. In H. M. Knoff (Ed.), *The assessment of child and adolescent personality* (pp. 245–272). New York: Guilford.

Irwin, E. C. (1985). Puppets in therapy: An assessment procedure. *American Journal of Psychotherapy, 39*(3), 389–400.

Irwin, E. C. (2000). The use of a puppet interview to understand children. In C. Schaefer, K. Gitlin, & S. A. Sandgrund (Eds.), *Play diagnosis and assessment* (pp. 682–703). New York: Wiley.

Knell, S. M. (1992). *The puppet sentence completion task*. Unpublished manuscript.

Knell, S. M. (1993). *Cognitive behavioral play therapy*. Hillsdale, NJ: Aronson.

Knell, S. M., & Beck, K. W. (2000). Puppet sentence completion test. In K. Gitlin-Weiner, K. Sandgrund, & C. Schaefer (Eds.), *Play diagnosis and assessment* (pp.

704-721). New York: Wiley.

LaFrenier, P. J., & Dumas, J. E. (1995). *Social competence and behavior evaluation: Preschool edition*. Los Angeles: Western Psychological Services.

Lubin, B., Larsen, R. M., & Matarazzo, J. D. (1984). Patterns of psychological test usage in the United States: 1935-1982. *American Psychologist, 39*, 451-453.

Rabin, A. L. (1960). Projective methods and projection in children. In A. I. Rabin & M. R. Haworth (Eds.), *Projective techniques with children* (pp. 2-11). New York: Grune & Stratton.

Ruma, C. D. (1993). Cognitive-behavioral play therapy with sexually abused children. In S. M. Knell (Ed.), *Cognitive behavioral play therapy* (pp. 193-230). Hillsdale, NJ: Aronson.

Tendler, A. D. (1930). A preliminary report on a test for emotional insight. *Journal of Applied Psychology, 14*, 123-136.

Weiss, D. S., Zilberg, N. J., & Genervo, J. L. (1989). Psychometric properties of Loevinger's sentence completion test in an adult psychiatric outpatient sample. *Journal of Personality Assessment, 53*, 478-486.

📄 부록: 퍼펫 문장 완성 검사(개정판, 1998)

지시사항 검사자는 아동에게 퍼펫을 선택하게 해야 한다. 아동이 퍼펫을 선택한 후, 검사자는 두 개의 퍼펫을 고른다. 만약 아동이 퍼펫을 원한다면, 검사자는 아동이 검사자를 위해 퍼펫을 고르도록 할 수 있다. 다음 기호가 지시에서 사용된다.

퍼펫 A—검사자
퍼펫 B—검사자
퍼펫 C—아동

제 I 부

지시사항 퍼펫 A는 문장어간을 말한다. 퍼펫 B는 빠르게 응답한다. 그런 다음, 검사자가 응답을 위해 퍼펫 C(아동이 들고 있는)에게로 돌린다. 검사자가 퍼펫 B에 대한 답변을 한다. 퍼펫 C에 대한 응답을 제공하여 아동이 과제를 이해한다는 것이 확인되는 즉시 제 II 부로 이동한다.

퍼펫 A	내 이름은 _____
[퍼펫 B를 향해]	내 이름은 _____
[퍼펫 C를 향해]	내 이름은 _____
퍼펫 A	내가 가장 좋아하는 아이스크림은 _____
[퍼펫 B]	**초콜릿 아이스크림**
[퍼펫 C]	_____
퍼펫 A	나는 _____
[퍼펫 B]	**4살**
[퍼펫 C]	_____

퍼펫 A	내가 가장 좋아하는 장난감은 ＿＿＿＿＿＿＿
[퍼펫 B]	**내 곰인형**
[퍼펫 C]	＿＿＿＿＿＿＿
퍼펫 A	내가 가장 좋아하는 색은 ＿＿＿＿＿＿＿
[퍼펫 B]	**파란색**
[퍼펫 C]	＿＿＿＿＿＿＿

아동이 과제를 이해하지 못하면, 되돌아가서 퍼펫 C가 응답하도록 돕기 위하여 퍼펫 B가 아동을 격려한다. 아동이 과제를 명확히 이해할 때까지 계속한다. 아동이 과제를 이해한다는 것이 확실해질 때까지 제Ⅱ부로 넘어가지 말아야 한다. 만약 아동이 제Ⅰ부에서 예상되는 것을 이해하지 못하는 것처럼 보인다면, 제Ⅱ부도 이해되지 않을 것이다.

　주의사항 어떤 아동들은 매우 빨리 적응하므로 제Ⅰ부를 반복하는 것을 좋아하지 않을 수 있다. 이 아동들의 경우 제Ⅱ부로 직접 이동하는 것이 허용된다. 아동의 반응을 즉시 기록하는 것이 바람직하지만, 치료사는 양손에 퍼펫을 들고 있기 때문에 제Ⅰ부를 실시한 후에 즉시 반응을 기록하는 것이 필요하다.

　보충 참고사항 제Ⅰ부에 나열된 응답은 예제이다. 검사자가 다른 반응이 더 타당하다고 느끼거나 아동으로부터 더 많은 협력을 이끌어 낼 수 있다고 느낀다면, 이러한 반응을 사용할 수 있다.

제Ⅱ부

　지시사항 제Ⅱ부에서 퍼펫 A는 문장어간을 말한다. 이 문장은 퍼펫 C에게 직접 진술된다. 아동(퍼펫 C)의 응답은 빈 공간에 즉시 기록되어야 한다. 어떤 아동들은 두 가지 반응을 보일 것이다. 하나는 퍼펫에 관한 것이고, 다른 하나는 아동 자신에 관한 것이다. 두 반응 모두 기록해야 한다.

　1. 내가 가장 좋아하는 음식은 ＿＿＿＿＿이다.

2. 난 _____ 하는 것을 좋아한다.

3. 난 밖에서 _____ 을 하면서 놀고 있다.

4. 엄마는 _____ 이다.

5. 아빠는 _____ 이다.

6. 내가 가장 좋아하는 TV 프로그램은 _____ 이다.

7. (해당되는 경우) 나의 오빠(남동생) 이름은 _____ 이다.

8. (해당되는 경우) 나의 언니(여동생) 이름은 _____ 이다.

9. 난 _____ 인 척하는 것을 좋아한다.

10. 내가 더 컸다면 나는 _____ 할 것이다.

11. 밤에 잘 때 나는 _____

12. 나는 _____ 이 두렵다.

13. 나는 _____ 를 싫어한다.

14. 가장 좋은 비밀은 _____ 이다.

15. 가장 나쁜 비밀은 _____ 이다.

16. 엄마가 _____ 할 때 좋다.

17. 아빠가 _____ 할 때 좋다.

18. 아빠가 _____ 할 때 싫다.

19. 엄마가 _____ 할 때 싫다.

20. 나는 _____ 할 때 가장 행복하다.

21. 나는 _____ 할 때 가장 슬프다.

22. 나는 _____ 할 때 무섭다.

23. 나의 가장 큰 문제는 _____ 이다.

24. 내 가장 나쁜 점은 _____ 이다.

선택적 문장어간

25. 나는 손으로 _____ 만지는 것을 좋아한다.

26. 나는 손으로 _____ 만지는 것을 좋아하지 않는다.

27. 나를 만지는 것이 싫은 사람은 _____이다.

28. 나를 만지는 것이 좋은 사람은 _____이다.

29. 내 몸은 _____이다.

30. 나는 내 몸의 _____에 손대는 것을 좋아하지 않는다.

31. 내가 말하지 말아야 할 비밀은 _____이다.

32. 나는 _____할 때, 미친 듯이 화가 난다.

33. 내가 부모님의 이혼 소식을 들었을 때, 나는 _____느꼈다.

34. 이혼은 _____이다.

35. 나의 엄마/아빠를 방문하는 것은 _____이다.

36. 내가 엄마/아빠를 방문할 때, 나는 _____이다.

37. 나의 새엄마/새아빠는 _____이다.

38. 내 변기(화장실)는 _____이다.

39. 내가 변기(화장실)에 갈 때, 나는 _____이다.

40. 기저귀는 _____이다.

41. 엄마가 떠날 때, 나는 _____ 느낀다.

42. 혼자 있는 것은 _____이다.

43. 나의 배(위)는 _____이다.

44. 나의 가장 큰 소원은 _____이다.

45. 나는 _____할 때 운다.

46. _____

47. _____

48. _____

제 3 부

이론적 접근

· · ·

제6장 아동중심 퍼펫놀이치료

– Elizabeth Kjellstrand Hartwig

아동중심 놀이치료에서 퍼펫을 사용함으로써 아동들은 자신의 내면세계를 표현할 기회를 갖게 된다. 아동들은 여러 가지 이유로 자연스럽게 퍼펫에 관심을 갖는다. 퍼펫은 색이 다채롭고, 부드럽고, 사용하기 쉬우며, 활용도 다양하다. 아동중심 놀이치료 시 놀잇감 사용 빈도에 대한 Ray와 그의 동료들(2013)의 연구에서는 놀이치료실에서 퍼펫 극장의 사용빈도가 32%였는데, 이는 놀이치료실에서 일어나는 상호작용 중 거의 3분의 1이 퍼펫 극장을 포함하고 있다는 것을 나타낸다. 특정 퍼펫을 사용하는 빈도는 25%였다. 이런 연구 결과는 퍼펫이 놀이치료실에서 아동들에게 유용한 도구임을 보여 준다.

❖ 아동중심이론의 개관

아동중심 놀이치료(Child-Centered Play Therapy: 이하 CCPT)는 아동과의 치료작업이 비지시적인 접근 방법이라는 의미이다. CCPT는 공감, 진솔함, 무조건적인 긍정적 존중(Rogers, 1980) 등 인간중심치료의 핵심 개념에 기초한다. Rogers의 제자이며 동료였던 Axline은 놀이치료 분야에서 비지시적인 치료의 발전에 기여하였다. Axline(1947, pp. 73-74)은 Rogers의 핵심 개념을 확장하여 CCPT의 특징을 정의하는 여덟 가지 기본 원리를 제공하였다.

1. 치료사는 아동과 따뜻하고 친근한 관계를 발전시켜야 하며, 가능하면 빨리 라포를 형성해야 한다.
2. 치료사는 아동을 정확하게 있는 그대로 수용한다.
3. 치료사는 치료관계에서 아동이 허용되었다는 것을 느끼도록 만들고, 아동이 자유롭게 자신을 온전히 표현하도록 한다.
4. 치료사는 아동이 표현하는 감정을 민감하게 인식하고 이러한 감정을 치료사가 아동의 행동에서 통찰을 얻는 방법으로 아동에게 반영해 준다.
5. 치료사는 아동에게 그렇게 할 기회가 주어진다면 아동이 자신의 문제를 스스로 해결할 수 있는 아동의 능력에 대해 깊이 신뢰한다. 선택을 하고 변화를 이루어 가는 책임은 아동의 것이다.
6. 치료사는 어떤 식으로든 아동의 행동이나 대화를 지시하려고 시도하지 않는다. 아동이 이끌어 가고 치료사는 쫓아간다.
7. 치료사는 치료를 서두르려 하지 않는다. 치료는 점진적 과정이고 치료사가 그렇게 인식한다.
8. 치료사는 치료를 현실세계에 고정시키고 아동이 치료관계에서 자신의 책임을 인식하도록 하는 데 필요한 한계만을 설정한다.

이 여덟 가지 기본 원리가 CCPT의 토대를 제공한다.

Landreth(2012)은 그의 저서 『놀이치료: 치료관계의 기술(Play Therapy: The Art of the Relationship)』[1]에서 놀이치료실의 놀잇감, 촉진적인 반응, 치료적 한계 설정, 부모와의 작업 등에 대해 지침을 제공함으로써 CCPT의 과정을 확립하였다. Landreth는 놀이치료에서 아동과의 관계 형성 및 아동을 신뢰하여 아동 스스로 치유과정으로 나아가는 것의 중요성을 강조하였다. 그 후에 Ray(2011)는 자신의 저서 『고급 놀이치료(Advanced Play Therapy)』에서 아동 안에서 공격성의 역할을 탐색하고 다양한 상황에서 놀이치료를 설명하면서 놀이주제라는 개

---

1) 역자 주: 이 책은 번역되어 학지사에서 출판되었다.

념을 소개함으로써 CCPT를 더 발전시켰다.

상징놀이라는 개념은 아동의 인지와 사회성 발달에 있어 결정적인 요소이다 (Piaget, 1951; Vygotsky, 1976). 상징놀이는 아동들이 그들의 세계의 표상으로서 사람, 사물, 행동을 표현하기 위해 사물, 행동, 생각을 사용하는 아동들의 능력이다. CCPT에서는 아동들이 놀이치료실에서 놀잇감을 가지고 노는 것을 상징놀이 과정의 일부로 여긴다. Ginott(1994)는 "언어가 아니라 놀잇감을 가지고 놂으로써 아이는 자신과 중요한 사람에 대해 느끼는 감정과 인생에 일어나는 사건을 더 적절하게 보여 줄 수 있다."(p. 51)라고 주장한다. 퍼펫으로 사람(예: 가족들, 경찰, 치어리더 등), 감정(예: 나비-행복, 거북이-공포), 개념(예: 용-힘, 개-친근함 또는 충성심)을 표현할 수 있기 때문에 퍼펫은 가치 있는 도구이다. Landreth(2012)는 상징놀이가 "환경적 제약 없이 아동들이 경험한 것을 자유롭게 동화시키도록 한다."(p. 17)라고 이야기한다. 아동들은 또한 퍼펫을 자기은유(self-metaphor)로 사용한다. 아동들은 자신들이 이미 가지고 있는 개인적인 자질(예: 지능에 부엉이)을 표현하거나 소망하는 자질(예: 힘에 악어)을 표현하는 퍼펫을 선택하기도 할 것이다. 상징놀이를 통해 아동들은 자신들, 다른 사람들, 퍼펫을 사용하는 자신들의 세계에 관해 스스로가 생각하는 것에 대해 더 자세히 알아 갈 수 있다.

❖ 퍼펫을 가지고 하는 주요 항목 구현에 대한 설명

놀이치료실의 환경 구성을 위한 퍼펫의 선택과 진열

놀이치료실용 놀잇감 선정과 마찬가지로 퍼펫의 선정도 타당한 근거에 기초한 사려 깊은 과정이다. Landreth(2012)는 놀잇감으로, 창의적이고 정서적인 표현을 촉진하고, 아동의 흥미를 끌고, 탐색적 놀이를 유발하고, 비언어적 표현을 가능하게 하고, 미리 짜인 구조 없이 성공을 이루어 내고, 애매한 놀이가 가능하고, 적극적인 놀이에 견고한 놀잇감과 자료를 선정할 것을 추천한다(p. 156). 그 지침대로라면, 치료사들은 여러 정서를 표현할 수 있고 아동들이 관련시키는 이미지와 상징을 표현할 수 있는 퍼펫을 선택해야 한다. Landreth는 실생활 놀잇감, 공격성을 표출할 수 있는 놀잇감, 창의적 표현과 정서적 해소를 위한 놀잇감 등 놀잇감의 범주를 광범위하게 제시하였다. 실생활 퍼펫을 사용하여 아동들은 가족, 반려동물, 지역사회를 구체적으로 표현하는 것이 가능하다. 공격성을 표출할 수 있는 퍼펫은 속상함, 분노, 적대감을 표현하는 데 사용된다. 창의적 표현과 정서적 해소를 위한 퍼펫이 있으면 아동들은 다양한 정서를 표현할 수 있다. 다음의 각 범주에서 각각 15~20개의 퍼펫을 구비할 것을 추천한다.

실생활 놀잇감

• 다양한 가족과 가족 구조를 표현하는 가족 구성원들: 아버지 둘, 어머니 둘, 아들 둘, 딸 둘로 구성되었고, 다양한 문화를 표현하는 가족들
• 특수 집단을 위한 퍼펫들: 군인 퍼펫, 아기가 배에 있는 캥거루(입양 또는 부모-자녀 문제)
• 반려동물: 개, 고양이, 말, 새
• 지역사회 구성원: 경찰관, 의사, 소방관, 간호사

공격성을 표출할 수 있는 놀잇감

• 공격적으로 보일 수 있는 퍼펫: 용, 뱀, 늑대, 상어, 악어, 거미

창의적 표현과 정서적 해소를 위한 놀잇감

• 다양한 표현과 감정을 나타낼 수 있는 퍼펫: 외눈박이 괴물(어리석음), 거북이 또는 조개(수줍음 또는 공포), 부엉이(지능), 마법사(마술), 나비(행복)
• 특별한 상징성이 없는 다양한 동물: 암소, 오리, 양, 개구리
• Melissa & Doug의 나만의 괴물 퍼펫 만들기[2]

---

2) 역자 주: Melissa & Doug에서 제작, 판매하였으나 현재는 절판 상태임.

　심리치료사는 내담자들의 필요에 따라 세트를 추가하거나 변경할 수 있다. 예를 들어, 내담자들이 주로 군인가족이라면, 치료실에 군인 퍼펫을 몇 개 더 갖추는 것이 이 내담자층에 적합할 것이다. [그림 6-1]은 샘플 세트를 보여 준다.

　퍼펫을 놀이치료실에 진열하는 방법에는 여러 가지가 있다. 나무로 된 퍼펫 걸이를 이용해서 진열할 수도 있고, 벽이나 문 뒤에 걸 수 있는 플라스틱 신발 정리대를 이용해서 정리해 놓을 수도 있으며, 놀이치료실에 있는 다른 놀잇감들을 진열해 놓은 선반에다 놓을 수도 있다. Landreth(2012)는 아이들이 필요한 놀잇감을 찾을 필요가 없도록 매 회기가 끝난 후 놀잇감을 같은 장소에 보관할 것을 권고한다. 이것은 퍼펫 정리에도 적용된다. 아동들이 특정 범주 내에서 필요한 퍼펫을 쉽게 찾을 수 있도록 앞에 열거한 놀잇감 범주별로 퍼펫을 그룹화해서 정리해 놓도록 한다.

[그림 6-1]　퍼펫의 샘플 세트

CCPT에서 사용하는 촉진 기술

　Ray(2011)는 CCPT에서 사용되는 치료적인 언어 응답 범주를 아홉 가지로 제시했다. 여기에는 행동 추적하기, 내용 반영하기, 감정 반영하기, 의사결정을 촉진하고 책임 돌려주기, 창의성 촉진하기, 자신감 형성하기, 관계 증진하기, 더 큰 의미 반영하기, 한계 설정하기 등이 포함된다. 다음은 각 촉진 기술에 대한 설명, 시나리오 및 예가 제시되어 있다.

1. **행동 추적하기**는 아동이 놀이치료실에서 무엇을 하고 있는지 반영하는 것이다.

   시나리오: 한 아동이 박쥐 퍼펫을 들어 공중으로 날게 한다.
   행동 추적하기 반응: "그게 날고 있네." [퍼펫의 이름을 말하지 않은 것을 잘 보라. 박쥐 퍼펫이 뭐가 되든 아동이 선택할 수 있도록 한다. 이는 아동이 놀이치료실에서 자신의 놀이를 주도할 수 있도록 치료사가 놀잇감의 이름을 정하지 말라는 Landreth(2012)의 권고에 따른 것이다.]

2. **내용 반영하기**는 아동이 말하는 것을 다시 말하는 것이다.

   시나리오: 한 아동이 배에 아기 캥거루가 들어 있는 캥거루 퍼펫을 집는다. 아동이 "이거 봐. 안에 아기가 있어!"라고 말한다.
   내용 반영하기 반응: "너는 아기가 있는 걸 아는구나!"

3. **감정 반영하기**는 행동이나 언어적 단서에 근거하여 치료사가 아동이 느낀다고 믿는 것을 말하는 것이다.

   시나리오: 아동이 팔에 개 퍼펫을 안아서 앞뒤로 흔들고 있다. 아동이 눈살을 찌푸리며 "강아지가 다쳤어요."라고 말한다.
   감정 반영하기 반응: "강아지가 다쳐서 슬프구나."

4. **의사결정을 촉진하고 책임 돌려주기**는 아동이 스스로 결정을 내리고 놀이치료실에서 한 선택에 책임을 질 수 있는 기회와 책임을 아동에게 주는 것이다.

시나리오: 아동이 나무 진열대에 있는 퍼펫을 모두 꺼내 바닥에 던진다. 그러고는 "그걸 치워!"라고 말한다.

책임 돌려주기 반응: "여기에서 치우는 건 네가 할 수 있는 일이야."

5. **창의성 촉진하기**는 아동 자신의 창의성 감각과 표현 감각을 개발할 수 있도록 하는 것이다(Ray, 2011, p. 87).

   시나리오: 아동이 개 퍼펫을 치료사에게 보여 주며 묻는다. "이게 무슨 강아지예요?"

   창의성 촉진하기 반응: "그건, 네가 원하는 대로 무엇이든 될 수 있어."

6. **자신감 형성하기**는 아동이 들인 노력에 대해 격려하는 것이다.

   시나리오: 아동이 Melissa & Doug의 나만의 괴물 퍼펫 만들기를 조립하고 있다. 아동이 퍼펫을 다 조립하자, "됐다!"라고 외쳤다.

   자신감 형성하기 반응: "네가 만들고 싶었던 대로 만들었구나!"

7. **관계 증진하기**는 아동과 치료사 간의 관계를 인정하는 관계적 대응이다(Ray, 2011, pp. 87-88).

   시나리오: 아동이 치료사에게 용 퍼펫을 주며 "선생님하고 같이 노는 게 재미있어요! 함께 이야기를 만들어요."라고 말한다.

   관계 증진하기 반응: "너는 나와 노는 것이 즐겁구나!"

8. **더 큰 의미 반영하기**는 놀이의 중요성이나 동기에 대한 아동의 인식을 높이기 위해 놀이의 패턴이나 주제를 알아차리고 언어화하는 것이다.

시나리오: 아동이 퍼펫을 전부 선반에 다시 놓는다. 10회기가 진행되는 동안 아동은 퍼펫을 가지고 놀았는데 그때마다 이렇게 정리하였다.

더 큰 의미 반영하기 반응: "너는 다 놀고 나면 퍼펫을 항상 선반에 가져다 놓는구나."

9. **한계 설정하기**는 안전을 도모하고 문제 해결 능력과 자제력을 기르도록 돕기 위해 놀이치료실 안에서 경계를 설정하는 것이다. Landreth(2012)는 한계 설정을 위해 ACT 방법을 권장한다. A는 아동의 감정, 소망, 욕구를 인정하는 것(Acknowledge), C는 한계를 소통하는 것(Communicate), T는 수용 가능한 대안적 행동을 목표로 삼는 것(Target)이다(pp. 271-272).

시나리오: 아동이 용 퍼펫을 잡고는 치료사에게 그 퍼펫을 던지려고 하면서, "선생님이 하는 것 틀렸어!"라고 말한다. 아동은 치료사가 반응하기를 기다리면서 지켜본다.

ACT 방식을 이용하여 한계 설정하기 반응: (A) "선생님이 용을 맞는 방법으로 하고 있지 않아서 너는 화가 났고, 그래서 너는 용을 나에게 던지고 싶은 거네.", (C) "하지만 나는 던져야 할 대상이 아니야.", (T) "여기에 있는 [봉제인형 곰]을 선생님이라고 생각하면서 [곰]에게 던질 수 있어."

다음의 사례 연구는 CCPT에서 퍼펫을 사용하는 아동에게 이러한 모든 촉진적 기술을 사용하는 예를 보여 준다.

❖ <u>사례 연구</u>

다음은 CCPT에서 퍼펫을 사용한 아동의 사례이다.

James는 적대적 반항장애 진단을 받은 5세 남아이다. James의 부모는 James가 2세 때 이혼했고, 어머니는 James가 4세 때 재혼했다. James의 어머니와 의붓아버지 사이에 James의 새 여동생인 5개월 된 여아가 있다. James의 의붓아버지는 알코올 중독자이다. James는 어머니와 의붓아버지가 싸우는 것을 여러 번 목격했는데, 어떨 때는 몸싸움도 있었다. James는 의붓아버지와 사이가 좋지 않고, 의붓아버지는 James와 관계를 맺기 위한 노력을 하지 않는다. James의 어머니는 James가 집에서 폭발적으로 화를 내고, 가정과 학교에서 규칙을 따르지 않으며, 학교에서 다른 아동들과 몇 차례 싸움을 벌였다고 털어놓았다. James는 또래나 어른들과 잘 지내지 못하지만, 어린 여동생 Agatha를 아주 좋아한다. 그는 여동생과 자주 놀면서 엄마에게 동생을 안아도 되느냐고 묻는다. James의 어머니와 친아버지 사이의 양육권 협정에 따르면 James의 아버지는 James를 주말에는 2주에 한 번 만날 수 있고, 저녁에는 한 주에 한 번 만날 수 있지만, 보통 마지막 순간에 방문을 잊어버리거나 취소한다.

예시

James: (치료실 안을 둘러보면서) 오늘은 뭘 가지고 놀고 싶은지 잘 모르겠어요.

치료사: 넌 뭘 가지고 놀지 모르는구나. **(내용 반영)**

James: (퍼펫이 있는 곳으로 걸어간다.) 이건 뭐예요?

치료사: 그것들은 네가 원하는 대로 무엇이든지 될 수 있어. **(창의성 촉진)**

James: (상어 퍼펫을 집어 든다.) 난 이게 누군지 알아요.

치료사: 그것이 누구인지 결정했구나. **(내용 반영)**

James: 넵. 새아빠예요.

치료사: 아, 저 사람이 새아빠구나. **(내용 반영)**

James: 이것 봐요. 이건 이빨이 크고 입이 커요. 그리고 많이 토해요. 그냥 이것처럼요. (James는 작은 자동차 몇 대를 집어서 떨어뜨려서 상어 입에서 나오는 것처럼 보이게 한다.)

치료사: 이빨도 크고 입도 크고 많이 토하는구나. **(내용 반영)**

James: 네. (James는 잠시 동안 퍼펫들이 있는 곳을 바라보고 서 있다.) 흠…….

치료사: 너는 그것들을 체크하고 있구나. **(추적 행동)**

James: 난 이제 내가 뭘 하고 싶은지 알아요. (James는 상어 퍼펫을 가지고 악
      어, 공주, 거북이 퍼펫을 선택한다. James는 퍼펫들을 퍼펫 극장 위에 올려놓
      는다.)

치료사: 원하는 것들을 찾았네. **(내용 반영)**

James: 난 선생님이랑 쇼를 하고 싶어요. 선생님은 재미있으니까요!

치료사: 너는 나랑 노는 게 좋구나. **(관계 증진)**

James: (거북이 퍼펫을 치료사에게 건네주면서) 자, 선생님은 이거예요.

치료사: (거북이 퍼펫을 받아서 한 손에 씌운다.) 좋아.

연습 포인트

치료사는 James가 어떤 장난감을 갖고 놀고 싶은지 결정하도록 허용했다. 치
료사는 James가 치료사와 노는 것을 좋아한다는 것을 인정함으로써 관계를 촉
진시켰다. 놀이치료실에서 아이가 선택을 할 수 있도록 허용하고 아이가 말하는
것을 인정하는 이러한 기술은 CCPT의 중요한 요인들이다.

계속해서 상호작용을 한다.

James: (상어 퍼펫을 손에 씌우려고 하지만, 조금 힘들어한다. 퍼펫이 바닥에 떨어진
      다. James가 치료사를 쳐다본다.) 퍼펫을 손에 씌워 주세요.

치료사: 여기에서는 그건 네가 할 수 있는 일이야. **(책임감 촉진)**

James: (다시 시도해서 상어 퍼펫을 손에 씌운다. 그런 다음, 악어 퍼펫을 다른 손 위
      에 씌운다.) 됐다! 내가 두 개 다 꼈어!

치료사: 혼자서 둘 다 손에 씌웠구나! **(자신감 형성)**

James: (퍼펫 두 개를 모두 퍼펫 극장에 올려놓는다.) [악어가 상어에게] 너는 이빨
      때문에 네가 멋지다고 생각하겠지만, 난 너보다 이빨이 훨씬 더 많아!
      봤지? [악어가 상어의 머리를 문다.]

치료사: 저게 그걸 물었어. **(추적 행동)**

James: 네. 크로키가 그걸 많이 아프게 할 거예요. (악어인 크로키는 다시 상어

의 머리를 문다.)

치료사: 크로키가 그걸 아프게 하고 싶어 하는구나. **(내용 반영)**

James: (악어 퍼펫에서 손을 꺼내어 상어 퍼펫의 이빨을 뜯어내기 시작한다.) 난 그 걸 아프게 하고 싶어요! 난 이빨을 모두 뽑을 거예요.

치료사: James, 네가 이빨을 뽑아서 그걸 아프게 하고 싶어 하는 걸 알아. 그렇 지만 이빨은 입 안에 있도록 되어 있어. 너는 이빨을 빼는 시늉을 해도 돼. **(한계 설정)**

James: (James는 잠시 동안 생각하고 나서 다시 악어 퍼펫에 손을 넣는다.) 걱정하 지 마세요. 크로키가 그걸 잡을 거야. [크로키는 상어의 여러 곳을 물고 나서 상어 퍼펫을 바닥에 던져 버린다.] 야호, 얘가 죽었어!

치료사: 그게 죽어서 좋구나. **(감정 반영)**

연습 포인트

한계를 설정하는 것은 아동, 치료사, 놀이치료실을 안전하게 지키는 데 있어 중요한 부분이다. 여기의 예에서 치료사는 ACT 접근 방식을 사용하여 아동의 소망을 인정하고, 한계를 전달하며, 대안적 행동을 목표로 삼았다. James는 한 계를 고려했고 한계를 따라 악어/상어 상호작용에 악어 퍼펫인 '크로키'를 계속 사용하는 선택을 했다.

계속해서 상호작용을 한다.

James: 거북이 어디 있어요?

치료사: (거북이를 퍼펫 극장으로 데려온다.) [거북이처럼 '거북이' 목소리를 내면서] 여기 있어. **(창의성 촉진)**

James: [크로키가 거북이에게] 샤키에게 무슨 일이 일어났는지 알아? 샤키는 못 됐어. 토하기도 해. 그래서 내가 죽였어.

치료사: [거북이가 되어 크로키에게] 너는 걔가 못됐고 토했기 때문에 걔를 죽이 기로 결심했구나. **(내용 반영)**

James: [크로키가 되어] 거북이가 샤키를 무서워하는 걸 난 알아.

치료사: [거북이의 고개를 끄덕여 James가 주도하는 것을 따른다.] 나는 무서웠어.
(창의력 촉진)

James: [크로키가 되어] 난 강했고 걔를 죽였으니 걔가 널 더 이상 무섭게 못해. 내가 앞으로는 너를 아프게 하도록 두지 않을 거야.

치료사: [거북이가 되어 크로키에게] 걔가 나를 다시 아프게 하지 않는 게 너한테 는 중요하구나. **(더 큰 의미 반영)**

토론

이 사례 연구는 CCPT에서 퍼펫놀이와 함께 아홉 가지 촉진적 기술을 모두 사용하는 것을 보여 준다. 치료사는 내담자인 James가 놀잇감을 선택하고 놀이 행동을 시작함으로써 James가 주도할 수 있도록 하였다. 치료사는 치료적인 언어반응을 통해 아이와 관계를 형성하고, 아이의 행동, 느낌, 말, 의미를 인정하며, 책임감과 자존감을 형성하고, 창의성을 촉진한다. 각 아동이 퍼펫과 상호작용하는 방법은 다르지만, 이 사례 연구는 아동중심적인 방식으로 내담자에게 반응하는 방법을 보여 준다.

❖ 결론

퍼펫은 아이들에게 호감을 주며 상징놀이에서 유용하게 사용할 수 있어 CCPT에 이상적인 자원이 될 수 있다. 저자는 실생활 놀잇감, 공격성을 표출할 수 있는 놀잇감, 창의적 표현과 정서적 해소를 위한 놀잇감이라는 세 가지 CCPT 놀잇감 범주를 포함하여 각 범주당 15~20개 정도의 퍼펫을 갖출 것을 추천한다. 아이들이 퍼펫에 쉽게 접근할 수 있도록, 나무로 된 걸이, 신발 정리대, 또는 선반 등에 퍼펫을 잘 정리해 놓아야 한다. Ray(2011)의 아홉 가지 촉진 기술은 놀이치료실에서 아동중심적인 방식으로 아동들에게 반응하기 위한 틀을 제공한다. 이 장에서는 이러한 각각의 촉진 기술을 설명하고, 각 기술의 사례를 제공했으며,

예시를 보여 주었다. 아동중심 퍼펫놀이는 아동 자신의 치유 여정에서 관계를 형성하고, 아동을 지원할 수 있는 촉진 기술을 활용할 수 있는 매개체이다.

참고문헌

Axline, V. (1947). *Play therapy: The inner dynamics of childhood.* Oxford, England: Houghton Mifflin.

Ginott, H. G. (1994). *Group psychotherapy with children: The theory and practice of play therapy.* Northvale, NJ: Jason Aronson, Inc.

Landreth, G. L. (2012). *Play therapy: The art of the relationship* (3rd ed.). New York, NY: Routledge/Taylor & Francis Group.

Piaget, J. (1951). *The psychology of intelligence.* London: Routledge and Kegan Paul Ltd.

Ray, D. C. (2011). *Advanced play therapy: Essential conditions, knowledge, and skills for child practice.* New York, NY: Routledge/Taylor & Francis Group.

Ray, D. C., Lee, K. R., Meany-Walen, K. K., Carlson, S. E., Carnes-Holt, K. L., & Ware, J. N. (2013). Use of toys in child-centered play therapy. *International Journal of Play Therapy, 22*(1), 43-57.

Rogers, C. R. (1980). *A way of being.* Boston, MA: Houghton Mifflin.

Vygotsky, L. (1976). Play and its role in the mental development of the child. In J. Bruner, A. Jolly, & K. Sylva (Eds.), *Play: Its role in development and evolution* (pp. 537-554). New York: Basic Books.

제7장 아동을 위한 정신역동적 치료에 있어서 퍼펫의 활용

– David A. Crenshaw, Jillian E. Kelly

❖ 소개

아동을 위한 정신역동적 치료는 그 역사와 전통이 풍부하다. 정신역동적 아동 치료의 역사의 초기에 기여한 전문가로는 Anna Freud, Melanie Klein, Donald Winnicott 등이 있다. 최근 수십 년 동안 Albert Solnit와 Charles Sarnoff는 정신 분석적 아동치료에 관한 글을 다수 발표하였다. 『The Psychoanalytic Study of the Child』는 1945년 이후로 계속 발행되어 왔다. 이 권위 있는 출판물의 초기 편집 위원으로 미국에서는 Otto Fenichel, Phyllis Greenacre, Heinz Hartmann, Edith B. Jackson, Ernst Kris, Lawrence Kubie, Bertram Lewin, Rene Spitz 와 같은 유명한 분석가들이 활동을 하였다. 영국의 초기 편집 위원으로는 Anna Freud, Willie Hoffer, Edward Glover가 있다. 2017년에는 정신분석적 아동치료를 위한 이 저명한 학술지의 제68권이 발간될 예정이다. [1]

'정신역동'이라는 용어는 마음속의 힘이나 영향의 상호작용을 나타낸다 (Mordock, 2015). Mordock은 "행동주의 치료사가 행동을 관찰 가능한 선행 및 결과와 연결시키는 것과 대조적으로, 정신역동적 치료사는 행동의 이유를 관찰 가능한 행동에 의해 드러나는 것보다 더 복잡하게 생각한다."(p. 66)라고 설명한

---

1) 역자 주: 2021년에는 제74권이 발간되었다.

다. 근본적으로, 정신역동적 놀이치료사들은 증상으로 드러나는 특정한 골치 아픈 행동의 밑바탕에 깔린, 더 깊고 근본적인 문제인 고통스럽거나 괴로운 감정을 자세히 알아 간다.

정신역동적 놀이치료는 Mordock(2015)이 밝힌 네 가지 기본 가정에 기초한다.

① 증상에는 의미가 있다. ② 아동의 문제는 내재화된 무의식적 갈등이나 감당하지 못하는 경험을 성공적으로 동화하지 못한 것, 그리고 발달적 결손에 대처하지 못한 것에서 발생하고, 아동들은 이런 모든 것을 놀이에서 드러낸다. ③ 아동들의 놀이는 상징적이며, 상징놀이는 현재와 과거의 경험을 숙달하기 위한 노력의 일환으로 아동들이 내면의 감정을 놀이에 투사하는 것이다. [아동들의 상징놀이는 정서를 통제하고 심리적인 안전을 유지하는 데 필요한 거리감 및 위장(~인 척하는 것)을 제공한다.] ④ 전이에 기초한 사고는 아동들이 치료 중에, 그리고 그 외에 다른 곳에서 보이는 행동의 많은 부분을 특징짓는다. (p. 66)

신경과학 연구(Gaskill & Perry, 2014; Porges, 2011; Schore, 2012: Siegel, 2012; Van der Kolk, 2014)는 심리치료가 효과적이려면 심리적인 안전뿐만 아니라 Van der Kolk(2014)가 '본능적인 안전'(p. 79)이라고 언급하는 것이 상당히 필요하다고 주장한다. 따라서 퍼펫이나 다른 놀잇감에 아동이 감정을 투사함으로써 만들어진 상징적인 안식처가 제공하는 거리감은 매우 중요하다.

❖ 실행

여러 가지 어려움과 학대 속에서 성장한 아동들은 수치심, 오명, 침묵이라는 3종 세트가 그 아동의 존엄성에 타격을 가한다는 것은 잘 알려진 사실이다(Crenshaw, 2008). 자아의식이 손상되면 자기모독과 함께 자기파괴적 행동을 많이 함으로써 음험하게 자신의 '나쁨'을 증명한다(Crenshaw, Rudy, Triemer, & Zingaro, 1986; Gil & Crenshaw, 2015). 놀이치료는 아동이 직면하고 있는 문제의 상징화, 외현화 및 소형화를 가능하게 하기에(Crenshaw & Kelly, 2015), 그렇지 않다면 압도될 수 있는 문제를 아동이 점차 직면할 수 있게 된다. Daniel Siegel(2012), Bessel van der Kolk(2014), Stephen Porges(2011)의 최근 연구에서는 외상화가 다시 발생하는 위험을 줄이기 위해 그리고 치료 효과를 얻기 위해 안전의 조건을 만들어 내고 유지함으로써 놀이치료의 신경학적 중요성을 강조한다. 아동들이 그들 자신의 내부 경험에 관한 드라마를 재연함에 따라 정서적인 '관용의 창'을 존중하고 완전히 거기에 맞추는 것이 치료상의 도전이다. 아동들은 회복탄력성이 있으며, 치료사로서 우리는 치료 회기라는 맥락에서 그러한 회복탄력성을 발견하도록 해 주는 공간과 시간을 창출해 내는 독특한 기회를 가지게 된다. 일련의 퍼펫들(적대적임, 온순함, 동물, 사람, 신화적 존재 등)을 치료에 사용함으로써 치료사들은 아동들에게 무슨 일이 일어났는지, 어떻게 느끼는지, 그리고 그들에게 어떤 의미인지를 구성하고 자신의 내면세계를 외부와 공유하는 데에 있어 아동 자신의 발달에 적합한 방법을 사용하도록 하는 것이다.

퍼펫 사용의 이점은 수없이 많고, 치료의 모든 단계에 이점이 있다. 퍼펫은 관계적 참여를 통해 놀이치료를 강화한다. 퍼펫을 사용함으로써 아동들은 (회복탄력성을 증진시켜 주는) 적정량의 스트레스에 직면할 수 있게 되고, 자기진정과 자기조절 능력을 발달시킬 수 있게 된다. 또한 비밀과 부정(否定)의 사이클을 깨도록 해 주고, 인지 왜곡을 교정해 주며, 정서 표현을 잘하게 해 준다. 퍼펫 사용은 대처능력의 발견을 촉진하여 건강한 발달 기능으로 돌아가도록 하고, 불안을 감소시키고, 문제 해결을 증가시키며, 자신감 및 자아효능감을 향상시킨다. 또한 퍼펫 사용은 기회를 개방하고, 전환점을 극대화하며, 치료를 넘어 양육적인 관계를 증진한다. 마지막으로, 퍼펫 사용은 아동들이 삶의 경험을 의미 있게 만드는 것을 배울 수 있도록 한다. 다음에서는 다양한 치료 단계에서 퍼펫을 사용하는 방법을 설명하겠다.

치료 초기

치료사의 경험이 많고 적음에 상관없이 치료사는 모두 치료 초기 단계에서 아동들을 참여시키고 라포를 형성하는 데 퍼펫이 도움이 된다고 한다. 나(JK)는 나의 예전 내담 아동들과 재회할 때 내 '동료 치료사'인 퍼펫으로 인해 다정한 순간을 많이 가졌다. Cuddles, Cuddleito, Biscuit 같은 내 퍼펫이 요즘에는 어떻게 느끼는지 알고 싶어 아이들은 열심히 귀를 기울였다. 퍼펫은 심지어 가장 심심한 사무실조차도 아동친화적인 분위기로 바꾸어 주고, 우리의 치료 공간이 정말 안전하고 재미있는 공간이라는 분위기를 조성한다. 퍼펫을 사용하여 치료 목적을 내담아동의 발달에 적합하게 알려 줄 수 있고, 치료를 시작하면서 생기는 아동의 감정을 다룰 수 있다. 예를 들면, "Cuddles(거북이 퍼펫)는 새로운 사람들을 만나는 게 긴장돼. Cuddles는 등껍질 안으로 들어가 안전하게 숨기도 해. Cuddles는 지금 안에 있어. Cuddles가 여기서 안심할 수 있게 네가 뭐라고 말해 줄래?"와 같다. 또한 퍼펫들은 초기 평가 시 아동친화적인 방법으로 중요한 정보를 수집하는 데 사용될 수 있다. 저자들은 질의응답 형식으로 된 표준적인 언어 지시문을 이용하는 것보다 퍼펫을 사용하여 애착, 감정 어휘, 사회적 기술에 대한 더 많은 정보를 얻었다.

치료 중기

퍼펫은 아동의 세계의 중요한 부분을 작게 표현하는 데 사용될 수 있다. 이러한 방식으로, 아동들이 직면한 크고 복잡한 문제가 훨씬 더 쉽게 접근할 수 있는 상징적 표현으로 축소될 수 있다. 축소되어 겉으로 드러난 아동의 내면세계는 아동에게 진짜로 무슨 일이 있었는지를 우리에게 보여 줄 수 있다. 또한 퍼펫은 은유적으로 연관시킬 기회를 만들어 낸다. 은유는 응축되었지만 정확한 의사소통의 상징적인 형태이고(Mills & Crowley, 2014) 간접적이기에 거리감을 안전하게 유지하면서 깊이 이해하는 것이 가능하다. 감당하기 어려운 경험이나 감정이 있을 때 퍼펫을 가지고 놀이를 하면 놀이를 통해 그런 경험이나 감정을 숙달할 기회가 생긴다. 상징성은 아동이 압도당하지 않은 채, 숙달하려는 시도를 반복적으로 안전하게 할 수 있도록 하기 위해 필요한 만큼 위장될 수 있다. 이러한 개념이 136쪽부터 제시되는 예시에 자세히 설명되어 있다.

치료 말기

치료를 끝내는 것은 아동과 치료사 모두에게 좋기도 하고 슬프기도 할 수 있다. 몇 주, 몇 달 또는 몇 년에 걸쳐 치료관계에서 특별한 유대가 형성된다. 퍼펫은 치료의 종결에 대한 논의와 (아동과 함께 작은 퍼펫 또는 손가락 퍼펫 만들기 같은) 과도기적인 물건의 제작에 도움을 줄 수 있다. 이 단계에서 퍼펫을 사용하는 것은 학습된 사회 및 문제 해결 기술을 역할놀이하고, 연습하고, 강화하고 유지하기 위한 플랫폼을 제공한다. 저자들은 아동들이 내담 아동으로 선택한 퍼펫과 함께 자신이 치료사가 되어 역할놀이를 하는 것, 무언가(조언이든 지도이든)를 주는 경험을 통해 숙달의 또 다른 기회를 제공하는 것에 긍정적으로 반응하는 것, 치료를 마치면서 자신들이 가치 있고 유능하다고 느끼는 것을 발견했다.

❖ 퍼펫 사용 시 실용적인 고려사항

아동치료 전문서점에서 퍼펫을 구매할 수 있다. 우리가 가장 좋아하는 곳은 Deanne Gruenberg와 Harry Gruenberg 부부가 운영하는 Self Esteem Shop(www.selfesteemshop.com/)으로, 놀이치료용 퍼펫을 잘 구매할 수 있도록 안내를 해 준다. 등록된 놀이치료사인 Deanne은 자신들이 취급하고 있는 책과 치료용품에 대해 모두 잘 알고 있다. 두 명의 아동 정신건강 전문가인 Gary York(박사)와 Jane York(석사)가 소유한 Child Therapy Toys(www.childtherapytoys.com)와 같이 높이 평가되는 치료용품 판매점과 더불어 Self Esteem Shop은 사람과 동물 퍼펫뿐만 아니라 다문화 퍼펫 등 다양한 퍼펫을 취급하고 있다. 퍼펫들은 가격과 질이 다양하다. 좀 비싸기는 해도, 우리 경험상 가장 좋은 품질의 퍼펫은 Judy와 Atis Folkmanis가 1976년에 설립한 Folkmanis 회사(www.folkmanis.com/18/about-us.htm)의 제품이다. 퍼펫을 깨끗하게 청소하고 관리하는 것은 중요하다. Folkmanis 회사의 퍼펫에 대한 자세한 내용은 퍼펫 관리를 전담하는 웹페이지(www.folkmanis.com/34/puppet-care.htm)에서 확인할 수 있다.

놀이치료실에서 사용할 퍼펫의 선택 시, 다문화 퍼펫, 사람, 동물, 신화적인 퍼펫을 적절하게 배치하는 것이 놀이치료에 도움이 된다. 동물 퍼펫으로는 악어, 공룡, 상어 등 공격적인 퍼펫과 토끼, 강아지, 고양이 등 약한 퍼펫을 준비하는 것이 중요하다. 사람 퍼펫으로는 엄마와 아기 퍼펫, 아빠와 할아버지, 그리고 경찰관, 소방관, 의사, 간호사, 교사, 판사 등 다양한 역할을 하는 퍼펫들이 포함된다. 용이나 요정과 같은 신화적인 퍼펫은 퍼펫놀이에 마법적인 역동성을 더해 준다. 우리의 내담 아동들은 치료사들이 학술대회에서 어떤 새로운 퍼펫을 사 왔는지 설레는 마음으로 물어보는데, 이는 놀이치료실에서 그 아동들이 재연하는 놀이에서 퍼펫이 얼마나 중요한가를 보여 준다. 대부분의 놀이치료사는 학술대회에 참석할 때 거기에서 판매하고 있는 퍼펫을 구입하는데, 아동이 선택할 수도 있는 퍼펫을 모두 갖출 필요는 없다.

❖ 예시

아동들은 상징과 은유를 통해 내적 삶을 표현하는 능력이 뛰어나다.

[그림 7-1] 감옥에 갇힌 앵무새

[그림 7-1]의 감옥에 갇힌 퍼펫은 아동중심 놀이치료 방법을 훈련받은 대로 시도하고 있는 인턴치료사에 대한 강력한 피드백으로, 아동의 경험상 그 놀이치료사가 지나쳤음을 보여 준다. 치료사는 아동의 놀이를 추적하면서 반영을 해 주려고 했지만, 이 7세 남아는 자신의 말을 앵무새처럼 따라 하는 게 짜증이 났음을 생생하게 전달하고 있다. 놀이치료사는 그 피드백을 마음에 새기고 반영하는 빈도를 줄였다.

아동중심 놀이치료를 사용하는 저자들은 치유를 위한 아동들의 자원을 믿기 때문에 퍼펫 그 자체와 퍼펫을 포함하는 놀이 장면을 아동들이 선택하는 것이 전형적인 반면에, 처방적인 놀이치료(Schaefer, 2001)를 포함하는 통합적인 놀이치료 방법(Drewes, Bratton, & Schaefer, 2011)은 치료 시 발생하는 특정 상황에 있는 일부 아동에게서 드러날 수 있다. Eliza는 10세 여아인데, 굉장히 우울했다. Eliza와 7세인 Eliza의 남동생은 의붓아버지가 격분해서 어머니의 목을 졸라서 죽이는 것을 목격했다. 그 충격과 급성 외상으로 인해 Eliza는 분노의 감정을 외부로 드러내지 못하였고, 대신에 이러한 강렬한 감정들이 내면화하여 우울증을 심화시켰다.

치료사는 Eliza가 분노의 목소리를 내고 억압된 분노를 외현화할 수 있도록 도와 내면화된 우울증이 해소되는 것을 목표로, 처방적인 접근을 하기로 결정했다. [그림 7-2]에서, 그 개입은 당시 마리스트 대학의 심리학과 학생인 Stephanie Eick의 도움으로 이루어졌다. Eliza에게 악어 퍼펫이 자신을 가장 화나게 하는 것을 상징하는 것으로 여기고 악어에게 자신의 감정을 말하라고 요청하였다. Eliza는 재빨리 플라스틱 야구 방망이를 집어 들고 악어 퍼펫을 두들기면서 퍼펫에게 "나는 네가 미워!" "네가 우리 엄마를 죽였어!" "난 네가 지옥에서 썩었으면 좋겠어!"라고 소리쳤다. 이 극적인 처방적 개입이 성공적이었는데, 왜냐하면 그 후 몇 주 동안 Eliza의 우울증 증상이 현저히 개선되었고, 그 후 놀이치료에서 극적으로 말을 더 많이 하였기 때문이다.

저자들이 가장 좋아하는 사례는 '개구리와 거북이의 모험(The Adventures of Frog and Turtle)'(Crenshaw & Mordock, 2005)이다. 퍼펫 모험은 Anthony가 5세일

[그림 7-2]　야구 방망이로 두들겨 맞은 악어

때 시작되었다. 그 당시 Anthony는 여러 가지 두려움과 공포증을 겪었는데, 그 중 하나는 바늘에 대한 공포였다. 초등학교 입학을 위해서 예방접종이 필요하여 병원을 가야 하는데, 이 공포는 Anthony는 물론 그의 양부모 모두에게 큰 시련이 되었다. Anthony는 자신의 여러 가지 두려움을 거북이(치료사)에게 투사하는 반면, 개구리 퍼펫(Anthony)은 겁이 없고 영웅적이었다([그림 7-3] 참조). Anthony는 친부모에 의해 버림받은 후 카리브해의 한 섬에 입양되었고, 이 모험을 하는 동안 강렬한 두려움과 공포와 함께 버림받은 주제가 두드러지게 나타났다. 이 모험에서 Anthony는 두렵고, 망설이고, 꺼리는 참가자인 거북이와 함께 치료사가 놀도록 지시하였다. 분명히, Anthony는 거북이 퍼펫에게 그의 두려움을 투사하였고, 이러한 두려움에 대해 작업할 상징적인 거리감을 안전하게 제공하였다.

3년에 걸쳐 진행된 아동중심 놀이치료에서 개구리 퍼펫은 Anthony의 지시하에 주도를 하면서, 거북이 퍼펫을 달래어 열기구를 타고, 멀리 떨어진 곳에 착륙하고, 원주민들의 공격을 받고, 간신히 참담한 결과를 면하고, 결국 안전하게 귀환하는 위험한 모험을 끊임없이 하도록 이끌었다. 모험 중에 개구리와 거북이

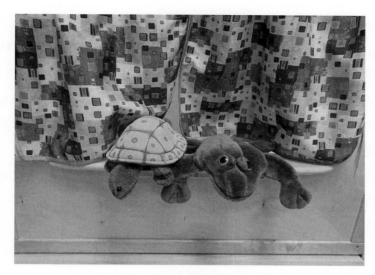

[그림 7-3] 거북이와 개구리 퍼펫

는 다른 행성에서 온 우드스톡(Woodstock)이라는 새를 만나는데, 우드스톡은 개
구리와 극도로 꺼리는 거북이에게 자신의 행성을 보러 오라고 말했다. 거북이
가 망설이는 것은 상처와 분리, 그리고 상실에 대한 Anthony의 두려움을 상징
한다. 그들을 버드(Bird) 행성으로 데려가는 우주선은 연료를 다 써 버렸는데, 이
것은 Anthony가 또 다른 버림받음을 두려워함을 상징한다. 하지만 우드스톡과
긴밀히 협력한 개구리는 우주선에서 여분의 비상 연료 공급원을 발견했고, 결국
그들은 지구로 돌아올 수 있었다. 그러나 버드 행성에 있는 동안 그 행성을 점령
하려는 외계인 새들과 치열한 전투가 벌어졌지만 토종 새들은 맞서 싸우며 외
계인들을 쫓아냈다(폭력적인 싸움으로 상징되는 분노/공격의 출현). 우드스톡은 또
한 개구리와 거북이를 데리고 공룡의 나라로 돌아가기 위한 여행을 하였고 공
룡들에게 그들을 소개시켰다. 그중 공룡 두 마리는 처음에는 다른 공룡이 적이
라고 생각했지만 좋은 친구가 되었고 함께 붙어 있었다(갈라진 것을 치유하고 영
원히 다시 연결되기를 바라는 마음, 친모와의 재결합을 상징한다). 그 회기가 끝날 때
Anthony는 아기 동물들이 선반 위에 있는 엄마들 옆에 자리하기를 간절히 바
랐다.

Anthony는 개구리가 거북이를 놀라게 하는 놀이를 즐기는 듯했다. 그 놀이에서 Anthony는 거북이에게 계속 장난을 치며 담력이 필요한 아주 위험한 모험에 참여하도록 유도하였다. 그 모험 중에는 거북이가 사막에서 방울뱀과 여러 번 마주치면서 사막을 가로질러 가는 것이 있다. 개구리로 표현된 Anthony는 이후의 모든 모험에서 용기를 얻었고 거북이에게 두려움을 극복하도록 점차 용기를 북돋아 주었다.

개구리와 거북이가 처음 만난 이야기가 흥미롭다. 개구리가 거북이의 음식을 훔쳤다. 그래서 그들은 크게 싸웠다. 개구리가 음식을 가지고 도망치려고 하는데, 통나무가 개구리에게 떨어졌고 거북이가 개구리의 목숨을 구했다. 이 첫 만남의 이야기에서 거북이가 개구리의 생명을 구하는 영웅으로 묘사된다. 아마도 그것은 개구리가 그의 두려움을, 자신(치료사/거북)은 그러한 투사를 견딜 수 있을 만큼 충분히 강할 것이라는 것을 알고 있는 거북이(치료사)에게 투사하는 것을 예고하는 것일 듯하다. 치료의 중간 단계에서 Anthony는 그의 퍼펫(개구리)을 통해 더 이상 거북이를 조롱하지 않고, 대신 거북이에게 점차 그의 두려움에 맞서고 직면하도록 격려했다. 마침내 개구리와 거북이가 헤어질 시간이라고 개구리가 발표하는 날이 왔다. Anthony는 개구리를 통해, 이제 거북이에게는 개구리가 없어도 되며 거북이는 강하고 용감해서 자신의 길을 갈 수 있다고 선언했다.

개구리와 거북이가 헤어지기 전에 그들이 함께했던 모든 모험의 하이라이트를 다시 보게 될 것이라고 개구리가 결정한 것이 치료사는 대단히 놀라웠다. 그러한 모험들 중 가장 극적인 것은 열기구를 타는 것과 관련된 것인데, 열기구가 항로를 벗어나 멀리 떠내려가 고립된 섬에 착륙해야 하는 것을 거북이는 매우 꺼려 했다. 개구리와 거북이는 곧바로 원주민들에게 붙잡혀서는 바베큐 구덩이 위에 통닭처럼 거꾸로 매달리게 되었다. 이 무시무시한 경험을 하는 동안, 거북이는 자신을 그렇게 끔찍한 상황으로 몰아넣은 것에 대해 개구리에게 불평했고 만약 그들이 살아서 섬에서 빠져나가게 되면 다시는 개구리를 따라가지 않을 것이라고 말했다. 개구리는 일어나서 거북이를 풀어 주었고, 둘 다 열기구를 타고 섬을 탈출하여 마침내 집으로 돌아왔다. 더 극적인 모험을 다시 하고 난 후에 개구리와 거북이는 마지막 작별을 고하고 각자의 길을 갔다.

'개구리와 거북이의 모험'이 가르쳐 준 주목할 만한 교훈 중 하나는 상징놀이의 시나리오를 주도하는 두려움이나 갈등이 숙달되면, 놀이가 그 설득력 있는 가치를 잃게 된다는 것이었다. Anthony는 창의적이고 상상력이 뛰어나게 풍부한 아동이었기 때문에, 단지 흥미를 완전히 잃고 갑작스럽게 치료를 종결하려는 대신, 마지막으로 이별하기에 앞서 개구리와 거북이가 그들의 과거 무서운 모험을 다시 해 보고 그들이 함께 숙달한 것을 축하하는 놀이극의 은유로 치료의 종결을 위한 준비를 마련하였다.

저자들은 아동들이 복잡한 시나리오를 통해 작업하고 놀이를 통해 의미를 찾는 능력에 대해 끊임없이 경탄한다. 부모 중 한 명이 감옥에 간 경험은 틀림없이 가장 복잡한 것 중 하나이다. 소품, 퍼펫들과 함께 놀이치료실에 있는 작은 감옥은 첫 번째 회기부터 아동의 집중력과 상상력을 사로잡을 수 있다. 감옥은 어떤 아동에게는 많은 의미와 감정을 나타낼 수 있다. 예를 들어, 감옥에 있는 부모로 인해 직접적으로 피해를 입은 아동들은 부모 상(像)을 감옥에 갇히게 놓고 매 회기에 부모가 여전히 그곳에 있는지 확인하면서 안도하고 안전을 경험할 수 있다. 약물 남용이나 다른 범죄로 인해 수감된 부모는 아동의 삶에서 사라졌다가 다시 나타나기를 수차례 하며, 감옥은 아동에게 혼란, 이해할 수 없음, 죄책감, 자책감을 나타낼 수 있다. Ralph의 경우 감옥에 간 의붓아버지가 엄마와 2년간 사는 동안 엄마를 신체적·정서적으로 학대했고, (엄마와 의붓아버지 사이에 낳은) 남동생과 Ralph는 무서워 떨었다. 의붓아버지는 분노가 많았지만, 때때로 재미있기도 하고 애착의 원천이 되기도 했기에, 의붓아버지의 부재/감옥에 있음과 의붓아버지의 다가올 석방은 Ralph에게 혼란스런 감정, 특히 불안감을 만들어 내었다.

퍼펫을 가지고 놀고, 감옥을 만들고, 의자를 사용하여 재활센터를 꾸미고, 수갑 등의 소품을 사용하는 Ralph의 놀이는 여러 회기에 걸쳐 발전했다. 처음에 Ralph는 경찰 역할을 하고 퍼펫으로 된 '나쁜 놈들을 가두는 것'으로 의붓아버지에게 분노를 표출했다. 곧 Ralph와 경찰관은 나쁜 놈들 중 하나인 용 퍼펫에 특별히 주목하였다. Ralph가 다른 사람들을 돌보는 방법, 폭력이 아니라 말로 감정을 표현하는 방법을 일대일로 용에게 가르치고, Ralph가 용을 감옥에서 풀어 주기로 결정한다면 사람들이 그 용을 믿을 수 있는지를 알아보는 동안, 다른 퍼펫들은 감옥에 있었다.

[그림 7-4]는 Ralph가 만든 감옥을 보여 주는데, 이 감옥에서 '나쁜 놈들'은 제일 위에 있고, 제일 아래는 용이 Ralph에게 배운 새로운 행동이 기능하는 영역이다. 용은 매 회기마다 꾸준히 움직이며 의붓아버지의 석방일이 가까워질수록 '길거리와 더 가까운' 아래 수준으로 돌아왔다. 치료는 여기서 끝나지 않고, 이 단계

[그림 7-4]   Ralph가 만든 감옥/재활 장면

에서 퍼펫을 사용함으로써 Ralph가 의붓아버지에 대한 그의 복잡한 감정을 처리하고, 지역사회의 경찰관들이 모든 아동과 가족들을 도울 수 있는 기회를 만들어 주고, 피할 수 없는 재회를 준비하고, 사람들의 행동이 변화할 수 있고 '나쁨'은 타고나는 것이 아니라는 그의 믿음을 공유하는 여행을 시작할 수 있게 되었다. 후자는 Ralph가, 엄마는 같지만 아버지가 다른 남동생에 대한 애착을 갖는 데 특히 도움이 되었다. 재활에 대한 믿음, 선함에 대한 믿음, 그리고 한 사람의 행동이 '나쁘'지만 '착하다'는 것에 대한 전반적인 가능성을 가진 사람에 대한 믿음은 Ralph의 놀이에서 핵심적이고 중요한 주제였고, 이 모든 것은 퍼펫의 도움으로 시작되었다.

또한 외상으로 인한 깊은 고통 때문에 또는 실제 언어 장벽 때문에 말을 못하는 아동들과의 작업 시 퍼펫의 사용은 성공적이었다(Van der Kolk, 2014). 6세인 Dena의 적응 반응을 치료한 소아과 의사가 Dena를 심리치료에 의뢰하였다. 집에서 텔레비전으로 방송되는 뉴스를 시청하는 동안 Dena는 심장이 빨리 뛰면서 불안감을 느꼈고, 식욕부진, 수면장애, 매일 우는 것으로 우울한 기분을 표현하였다. 이 아동은 전쟁으로 폐허가 된 자신의 사랑하는 조국 예멘을 탈출하여 미국으로 건너왔다. Dena는 아버지가 시민권을 가지고 있는 미국으로 이주하면서, 어머니를 남겨 두고 떠나야 했다. 어머니와 애착이 형성되어 있는 Dena에게 어머니가 없는 것은 엄청난 상실이었다. Dena는 어머니의 안전이 걱정되었고, 어머니와 함께 매일 밤 식사를 하며 일상의 편안함을 나누던 때를 갈망했다. Dena는 새로운 공간, 새로운 언어, 주위의 새로운 사람에 적응하는 중이었기 때문에, 치료를 받는다는 생각이 천천히 드는 것은 당연했다. Dena가 고국의 음식, 어머니와 함께한 것, 그리고 여러 해 동안 매일 해 왔던 일상을 갈망한다는 것을 Dena의 아버지가 접수면접에서 알려 주었기에, 치료사는 플라스틱 음식 놀잇감, 작은 담요, 퍼펫 서너 개를 놀이치료실에 마련해 두었다. 여러 회기에 걸쳐 Dena는 퍼펫들과 함께하는 피크닉 장면을 반복해서 만들었고, 자신의 아름다운 모국어로 퍼펫들과 소통했다. Dena는 또한 식사 내내 퍼펫 하나하나를 부드럽게 쓰다듬고, 먹이고, 껴안음으로써 비언어적인 의사소통을 했다. [그림

7-5]는 마지막 회기의 사진으로 Dena가 한 쌍의 거북이(Dena와 엄마)와 사슴(치료사)을 이용해 엄마와 딸, 치료사를 위한 식사를 준비한 것이다. 퍼펫을 사용하여 Dena는 새로운 집에 적응할 수 있도록 돕고, 예멘에 있는 어머니에게 자신이 느낀 사랑을 연결시키고 표현하는 데 도움을 주는 의식(儀式)을 만들어 낼 수 있었다.

[그림 7-5] Dena가 만든 밝은 색깔의 피크닉

❖ 결론

아동들은 믿을 수 없을 만큼 재치가 있어서 양말, 장갑, 오븐용 장갑, 놀이치료실에 있는 모든 종류의 이용 가능한 재료 등으로 퍼펫을 만든다! 독자 여러분도 놀이치료를 위해 창의성을 발휘하여 퍼펫을 만들 수 있기를 바란다. Eliza,

Anthony, Ralph, Dena의 이야기가 보여 주듯이, 퍼펫이 안전하고 양육적이고 따뜻한 놀이치료 환경에 추가될 때 치료사와 아동이 함께할 수 있는 기회는 정말 무궁무진하다!

참고문헌

Crenshaw, D. A. (2008). *Therapeutic engagement with children and adolescents: Play, symbol, drawing and storytelling strategies.* Lanham, MD: Rowman & Littlefield Publishers.

Crenshaw, D., & Kelly, J. (2015). Dear Mr. Leprechaun: Nurturing resilience in children facing loss and grief. In D. A. Crenshaw, R. Brooks, & S. Goldstein (Eds.), *Play therapy interventions to nurture resilience* (pp. 82-106). New York: Guilford Press.

Crenshaw, D., & Mordock, J. (2005). *Understanding and treating the aggression of children: Fawns in Gorilla Suits.* NY: Jason Aronson Inc. Publishers.

Crenshaw, D., Rudy, C., Triemer, D., & Zingaro, J. C. (1986). Psychotherapy with abused children: Breaking the silent bond. *Residential Group Care & Treatment, 3*(4), 25-38.

Drewes, A. A., Bratton, S. C., & Schaefer, C. E. (2011). *Integrative play therapy.* New York: Wiley.

Gaskill, R. L., & Perry, B. D. (2014). The neurobiological power of play: Using the neurosequential model of therapeutics to guide play in the healing process. In C. A. Malchiodi & D. A. Crenshaw (Eds.), *Creative arts and play therapy for attachment problems* (pp. 178-196). New York: Guilford Press.

Gil, E., & Crenshaw, D. (2015). *Termination challenges in child psychotherapy.* NY: Guilford Publications.

Mills, J. C., & Crowley, R. J. (2014). *Therapeutic metaphors for children and the child within* (2nd ed.). New York: Brunner-Routledge.

Mordock, J. B. (2015). Psychodynamic play therapy. In D. A. Crenshaw & A. L. Stewart (Eds.), *Play therapy: A comprehensive guide to theory and practice* (pp.

66-82). New York: Guilford Press.

Porges, S. W. (2011). *The polyvagal theory: Neurophysiological foundations of emotions, attachment, communication, and self-regulation.* New York: Norton.

Schaefer, C. (2001). Prescriptive play therapy. *International Journal of Play Therapy, 10*(2), 57-73.

Schore, A. N. (2012). *The science of the art of psychotherapy* (Norton Series on Interpersonal Neurobiology). New York: Norton.

Siegel, D. J. (2012). *The developing mind: How relationships and the brain interact to shape who we are* (2nd ed.). New York: Guilford Press.

Van der Kolk, B. (2014). *The body keeps the score: Brain, mind, and body in the healing of trauma.* New York: Viking Press.

| 제8장 | 아들러 치료에서의 퍼펫놀이 |

- Kristin K. Meany-Walen

아들러 이론은 놀이치료에서 많이 사용되는 방법으로 아동들의 치유와 적응에 도움이 되는 여러 가지 개입 방법이 있다. 그중 하나가 치료사들이 놀이치료에서 퍼펫을 사용하는 것이다. 이 장에서는 아들러 심리학에 기반을 둔 놀이치료 방법의 배경을 간단하게 설명하고, 아들러 심리학의 관점에서 퍼펫놀이를 실행하기 위한 실용적인 접근법에 이어, 아들러 심리학에 기반을 둔 놀이치료사가 퍼펫을 사용한 사례를 소개하겠다.

❖ 아들러 놀이치료 이론의 개관

1900년대 초 Alfred Adler에 의해 발달하기 시작한 아들러 이론은 성격 발달과 변화의 과정에 대한 그의 신념을 아우른다. 1980년대에 Terry Kottman은 아동들과 함께 작업하는 데 무엇이 중요하고 필요한지에 대한 자신의 믿음을 Adler의 아이디어에 병합하여 아들러 놀이치료(Adlerian Play Therapy: AdPT)를 만들었다. 오늘날 AdPT는 약물 남용 및 정신건강 서비스 관리국(Substance Abuse and Mental Health Services Administration, 2017)에 따라서 실시되는 증거 기반 심리치료이며 놀이치료를 선도적으로 이끌고 있다(Lambert et al., 2007). 이 장에서는 아들러 이론과 AdPT에 대해 짧고 간략하게 설명하겠다. 아들러 이론과 실제에 대한 보다 완전한 설명은 『놀이에서의 파트너: 아들러 놀이치료(Partners in Play: An Adlerian Approach to Play Therapy)』(Kottman & Meany-Walen, 2016)를 참고하기 바란다.

AdPT에는 기초가 되는 몇 가지 핵심 개념이 있다. 첫째, 사람들은 사회적으로 깊숙이 자리 잡고 있으며 소속감에 대한 욕구가 있다. 그 사람의 사회적 맥락을 이해하지 않고는 그 사람을 이해할 수 없다. 사람들은 자신들이 속한다고 (때로는 무의식적으로) 믿는 관계 안에서 기능한다(Kottman & Meany-Walen, 2016). 예를 들어, 똑똑하기 때문에 가족 내에서 '점수'를 따는 아동은 똑똑하다는 것(공부 잘하기, 현명한 생각 떠올리기, 성적 과시하기 등)으로 주목을 받는 방식으로 행동할 것이다. 위험을 감수하는 행동을 함으로써 주목을 받는 아동은 그 상태를 유지하는 방식으로 행동할 것이다. 둘째, 모든 행동에는 목적이 있다. 그 행동의 목적은 소속감과 중요한 의미를 보장하거나 다른 필요를 충족시키는 것이다. 내담자가 행동의 목적을 인식하지 못하는 경우가 많은데, 내담자의 인식을 높이는 개입 없이는 변화할 가능성이 없다. 예를 들어, 어떤 아동이 위험을 감수하는 행동을 함으로써 관심을 받거나 힘을 얻게 된다면, 이 아동은 계속해서 위험을 감수하는 행동에 관여하게 될 것이며, 이는 진짜로 아동을 위험에 빠뜨릴 수 있다. 만약 아동이 다른 방식(도움을 주기, 창의적으로 되기, 또는 운동을 잘하기)으로 관심을 받을 수 있다면, 위험을 감수하는 행동만이 자신의 욕구를 충족시키는 방법이 아니기 때문에 위험 감수에 대한 욕구가 줄어들 것이다. 셋째, 사람들이 우선적으로 발달시키는 성격이 있는데, 그것은 예측가능성과 안전성을 창출하는 존재가 되는 것과 소속감을 갖게 되는 것이다(Kfir, 2011). 넷째, Lew와 Bettner(2000)는 삶의 요구를 충족시키기 위해 아동들에게 필요한 자산으로 결정적 C들(Critical Cs)을 정의한다. 이러한 특성을 가진 아동들은 살면서 겪는 여러 가지 도전에 성공적으로 적응할 가능성이 더 높다. 네 개의 결정적 C들은 관계(connect), 중요성(count), 능력(capable), 용기(courage)이다. 다섯째, 이 장에서 마지막으로 설명할 개념은 **사회적 관심**(social interest)이다. 사회적 관심은 다른 사람들과 연결되어 있다는 감각 및 사회의 발전에 기여하는 방식으로 행동하는 것이다(Adler, 1927/1998).

AdPT에서는 상담에서 ① 협력적이고 평등적인 관계 구축, ② 아동의 생활방식을 조사하는 것, ③ 아동이 통찰력을 얻도록 돕는 것, ④ 더 생산적인 방법으로 사고하고 행동을 하도록 방향을 바꾸거나 재교육하는 것(Kottman & Meany-Walen, 2016)의 네 가지 단계를 따른다. 첫 번째 단계에서는 내담자와 상담사가 신뢰, 협업 및 평등을 특징으로 하는 관계를 구축하기 위해 노력한다. 상담사는 아동이 소중하고 가치 있다고 느끼는 환경을 조성한다. 다음 단계로 넘어가기 전에 상담사는 안정적인 토대를 갖는 관계가 되도록 확신해야 한다.

AdPT의 두 번째 단계에서, 상담사는 아동의 생활방식의 독특한 특성을 이해하려고 한다. Adler의 후계자들인 Maniacci, Sackett-Maniacci, Mosak(2014, p. 66)에 따르면, "생활방식은 사회적 삶의 위치에서 자리를 찾기 위해 성격, 특성, 기질, 심리적이고 생물학적인 과정을 이용하는 것"이다. 요컨대, 사람들이 자신이 소속되어 있다고 믿는 방식이고 그들의 행동이 그러한 믿음에 동반되는 것이다. 생활방식은 상당히 일관적이다. 치료의 목표는 생활방식을 바꾸는 것이 아니라 생활방식을 이해하는 것이며, 그래서 아동들의 개별적인 존재 방식에 부응하고 맞도록 변화의 개입과 목표가 바뀔 수 있다. 두 번째 단계에서 치료사는 조사된 정보를 가지고 내담자를 위한 치료계획을 개념화하고 개발한다.

세 번째 단계에서는 아동이 통찰력을 얻도록 돕는 데 전념한다(Kottman & Meany-Walen, 2016). 이 단계에서 놀이치료사는 능동적이며, 사고하기, 느끼기, 행동하기, 상호작용하기의 패턴에 대한 아동의 통찰력과 이해력을 점화시킬 목적으로 놀이 및 활동을 지시한다. 치료사는 이 과정에서 도움을 주기 위해 발달적으로 적절하게 반응하고 특별히 설계된 개입을 사용한다. 아동이 이러한 패턴을 이해하도록 도와줌으로써, 아동이 변화를 만드는 방법과 변화 여부에 대해 결정을 내릴 수 있게 된다.

마지막으로, 놀이치료사와 아동이 건강하고, 적응하고, 사회적으로 수용되는 방식으로 아동의 방향을 바꾸는 데 관여한다. 치료사는 새로운 기술을 가르칠 수도 있고, 역할놀이를 할 수도 있고, 놀이치료 집단에 참여하게 할 수도 있으며,

아동이 새로운 기술을 배우고 사용해 볼 수 있는 기회를 제공하는 데 도움이 되는 다른 놀이 활동에 참여시킬 수도 있다. 부모, 교사 또는 아동의 삶에서 다른 중요한 사람들로부터 피드백을 이끌어 내는 것도 아동의 진행과 변화를 감시하는 데 사용된다. 부모, 교사 또는 아동 주변의 중요한 사람들에게서 피드백을 받는 것도 아동의 진행과 변화를 살피는 데 사용된다.

아들러 놀이치료사들은 어른이나 아동의 가족을 전 과정에 포함시킨다. 참여하는 사람들은 여러 관점에서 아동을 이해하고, 아동의 긍정적인 변화를 위한 최적의 환경과 관계를 만들고, 변화를 평가하기 위해, 다른 사람들과 함께 동일한 치료 단계를 따른다. 게다가 아들러 이론은 사람들이 사회적으로 깊이 자리 잡고 있고, 모든 사람이 서로에 대해 의미와 관계를 맺으며, 아동이 변화함에 따라 다른 모든 관계도 변화한다고 주장한다. 가족 내 또는 교사-아동 관계 내에서 조정이 지속적으로 진행되며 진전에 대해 평가한다.

❖ 실행

AdPT는 본질상 치료과정에서 퍼펫들을 사용하고 실행하는 방법이 무궁무진하다. 이 이론 내에서 개입하는 방법이 다양하기에 치료사와 아동의 창의성이 요구되기도 한다. 이렇게 개입이 구체적이고 정확하지 않아서 오는 모호함으로 인해, 일부 놀이치료사들은 어찌할 바를 모를 수 있다. 저자는 아들러 놀이치료 회기에서 퍼펫놀이를 실행하기 위한 몇 가지 중요한 고려사항과 아이디어를 개략적으로 설명하면서, 독자들이 현재 또는 미래의 내담자들에게 퍼펫을 어떻게 사용할지 생각해 보기를 권한다. 다음의 아이디어들은 내담 아동의 독특한 욕구에 맞추어 조정될 수 있다.

치료사는 다양한 감정을 이끌어 내고 여러 가지 창의적인 표현을 가능하게 하는 퍼펫을 선택하도록 한다. 퍼펫의 범주가 〈표 8-1〉에 있다. 내담 아동들이 퍼펫을 특별한 방법으로 사용할 필요는 없지만, 이 범주들을 보면 치료사들이 내담자를 위해 퍼펫을 다양하게 구비하고 있다는 확신이 든다.

〈표 8-1〉 퍼펫 범주

사람	동물	판타지	안전/보호	캐릭터
남성/여성 어린/나이 든 다양한 피부색	공룡 곰 새 스컹크 강아지/고양이 뱀	머리가 셋 달린 용 마법사 왕/여왕 왕자/공주 조커 유니콘 마녀	소방관 의사 경찰 교사	겁쟁이 다람쥐 해리 포터 페파 피그 엘모

　　아들러 놀이치료사들은 원하는 목표를 염두에 두고 의도적으로 개입을 설계한다. 퍼펫을 사용한 치료적 개입의 네 가지 대단히 중요한 목표는 ① 내담 아동과 상담사 사이의 협력 관계를 구축하거나 강화하는 데 도움을 주고, ② 아동의 생활방식에 대한 정보를 더 조사하며, ③ 아동이 자신의 생활방식에 대한 통찰력을 얻는 데 도움을 주고, ④ 새로운 기술, 태도 또는 믿음을 가르치거나 실천하는 것이다. 각 단계 내에서 퍼펫을 사용하는 치료적 개입이 다르게 이루어진다. 아들러 놀이치료사들은 또한 다양한 수준에서 퍼펫놀이를 유도한다.

　　1단계에서는 평등한 관계를 구축하기 위해 상담사가 퍼펫을 이용해 내담 아동에게 자신을 소개할 수도 있다. 예를 들어, "안녕, Marcus. 나는 펭귄이고 너를 만나서 정말 좋아. 넌 괴물 트럭이 그려진 셔츠를 입었구나. 난 괴물 트럭 셔츠를 정말 좋아해."라고 말한다. 치료사는 내담 아동에게 퍼펫을 하나 골라서 퍼펫들끼리 대화를 하도록 지시할 수 있다. 치료사는 퍼펫, 내담 아동, 치료에 온 이유 등등에 대해서 주목할 수 있다. 아동도 치료사나 치료사의 퍼펫에 대해 물어볼 수 있다.

- **소개**: 퍼펫이 되거나 퍼펫을 통해 내담 아동이 자신을 상담사에게 소개하거나 상담사가 자신을 내담 아동에게 소개할 수 있다. 치료사가 자신을 소개하는 예로는 "안녕, Rachel. 난 얼룩말 Zoey야. 난 줄무늬가 많아. 어떨 때는 줄무늬를 사용해서 섞이기도 하고, 어떨 때는 줄무늬를 사용해서 서로 구별되고

돌보이기도 해. 얼룩말들은 전부 줄무늬가 달라."라고 말할 수 있다. 치료사는 아동을 초대하여 퍼펫을 골라서 소개하도록 할 수도 있다. 꼭 그렇게 해야 하는 것은 아니지만, (얼룩말 Zoey의 예와 유사하게) 내담 아동이 자신이 아닌 퍼펫을 소개하도록 상기시키는 것이 도움이 될 수 있다.

- **주호소에 대한 이야기**: 치료사는 퍼펫들을 사용하여 주호소를 이야기하거나 내담 아동과 주호소에 대해 대화할 수 있다. 예를 들어, 치료사가 거북이 퍼펫을 고르고 "나는 거북이 Timothy야. 우리 엄마와 아빠가 더 이상 함께 살지 않기 때문에 난 슬프고 뭐가 뭔지 모르겠어. 나는 항상 내 껍데기를 벗어 놓았었는데, 이제는 겁이 나서 그냥 내 껍데기에 숨고 싶어졌어. 나는 심심해서 많이 울어. 놀이치료에서는 Kristin 선생님과 함께 놀고 이야기할 수 있어서 기분이 좋아져."라고 말한다.

- **놀이치료 과정에 대한 설명**: 앞의 이야기와 비슷하게, 퍼펫이 설명한다. 치료사는 아동을 대화에 참여시키거나 단순히 정보를 준다. 마법사 퍼펫을 사용하여 (신화적이고 마술사 같은 목소리로) 치료사가 "나는 마법사 McWizardson이다. 나는 놀이치료실과 놀이치료에 대해 말해 주러 여기에 왔다. 네가 꼭 알아야 할 것 세 가지가 있다. 첫째, 네가 원하는 방법으로 놀잇감을 가지고 놀 수 있다. 둘째, 어떨 때는 네가 여기서 무엇을 할지 결정하고, 어떨 때는 Kristin 선생님이 무엇을 할지 결정할 것이다. 셋째, Kristin 선생님의 임무는 너를 안전하게 지키는 것이다. 만약 누군가 너를 아프게 하거나 다치게 하는 걸 알게 되면 Kristin 선생님은 다른 사람들에게 알려서 너를 도와주게 할 것이다. (발달에 적합한 비밀보장에 대한 이야기도 여기에서 할 수 있다.) 그 규칙들에 대해 넌 어떻게 생각하느냐?"라고 말한다. 의논을 해야 하는 경우, 치료사는 마법사를 사용하여 의사소통을 할 때와 치료사로서 반응할 때를 결정할 수 있다.

2단계에서는 아동의 생활방식을 자세히 알아보기 위해 치료사가 아동의 잘못된 믿음(Kottman & Meany-Walen, 2016; Mosak & Maniacci, 1999), 행동 목표(Dreikurs & Soltz, 1964), 우선적으로 발달된 성격(Kfir, 2011; Kottman & Ashby,

1999), 결정적 C들(Lew & Bettner, 2000) 및 가족 분위기/관계와 역동(Kottman & Meany-Walen, 2016)에 대해 알고 싶어 한다. 상담사는 아동이 어떻게 결정을 내리고 문제를 해결하는지, 아동의 자산과 인식된 자산, 그리고 아동이 다양한 상황(즉, 다른 아동들과 함께, 학교에서, 어른들과 함께 등)에서 어떻게 기능하는지 아는 것을 목표로 한다. 이 단계에서 상담사의 주 역할은 퍼펫 쇼를 위한 주제를 설정하거나 제안하는 것이기에 상담사가 덜 지시적일 수 있다. 치료사는 내담 아동에게 형제자매, 가족, 또는 치료사와 독립적으로 쇼를 진행하도록 지시할 수 있다. 치료사가 아동과 아동의 상황에 대해 무엇을 알고 싶어 하고 무엇을 이미 알고 있는지에 따라 결정이 달라질 것이다.

- **가족 간의 소통**: 치료사는 내담 아동에게 가족 구성원 각각에 맞는 퍼펫을 선택하게 하고, 한번에 퍼펫 두세 개가 이야기를 하게 한다. 치료사는 아동이 어떤 퍼펫을 누구라고 하는지, 가족 중 빠진 사람이 있는지 알아본다. 치료사는 또한 다른 가족 구성원들이 의사소통하는 방법과 내용에 대해 이해하려고 노력한다. 언쟁을 하는 가족 구성원은 누구인지, 서로를 지지하는 가족 구성원은 누구인지, 누가 동맹관계인지, 누가 리더인지, 누가 자기 뜻대로 하는지, 누가 집안에서 권력을 가지고 있는지/힘이 없는지 등을 파악하는 것은 특히 주목할 만하다. 가족 회기 시, 각 가족 구성원은 자신의 퍼펫을 선택해서 서로 이야기를 할 수 있다.
- **퍼펫 만들기**: 기성품 퍼펫을 선택하는 대신, 내담 아동은 자신이나 다른 사람, 또는 모든 것을 더 좋게 만들 수 있는 사람을 표현하기 위해 퍼펫을 직접 만든다. 이 퍼펫은 다른 퍼펫들과 함께 사용될 수도 있고, 놀이치료 과정을 통해 재등장하는 카메오가 될 수도 있다.
- **이야기 만들기**: 시작, 중간, 끝이 있는 이야기(더 어린 아동들은 이 과제를 완성하는 것을 더 어려워한다) 또는 고쳐야 할 문제가 있는 이야기를 만들라고 내담 아동에게 지시한다. 줄거리 개발의 책임은 아동에게 있고, 치료사는 요청받으면 협력할 수 있다. 놀이치료사는 내담 아동이 문제를 어떻게 파악하고, 문

제를 해결하려고 어떤 시도를 하는지, 어떤 자산을 가지고 어떻게 활용하는지, 문제나 해결책에 누가 관여하는지를 본다.

아동에게 통찰력이 생기도록 돕기 위한 3단계의 주요 목표는, 내담 아동이 자신이 기능하는 방식에 대한 인식을 높이는 데 도움이 되도록 치료사가 개입하는 것이다. 여기에는 자산, 행동 목표 및 앞에서 설명한 생활방식의 다른 차원이 포함된다. 이 치료 단계 동안 상담사는 보다 직접적인 역할을 하며 내담 아동이 특정 문제를 극복하거나 해결하도록 돕기 위해 때로는 아이디어나 줄거리, 줄거리 반전을 이야기에 삽입하기도 한다.

- **여행의 동반자/현명한 마법사:** 여행의 동반자나 현명한 마법사는 주요 인물이 되지 않으면서도 어떤 이야기에든 동행할 수 있다. 치료사는 내담 아동이 요청할 때 또는 퍼펫이 이야기의 캐릭터에게 제공할 가치 있는 무언가를 가지고 있다고 생각할 때 조언을 해 줄 수 있는 사람으로 이 퍼펫을 소개한다. 아동이 문제를 건강하게 풀지 못하는 이야기에서 마법사는 이야기에 참여하여 "Ellie, 넌 퍼즐을 정말 잘해. 이 상황을 퍼즐로 본다면 여러 가지 단서를 모아서 해결책을 찾을 수 있을 거야." 또는 "Leo, 강을 뛰어넘을 때 넌 네 친구들인 스컹크와 곰을 잊었네. 친구들을 많이 잊어버린 것 같아서 친구들이 슬퍼해."라고 할 수 있다.
- **다른 자아(alter ego):** 다른 자아는 스포츠 방송 진행자나 해설자와 비슷한 것으로, 내담 아동의 밑에 깔린 감정, 동기 또는 관심사(또는 내담 아동의 삶에 있는 다른 사람들)를 표현하고 회기 중 그런 것들을 말로 표현한다. 다른 자아는 놀이의 일부일 수도 있고 아닐 수도 있다. 주요 목표는 내담 아동과 의사소통 방식에 대해 이야기를 하는 것이다. 엄마에게 주려고 여러 가지를 만드는 아동에게 공작 퍼펫이 "엄마를 기쁘게 해 드리고 싶어서 이걸 가지고 가고 싶구나."라고 말하는 것이 대표적인 예이다. 그 퍼펫은 내담 아동, 다른 퍼펫, 혹은 치료사에게 말할 수 있다. 치료사와 퍼펫은 짧게 대화를 나눌 수 있다. 앞

의 예에서, 치료사가 공작에게 "나는 걔네 엄마가 무슨 일이 있어도 걔를 많이 사랑하는 것을 알아. 그런데 어떤 아동들은 엄마 아빠를 실망시킬까 봐 걱정이 되어서 엄마 아빠를 기쁘게 해 드리려고 정말 열심히 해."라고 대답할수 있다.

아들러 놀이치료의 마지막 단계인 방향 조정/재교육은 아동이 다양한 상황에서 다르게 생각하고 다르게 행동하도록 돕는 데 초점을 맞추고 있다. 아동의 변화를 평가하기 위해, 상담사는 내담 아동과 그 아동의 삶에서 중요한 사람들(예: 가족과 교사)의 피드백을 들을 수 있고, 회기 중 아동이 보이는 행동, 태도, 느낌의 변화를 관찰할 수 있으며, 또는 다른 환경(예: 대기실 또는 학교)에서 아동을 관찰할 수 있다.

- **게임 프로그램 퍼펫**: 내담 아동은 게임 프로그램에 출전할 퍼펫을 뽑는다. 치료사는 게임 프로그램 진행자의 역할을 하거나 퍼펫이 진행자가 되게 할 수 있다. 치료사도 참가자가 될 퍼펫을 고른다. 치료사의 퍼펫은 아동이 할 수 없는 경우 정답을 알려 주고, 아동을 격려하며, 간혹 오답을 말하기도 한다. 게임 프로그램을 알리는 음악이나 답을 말하기 전에 누르는 버저 같은 것이 있으면 재미있을 것이다. 질문은 내담 아동의 상황에 맞아야 한다. 다음은 학교에서 행동에 문제가 있는 아동의 예이다.
  사회자: "참가자 여러분, 환영합니다! 제가 여러분에게 질문하면 여러분은 최선을 다해 답을 말하면 됩니다. 답이 틀리면 팀으로 해도 됩니다. 자, 갑니다! 같은 반 친구가 다른 아이에게 못된 짓을 하는 것을 봤습니다. 어떻게 해야 할지 좋은 방법을 하나 이야기해 보세요." 또는 "여러분이 줄을 서 있는데 만약 어떤 아이가 여러분 앞으로 들어오면 어떻게 해야 할지 좋은 방법을 하나 이야기해 보세요."
- **선제적인 퍼펫놀이**: 이 기법에서는 치료사(또는 부모 또는 교사)가 퍼펫을 사용하여 아동이 어려움을 겪는 상황과 비슷한 이야기를 들려준다. 이 방법의 목표

는 어떤 일(예: 입학이나 전학, 엄마나 아빠 방문하기, 돌보미가 새로 올 때)을 새롭게 다루는 방법을 보고 은유적으로 준비하는 것이다. 돌보미가 새로 오는 경우, 퍼펫 하나는 엄마나 아빠가 되고, 퍼펫 하나는 아동이 되며, 또 다른 퍼펫은 돌보미가 된다. 엄마나 아빠 퍼펫이 아동 퍼펫에게 엄마와 아빠가 외식을 하고 영화를 보러 갈 건데, 저녁 7시 30분에서 8시 사이에 전화를 할 거고 아동이 자고 있을 때 집에 올 거라고 이야기한다. 돌보미 퍼펫이 벨을 누르면, 엄마나 아빠 퍼펫이 문을 열어 주고 돌보미 퍼펫이 들어와 돌보미와 아동이 놀기 시작한다. 아동 퍼펫은 들떠 있고 초조하게 행동한다. 엄마나 아빠 퍼펫은 아동 퍼펫을 안아 주고 뽀뽀하며 나갈 인사를 하면서 아동에게 그날 저녁의 일을 다시 알려 준다. 엄마와 아빠는 나가고, 아동 퍼펫과 돌보미 퍼펫은 즐겁게 논다. 엄마나 아빠 퍼펫이 집에 전화를 걸고, 아동 퍼펫이 잠자리에 들고, 엄마 아빠가 집에 오고, 돌보미 퍼펫은 떠난다. 아동은 기분이 좋은 상태로 깬다. 이 역할놀이를 여러 번 반복하여 강화할 수 있다. 아동은 아동 퍼펫이나 다른 퍼펫들의 역할을 할 수 있다. 이 기법을 촉진하는 성인은 다른 퍼펫들을 사용하여 아동에게 원하는 행동을 강화하고 아동의 불안감을 줄이는 데 도움을 준다.

• **역할 역전**: 이것은 그 자체로는 특정한 기법이 아니다. 오히려 이것은 앞에서 설명한 어떤 개입이나 치료사가 특히 좋아할 수 있는 다른 전략을 재사용하는 것이다. 아동이 특정 상황에 어떻게 반응하는지 표현할 수 있거나 태도, 신념, 행동의 변화를 보여 줄 수 있는 것이 목표이다. 치료사는 아동의 변화를 평가하고, 정보를 주거나, 격려하거나, 아동이 만든 변화를 인정한다. 예를 들어, 내담 아동은 문제가 어떻게 바뀌었는지에 대한 대화를 통해 주호소를 설명할 수 있다. 퍼펫 만들기에서 치료사는 퍼펫을 만들거나 묘사하는 동안 일어난 변화를 모두 기록할 수 있다. 치료사가 주호소가 들어 있는 이야기를 하는 동안 아동은 새로운 이야기를 만들거나 현명한 마법사가 될 수 있다.

❖ 사례 연구

이 사례는 신원을 보호하기 위해 세부 사항을 바꾸고 여러 사례를 합해서 만든 것이다. Tiffany는 백인 여아로 만 6세이고 초등학교 1학년이다. 가족 역동 때문에 아동이 공격적이고 변덕스러운 행동을 보인다고 생각하는 Tiffany의 의붓아버지(Jeremy)가 Tiffany를 상담에 의뢰하였다. Tiffany는 외동딸이다. Tiffany의 친어머니(Lauren)는 어떤 여자와 바람을 피우다 들킨 후 의붓아버지와 6개월 전에 헤어졌다. 의붓아버지와 Tiffany는 같은 도시 안에 있는 새 집으로 이사하였다. 의붓아버지에 따르면, Tiffany가 집에서는 고함치거나 공격적이지 않다고 한다. 친어머니는 Tiffany를 기르고 싶어 하지는 않지만 딸을 가끔 방문하고 싶어 한다.

나는 Tiffany와의 첫 만남에서 퍼펫을 이용해 치료사인 나를 소개했고, Tiffany 자신을 소개하도록 초대했다. 나는 Tiffany가 농장 동물들을 정말 좋아한다는 것을 알았기 때문에 양 퍼펫을 사용했다. "안녕, Tiffany. 나는 좀 부~~끄러워(양 소리처럼). 그래도 네가 여기 있어서 너무 좋고 너를 만나서 기뻐. 놀이치료에 대해 좀 말하고 나서 Kristin 선생님에 대해서도 이야기할게. 퍼펫을 하나 골라서 나한테 너를 소개해도 돼!" Tiffany는 내가 말을 계속하는 동안 소심하고 불확실하게 바라보았다. "많은 애들이 슬프거나, 화가 나거나, 혼란스럽거나, 두렵거나, 아플 때 Kristin 선생님한테 와서 놀다 간단다. 나도 가끔 그런걸 느끼고 여기서 놀고 얘기해. 놀이치료실을 나갈 때는 기분이 좋아지는 경우가 많아. Kristin 선생님은 멋져. 어떨 때는 내가 놀이를 선택하게 하고, 어떨 때는 선생님이 놀이를 결정하기도 해. 선생님한테는 우리가 해 볼 재미있는 게 많아. 너에 대해 조금 얘기해 줘."

Tiffany는 머리가 셋 달린 용을 골라서 이렇게 말했다. "나는 끔찍한 용 Tiffany야. 난 1학년이고, 정말 똑똑하고, 금발이야."

"매애~~~" 양이 말했다. "끔찍한 용 Tiffany, 너와 Kristin 선생님은 머리카락 색이 같네. 너희 둘은 공통점이 많을 거야." 용과 양은 잠시 이런 식의 대화를 계속하다가 치료적 관계를 형성하는 것을 목표로 하는 다른 놀이 활동으로 이동했다.

3회기와 두 번째 단계에서 Tiffany는 퍼펫놀이를 다시 하자고 요청했다. Tiffany와 나는 함께 머리가 셋 달린 용이 되는 것이 어떤 것인지 이야기를 지어 내기로 정했다.

> Tiffany: 나는 정말 무섭게 생겼고 가끔 화가 나. 사람들은 항상 내가 나쁘다고 생각하고 난 자주 혼나. 대부분 내 잘못도 아니야! 다른 아동들이 장난을 치면 내가 잘못했대!
>
> 양: 다른 아동들이 한 행동에 대해 네가 비난을 받으면 정말 화가 나지.
>
> 끔찍한 용 Tiffany: 맞아. 우리 선생님은 정말 못됐어! 선생님은 용을 미워해서 나에게 못되게 구는 거야.
>
> 양: 용들도 공평하게 대우받지 못하면 슬프지. 집에서도 용이 말썽을 부리는지 궁금하네.
>
> 용: 아니. 용은 말썽을 부리지 않아. 새끼 용들이 트림을 하고 불을 뿜어도 엄마 아빠 용들은 새끼들을 사랑해.

양과 용은 퍼펫이 되어 이 대화를 계속했다. 즉, 나는 아동과 함께 은유에 머물면서 Tiffany의 삶에 이 놀이를 직접 적용하지는 않았다. Tiffany의 아빠와 정기적으로 부모상담을 하면서, 나는 Tiffany가 집에서보다 학교에서 더 변덕스럽게 행동한다는 것을 알았다. Tiffany의 선생님은 엄마와 비슷한 신체적 특징을 가진 여성이었다. Tiffany가 엄마와 함께 시간을 보내는 건 드물고 일관성이 없었는데, Tiffany가 엄마와 함께 시간을 보낸 후에는 이런 행동이 더 뚜렷하게 나타났다. 우리는 일관성의 중요성과 아동이 돌아오면 아빠가 아동을 지지해 줄 수 있는 방법에 대해 논의했다.

그 후 서너 번의 회기와 3단계에서, 양은 놀이치료실 활동에서 규칙적으로 등장하였다. Tiffany는 수시로 양에게 물었고 양과 직접 대화를 나누었다. 양은 다른 자아(alter ego)의 역할을 했고 의사소통 방식에 대해 이야기하는 이성(理性)의 목소리를 내었다. 다음은 양이 이야기한 것이다. "용[‘끔찍한(Terrible)’이라는 단어를 사용하지 않은 것에 주의하라], 너는 화가 나서 불을 뿜어 날려 버릴 때가 있어. 언제 그런 일이 일어날지, 어떻게 통제해야 할지 알 수가 없어." "너는 엄마가 보고 싶으면 배에 화산이 있는 것처럼 화끈거리는구나. 그러면 너는 기분이 나아지고 싶은데, 그 방법은 화산이 폭발하는 것뿐이네." "아빠가 있어서 기쁘지만 아직도 엄마가 보고 싶구나." "아빠도 널 떠날까 봐 걱정되잖아." "친구들에게 못되게 굴면 친구들이 못되게 구는 것에 대해 걱정할 필요가 없다고 생각하는지 궁금해."

나는 아빠와 엄마 사이의 상황 및 Tiffany의 감정을 정직하면서도 아동의 발달 수준에 적절하게 처리할 수 있도록 돕기 위해 Tiffany의 아빠와 계속해서 면담을 하였다. 우리는 학교에서 Tiffany를 도울 수 있는 방법과 Tiffany에게 일어나고 있는 일에 대해 선생님들과 소통하는 방법, Tiffany가 학급 또래들과 지내는 데 도움이 될 수 있는 전략에 대해 의논했다. 나는 아빠에게 Tiffany와 **선제적인 퍼펫놀이**를 하도록 가르쳤다. 아빠는 이 과정 동안 자신을 돌볼 수 있도록 도움을 준 개별 상담을 시작했다.

아들러 놀이치료의 마지막 단계로 접어들면서, 양은 Tiffany와 용에게 유용한 전략을 가르칠 수 있었다. 예를 들어, 양은 "이봐, 용, 나는 내가 양처럼 느껴질 때 나한테 도움이 되는 것을 배웠어. 코로 천천히 숨을 들이쉬고 입으로 숨을 내쉬는 거야. 한번 해 보자! (숨을 들이쉬면서) 케이크 냄새를 맡고 (숨을 내쉬어) 촛불을 끄는 거야."라고 말했다. 양과 용은 이것을 여러 번 연습했고, 그 기법을 강조하기 위해 다음 회기 내내 이 전략을 사용했다. 나는 또한 집과 학교에서 그것을 사용하는 것에 대해 아빠와 이야기를 나누었다. 양은 또한 Tiffany가 좋아진 것에 대해서도 이야기하였다. "전에는 네가 기분이 나쁠 때 포기하고 물건을 던졌는데 이제는 대부분의 경우 더 이상 그러지 않는 걸. 굽(손바닥)을 들어 높이 치자!"

Tiffany와 아빠는 **선제적인 퍼펫놀이**를 정말 좋아했고, 아빠는 소방관 퍼펫이 되었다. 용, 소방관, 양을 마지막 회기에 초대하여 서로 교대로 이야기를 하고 상호작용을 했다. 각 퍼펫은 다른 퍼펫에게 좋아한다고, 고맙다고 말할 기회도 가졌다.

❖ 결론

아들러 놀이치료는 창의적이고, 내담 아동에게 개별적으로 반응하며, 때로는 지시적인 개입을, 때로는 비지시적인 개입을 허용한다. 치료사는 치료 단계와 내담 아동의 관심사를 바탕으로 치료과정에서 퍼펫을 언제 어떻게 사용할지를 결정한다. 이 장에서 요약하여 제시한 개입 방법들은 어떤 비법이 아니라 제안이다. 이 장의 의도는 독자들이 이것들을 아이디어의 시작점으로 사용하여, 독자들 자신의 창의성과 내담자의 고유성을 퍼펫치료에 통합시키는 것이다.

참고문헌

Adler, A. (1998). *Understanding human nature*. London, England: Oneworld Oxford. (Original work published in 1927).

Dreikurs, R., & Soltz, V. (1964). *Children: The challenge*. New York, NY: Hawthorn/ Dutton.

Kfir, N. (2011). *Personality and priorities: A typology*. Bloomington, IN: Author House.

Kottman, T., & Ashby, J. (1999). Using Adlerian personality priorities to custom-design consultation with parents of play therapy clients. *International Journal of Play Therapy, 8*(2), 77-92.

Kottman, T., & Meany-Walen, K. K. (2016). *Partners in play: An Adlerian approach to play therapy* (3rd ed.). Alexandria, VA: American Counseling Association.

Lambert, S. F., LeBlanc, M., Mullen, J. A., Ray, D., Baggerly, J., White, J., & Kaplan, D. (2007). Learning more about those who play in session: The national play therapy in counseling practices project (phase 1). *Journal of Counseling & Development, 85*, 42-46. doi:10.1002/j.1556-6678.2007.tb00442.x

Lew, A., & Bettner, B. L. (2000). *A parent's guide to understanding and motivating children.* Newton Centre, MA: Connexions Press.

Maniacci, M., Sackett-Maniacci, L., & Mosak, H. (2014). Adlerian psychotherapy. In D. Wedding & R. J. Corsini (Eds.), *Current psychotherapies* (10th ed., pp. 55-94). Belmont, CA: Thomson Brooks/Cole.

Mosak, H., & Maniacci, M. (1999). *A primer of Adlerian psychology.* Philadelphia, PA: Brunner/Mazel.

Substance Abuse and Mental Health Services Administration (SAMHSA). (2017). *Adlerian play therapy.* Retrieved from http://nrepp.samhsa.gov/ProgramProfile.aspx?id=160

제9장 해결중심 단기치료에서의 퍼펫놀이

– Elsa Soto Leggett

해결중심 단기치료 또는 해결중심상담은 학교, 기관, 병원 등 아동, 청소년, 성인, 가족이 있는 환경에서 간략하면서도 융통성 있게 적용할 수 있는 방법이다. 해결중심상담은 내담자의 강점과 능력을 인정하여, 변화에 접근하고 변화를 창출하여 보다 만족스러운 삶을 발전시키는 것을 돕는다(Bond, Woods, Humphrey, Symes, & Green, 2013; Corcoran & Stephenson, 2000; Leggett, 2009). 해결중심 단기치료(Solution-Focused Brief Therapy: 이하 SFBT)는 특화된 질문을 사용하여 내담자가 창출하기를 원하는 변화에 초점을 맞춘다. 상담사는 내담자의 말을 듣고 의미를 흡수하고, 내담자의 핵심 단어와 문구를 사용하여 특화된 질문을 만든다. 이런 대화를 하는 동안 상담사와 내담자가 협력하여 새로운 사고를 향해 가게 되며 새롭거나 대안적인 의미를 공동 구축하게 된다. 이 새로운 사고는 변화와 해결책을 향하는 길을 만든다(Leggett, 2017; Trepper et al., 2008). SFBT의 다양한 구성요소는 오랜 시간에 걸쳐 구축되었다. 문제를 말하면서 내담자는 자신의 이야기를 하게 된다. SFBT 문제를 더 알아내는 데 시간을 거의 할애하지 않는 반면, 이를 통해 상담사에게는 ① 내담자가 문제의 방향을 바꿀 기회, ② 다른 사람이 문제 상황을 어떻게 인지하는지에 대한 단서를 찾을 기회, ③ 변화를 알아차릴 기회가 제공된다(Gillen, 2011). 이렇게 주고받는 동안 목표가 명확하게 표현된다. 기적 질문은 내담자로 하여금 현재를 넘고, 문제를 넘어 미래를 바라볼 수 있도록 도와준다. 내담자는 상상력을 펼쳐 문제가 사라진 시간을 생각한다. 관계성 질문은 누가, 무엇이 내담자에게 중요한지 보여 준다. 이런 질문을 통해 기적이 어떤 것인지, 무엇이 다른지, 누가 이러한 차이를 알아차리는지가 명료해져서, 내담자가 문제가 없거나 상황이 더 좋아진 미래를 시각화할 수 있도록 도와준다. 내담자의 문제나 상황에서 예외를 자세히 알아보는 것도 SFBT에서 많이 하는 작업이다. 예외는 내담자의 과거 삶에서 기적이 이미 일어났던 순간들이다. 문제가 발생하지 않았거나 덜 발생했던 순간들이다. 내담자가 이러한 예외를 인식할 수 있도록 하기 위해 Murphy(1994)는 다음과 같은 다섯 가지 방법을 제안한다. ① 문제가 없었던 시간을 이끌어 내고, ② 이러한 시간의 특징과 상황에 대해 자세히 설명하며, ③ 예외를 다른 맥락으로 확장하고, ④ 기적의 목표와 세부 사항에 따라 예외를 평가하며, ⑤ 시간이 지나도 이러한 변화를 자율적으로 유지할 수 있도록 내담자가 힘을 키우게 한다. 해결 메시지 전달은 SFBT 과정 중 마지막 단계이다. 이 마지막 단계에서 내담자가 집으로 가져갈 메시지가 주어진다(Nims, 2011).

❖ 해결중심 놀이치료

대화 요법(talk therapy)인 SFBT는 비언어적 수단을 통해 자신을 표현하는 경향이 있는 아동이나 청소년들이 갖는 한계를 포함할 수 있다. 마찬가지로, 어린 내담자들은 **기적**(miracles)이나 **목표**(goals)와 같은 추상적인 개념을 이해하기 어려울 것이다. 아동들은 자신의 발달 수준에 따라 치료적 개입에 반응한다. 상담사는 내담 아동에게 그들의 현재 발달 수준을 넘어서도록 요구할 수 없다. 아동 상담사는 아동들에게 가장 잘 맞는 상담 방법을 찾기도 하면서 한편으로는 내담자의 요구를 특정 상담 모델에 맞추기도 한다. 내담자가 자신의 생각, 감정, 행동을 언어적·비언어적으로 표현하는 것을 용이하게 하기 위해, 특히 아동과 청소년에 맞게 고안된 치료 방법을 고려하는 것이 필요한데, 그중 하나가 대화와 놀이를 조합해서 사용하는 것이다. 기본 SFBT 모델을 치료적으로 보다 유연해지도록 확장함으로써 어린 내담자의 요구를 적절히 관리할 수 있다(Leggett, 2017; Nims, 2011). 해결중심 놀이치료(Solution-Focuesd Play Therapy: 이하 SFPT)를 사용하면 어린 내담자의 요구를 만족시킬 수 있는 효과적인 통합이 가능하다. 상담사는 SFPT의 유연성을 고려하면서 SFBT의 특화된 요소가 놀이치료에 어떻게 성공적으로 통합될 수 있는지를 인지할 수 있다.

그러므로 SFPT는 기본적인 해결중심모델을 확장하고 언어적 · 비언어적 표현을 위한 도구를 제공한다. SFPT는 특화된 SFBT 질문과 경험적 활동을 사용하여 내담자가 어떻게 변화할 수 있는지에 초점을 맞출 수 있도록 지원한다. SFPT는 내담자의 요구에 따라 조정할 수 있다. 또한 상담사와 내담자 간의 의사소통을 증가시키면서 관계를 촉진한다(Leggett, 2009). 놀이치료의 기본적 체험활동으로는 책과 문학, 그림 그리기, 놀잇감, 퍼펫, 모래상자 등이 있으며, 이 활동들은 대화의 매개체가 될 수 있다(Leggett, 2017; Nims, 2011). 상담사가 변화와 해결책을 향하여 움직여 가면서 매체를 이렇게 사용하면, 내담자가 그런 상담사와 함께 새로운 사고를 위한 토대를 구축하는 데 도움이 된다(Trepper et al., 2008). SFPT는 내담자의 욕구, 상황 또는 문제, 발달 수준, 문화와 다양성 등 내담자가 가지고 있는 구체적인 세부 사항을 염두에 두고 만들어진다.

❖ 퍼펫을 이용한 SFPT 치료과정

SFPT에서 퍼펫의 사용은 문제/상황과 내담자 사이에 정서적 거리감을 만들도록 한다. 이 정서적 거리감으로 인해 내담자가 경험할 수 있는 두려움, 죄책감, 소심함 및 다양한 다른 감정이 줄어들 수 있다. 이는 또한 내담자가 갈등에 대한 자신의 감정을 외부로 투사하여 문제를 외부로 노출시킬 수 있도록 한다(Alter, 2001). 퍼펫은 다양하게 제공되어야 한다. 어떤 상담사들은 퍼펫을 직접 만들기도 하여, 숟가락, 연필, 직접 만든 것 등을 퍼펫에 추가한다. 또한 퍼펫 크기도 다양한 것이 좋다. 물론 좋은 상품을 구입할 수도 있다. 퍼펫을 사용하였을 때 도움이 된 SFPT의 영역을 〈표 9-1〉에 제시하였다. 명심할 것은, 상담사 자신의 상

〈표 9-1〉 SFPT에서의 퍼펫

SFPT	문제 설명	기적 질문	예외 탐색	척도 질문	해결 메시지
퍼펫	✓	✓	✓	✓	✓

상력과 창의력에 의해서만 퍼펫이 제한된다는 것이다.

문제 설명 및 목표 설정

"오늘 여기에 뭐 때문에 왔니?"

이 시작 단계는 내담자가 자신의 이야기를 하도록 초대한다. 내담자는 바뀌거나 달라지기를 원하는 것을 파악하여 목표를 수립한다. 이 목표는 ① 어린 내담자의 욕구에 맞아야 하며, ② 상황에 적절하고, 의미 있고, 특정적이어야 하며, ③ 구체적이고, 행동적이며, 측정 가능해야 한다. 어린 내담자는 자신이 직면하고 있는 문제를 설명하거나 표현하는 것을 어려워하므로, 퍼펫을 사용하는 것이 매우 도움이 된다.

문제 퍼펫

상담의 시작 시 퍼펫이 중요하게 작용할 수 있다. 퍼펫을 사용하면 내담자가 문제나 상황을 파악하고 그것을 외부로 드러내는 데 도움이 될 수 있다. 다양한 퍼펫이나 봉제 동물 퍼펫을 마련하여 내담자가 선택하도록 한다. 첫 회기에서 내담자가 현재 문제를 설명할 수 있다. **"선생님은 네가 말하려고 하는 문제에 맞는 퍼펫을 네가 찾을 수 있는지 궁금해."**와 같은 말로, 먼저 내담자에게 문제 또는 상황을 나타낼 수 있는 퍼펫을 선택하도록 요청한다. 선택한 퍼펫에 이름을 붙여 앞으로 문제나 상황을 이야기할 때 계속 그 이름을 사용할 수도 있다. 내담자가 문제의 세부 사항을 공유하기 위해 퍼펫을 사용하게 한다. 내담자가 다른 사람이 포함된 상황을 설명하는 경우, 각각의 ID를 가진 퍼펫을 추가해서 사용할 수 있다.

문제 설명을 회기 중 일부에 국한시키려면 두세 명의 핵심 인물 퍼펫만 가지고 하는 것이 가장 좋을 수 있다.

문제를 외부로 드러내기 위해 퍼펫을 사용하는 것이 도움이 될 수 있다. 내담자가 문제를 설명하고 이름을 붙이면 내담자 눈앞이나 놀이치료실에서 퍼펫을 제거할 수 있다. 일단 퍼펫이 시야에서 사라지면, 이제 대화는 문제가 없는 삶이 어떨 것 같은지로 바뀌게 될 것이다. **"문제(문제의 이름)가 사라졌는데 기분이 어때? (문제의 이름)이 없어졌는데 하루가 어떨 것 같아?"** 게다가 이 퍼펫이 없으니 문제가 없는 날에 대한 기적 질문으로 자연스럽게 넘어갈 수 있다.

기적 질문

"오늘 밤 네가 자는 사이에 기적이 일어난 거야. 아침에 깨 보니 네가 오늘 여기 온 이유가 마술처럼 해결된 거지. 이 기적이 일어났다는 것을 가장 먼저 무엇으로 알 수 있을까?"

기적 질문은 내담자가 현재를 넘어 미래를 바라볼 수 있도록 하기 위한 것이다. 목표가 달성된 삶은 어떨지를 시각화할 수 있도록 도와준다. 이 단계는 그 추상적인 특성과 각 내담자의 발달 수준 때문에 어린 내담자에게 가장 어려운 단계이다. 때때로 단어 또는 질문 형식의 변경이 필요하다. 예를 들면, **"오늘 네가 가진 문제는 사라졌고 내일은 완벽한 날이라고 생각해 봐. 그 완벽한 날은 어떻게 보일까?"** 와 같다. 이 단계를 촉진하는 데 퍼펫을 사용할 수 있다.

기적의 날 퍼펫

이전에 문제 퍼펫이 사용된 경우 기적의 날 용도로 퍼펫을 새로 선택한다. 이렇게 하면 내담자가 문제나 주호소가 없는 상태에서 이날을 설명하는 데 도움이 될 것이다. 다양한 퍼펫이 준비되어야 한다. 그러나 내담자가 자신을 나타내기 위해 선택한 퍼펫을 사용한 경우, 동일한 퍼펫을 사용할지 아니면 새 퍼펫을 사용할지는 내담자의 선택이다. 이것은 내담자가 결정할 일이다. 내담자가 퍼펫을 결정하거나 선택한 후에는 이 완벽한 날에 대한 역할극 또는 이날을 설명하는 데 사용할 수 있다. "이런 완벽한 날에 대한 설명을 도와줄 수 있는 퍼펫을 찾을 수 있니? 이날 네가 될 수 있는 퍼펫은? 이날 네가 다르게 말할 수 있는 것은 무엇이니? 이날 네가 또 무엇을 다르게 하겠니? 네 퍼펫으로 네가 무엇을 하고 있는지 보여 줘."

기적의 날 질문은 내담자가 자신의 세계를 넘어서 다른 관점을 얻을 수 있게 해 준다. 기적의 날에 이런 유형의 퍼펫놀이는 내담자가 이날에 다른 중요 인물이나 주요 인물들이 어떻게 상호작용할 수 있는지를 공유하거나 시연할 수 있게 해 준다. 따라서 다른 퍼펫들이 이 퍼펫놀이에 더 들어올 수도 있다. "다른 퍼펫들을 이용해서 누가 이날을 알아차렸는지 보여 줄 수 있니? 그 사람들은 네가 무엇이 달라졌는지 눈치챘을까? 그들이 네가 다르다는 것을 너한테 뭐라고 말할까?"

예외 탐색

"(지금 갖고 있는) 문제가 없었던 때를 생각할 수 있겠니?"

예외 탐색에서는 문제가 없었거나 덜 심했던 때를 찾아본다. 그것은 또한 기적 그림과 비슷한 과거의 시간을 포함할 수 있다. 선택이나 행동 관련 조치에 관한 질문을 추가적으로 하여 예외가 발생한 것에 대한 통찰력이 생기도록 한다. 이러한 예외들, 심지어 가장 작은 예외들에 대한 인식은 중요하며 SFPT로부터 나오는 희망에 기여한다.

기적의 날 퍼펫

내담자에게 예외적인 상황을 생각해 보도록 한다. 내담자가 역할극에 퍼펫놀이를 사용하게 되면 예외적인 상황의 원인이 된 동작이나 행동을 숙고하게 된다. 내담자에게 최근에 있었던 사건들을 돌아보며, 잘 산 날이나 작은 기적을 경험한 것을 생각해 보라고 요청한다. 어린 내담자에게는 여러 개의 예외적인 상황을 탐색하기보다는 간단하게 한 가지에만 집중하게 한다. 내담자가 퍼펫놀이에 사용할 퍼펫을 고르도록 한다. 내담자는 기적의 날 퍼펫, 즉 내담자라고 스스로 구별한 퍼펫을 사용할 수도 있고 다른 퍼펫을 선택할 수 있다. 이것은 내담자가 결정할 수 있다. 내담자가 전에 이름을 지어 준 퍼펫을 사용하는 경우, 그 이름을 그대로 사용한다. **"문제가 그렇게 심각하지 않은 경우를 _____을(를) 사용해서 이야기해 줄래?"** 다시 한번, 내담자가 예외의 세부 사항을 개념화하고 해당 세부 사항을 상담사에게 설명하거나 역할을 수행할 수 있도록 하는 것이 중요하다. 이렇게 하는 이유는, 예외 발생에 기여한 내담자의 공헌을 인식하기 위해서이다. 급하게 서두르지 말고 이 탐색의 시간을 자아인식과 권한 부여의 기회로 만들어야 한다.

척도 질문

"0에서 10까지의 척도가 있어. 10은 네가 이 문제를 해결할 수 있다는 확신을 모두 가지고 있는 것이고, 0은 전혀 자신감을 갖지 못한다는 것을 의미해. 오늘 네 점수는 어때?"

이러한 질문을 통해 내담자는 자신의 진행 상황을 평가할 수 있다. 어린 내담자에게 척도 질문처럼 가시적인 표현을 하면 이 단계가 구체적이고 보다 의미 있게 다가온다. 퍼펫을 사용하면 이 질문의 의미가 더 귀중해질 수 있다. 퍼펫 선택 및 척도 질문에 맞게 질문의 형식을 변경할 수 있다. 다음은 어구 바꾸기의 예이다. **"0에서 10까지의 척도가 있어. 10은 너의 기적의 날/완벽한 날이고, 0은 최악의 날이야. 너는 지금 어디에 있는 것 같니?"**

기적의 날 퍼펫

어린 내담자에게 가장 쉬운 방법은 자신의 퍼펫을 바닥에 그려진 줄자 위에 놓게 하는 것이다. 이 방법은 척도 질문에 대한 답을 물리적으로 하는 것이다. 치료실 공간에 여유가 있으면 바닥에 줄자와 같은 선을 그어 0에서 10까지 표시한다. 0, 5, 10처럼 5단위로 표시해도 좋다. 내담자에게 척도 질문을 하고, 자신의 퍼펫을 숫자 위에 놓게 한다. 내담자가 퍼펫에 이름을 붙였을 경우에는 이때 그 이름을 사용하는 것이 중요하다. 치료실이 작아 바닥에 줄자를 그리지 못할 경우에는 간단한 숫자 선을 사용할 수 있다. 다양한 평가 질문에 척도 질문을 사용할 수 있다. "만약 10이 네가 바라고 있는 기적의 날이고 0이 아무 희망도 없는 날이라면, 오늘 (퍼펫의 이름 또는 너는) 어디에 있을까?" "만약 10이 변화가 일어난다고 네가 믿는 정도를 보여 주고, 0은 네가 믿지 않는다는 것을 의미한다면, 너는 오늘 (퍼펫의 이름 또는 너는) 어디에 있을까?"

이어서 이 결정이 어떻게 이루어졌는지, 10에 가까워지기 위해서는 무엇이 달라질 필요가 있는지를 질문한다. 조금 올라갔으면 그런 작은 변화를 항상 격려한다. "(아동이나 퍼펫의 이름)이(가) 6이라는 걸 어떻게 알았을까?" "(아동이나 퍼펫의 이름)이(가) 6에서 6과 7 사이로 가려면 뭐가 달라져야 할까?"

0 1 2 3 4 5 6 7 8 9 10

해결 메시지

SFTP의 마지막 단계는 해결 메시지이다. 이 시간은 내담자에게 의미 있는 방식으로 회기의 세부 정보를 요약할 수 있는 기회이다. 이 메시지는 칭찬, 다리(bridge), 과제 또는 제안이라는 세 부분으로 이루어진다. 칭찬은 회기 중 놀이를 통해 소통에 참여하고 노력한 내담자의 강점을 확인하는 것이다. 과거의 성공, 예외, 문제를 줄이거나 상황을 바꾸려는 시도를 인정한다. 이러한 목록을 만드는 것이 내담자에게 도움이 될 수 있다. 내담자는 자신이 의도적으로 한 행동을 그림으로 그릴 수도 있다. 긍정적인 결과에 기여한 자신의 생각, 느낌, 행동을 내담자가 기억할수록 그것을 유지할 수 있다. 이는 과거의 성공 또는 예외를 과제 또는 제안과 연결하는 다리로 이어진다. 그러므로 다리는 상담사가 제시할 과제나 제안에 대한 설명으로 작용한다. 해결 과제 또는 제안은 내담자가 가까운 미래에 목표로 할 수 있는 작고 단순한 것이어야 한다. 과제는 목표와 직접 관련성이 있어야 하며 내담자가 이미 달성한 수준의 성공일 때 성공할 가능성이 높다. 따라서 해결 과제를 칭찬 목록 또는 그림에서 선택하는 것이 좋다. SFPT를 사용하면서 작은 과제는 더 많은 성공으로 연결되고 작은 변화가 큰 변화를 가져온다는 개념을 명심해야 한다.

퍼펫

해결 메시지에서 내담자가 퍼펫을 사용하여 과제 또는 제안을 어떻게 수행할지를 시연할 수 있다. 내담자는 기적의 날 퍼펫이나 이미 따로 구별해 놓은 퍼펫을 사용할 수 있다. 이 퍼펫놀이를 하면서 내담자는 상담실 밖에서 자신의 행동이 어떤 모습일지 시각화해 볼 수 있다. "네가 _____를 결정할 때 어떤 모습일지 네 퍼펫을 이용해서 보여 줄 수 있니?"

추가 고려사항

이 SFPT 접근 방식은 아동과 청소년에게 모두 사용될 수 있다. 상담사는 내담자의 요구와 상담사의 편안함을 충족시키기 위해 해결중심의 기술 중 하나 이상을 선택하여 사용할 수 있다. 퍼펫을 사용하는 SFPT는 내담자의 정서적 · 인지적 발달을 고려하여 4세부터 청소년기까지를 대상으로 할 수 있다. 내담자가 이 상담과정을 거치는 데 걸리는 시간에 나이와 발달 수준도 영향을 미칠 것이다. 문제나 상황의 세부 사항, 기적의 날, 예외의 세부 사항 등을 논의하는 데 필요한 시간은 내담자에 따라 다르다. 이는 특히 퍼펫을 사용하거나 기타 체험 활동에서 더욱 그러할 수 있다. 따라서 어떤 연령대의 내담자가 한 회기 중 한두 단계만 진행하는 것, 천천히 진행되는 것이 드문 경우는 아니다.

❖ Ruby의 사례

Ruby는 초등학교 3학년의 남미계 여아이다. Ruby의 부모님과 선생님은 Ruby가 보이는 불안감에 대해 걱정했다. 점점 더 학교를 가기 싫어했고, 학교에 왔을 때는 이동 수업을 하려고 하지 않았다. Ruby는 특수교육서비스 대상도 아니다.

1회기

Ruby에게 안전하고 수용적인 환경을 만들어 줌으로써 우리의 상담관계를 시작하는 것, Ruby가 나에 대한 신뢰를 쌓을 수 있도록 해 주는 것이 중요했다. Ruby의 세계에 대한 Ruby의 관점을 탐구하는 것도 중요했다. 나는 Janan Cain(2000)의 『내가 느끼는 방식(The Way I Feel)』[1]이라는 책을 함께 읽는 것으로 회기를 시작했다. 이 책을 통해 Ruby는 자신이 경험한 다양한 감정을 더 잘 묘사하고, 이해하며, 확인할 수 있을 것이다. 내용과 그림을 감상할 시간을 가지며 나는 Ruby에게 책을 읽어 주었다. 그리고 나서 나는 Ruby에게 최근 그녀가 느꼈던 세 가지 감정을 확인해 달라고 부탁했다. Ruby가 가장 최근의 감정을 선택하느라 책의 앞뒤를 왔다 갔다 해서 시간이 걸렸다. Ruby가 파악한 세 가지 감정 중 무서움이 나의 관심을 끌었다. 나는 이 감정에 집중하기로 결심했다. 먼저 나는 Ruby에게 이 감정을 바꾸고 싶은지 물었다. Ruby는 조금 생각해 보고 그렇다고 했다. 우리는 이것을 우리의 초점, 목표로 삼기로 합의했다.

그다음에 나는 Ruby에게 이 **무서움**(scared)과 가장 비슷한 퍼펫을 골라 달라고 이야기했다. Ruby는 펠트로 만들어진 손가락 퍼펫인 초록색과 보라색 용을 골랐다. Ruby는 이 퍼펫의 이름을 '**으르렁 아저씨**(Mr. Roar)'라고 지었다. Ruby는 이 퍼펫을 손가락에 끼웠고 우리는 Ruby의 감정을 탐색했다. 다음 질문들은 Ruby가 문제인 으르렁 아저씨, 그리고 으르렁 아저씨가 Ruby와 함께 있을 때 Ruby가 어떻게 시간을 보내는지를 설명하는 데 도움이 되었다.

"으르렁 아저씨가 같이 있는지 어떻게 아니? 으르렁 아저씨가 거기 있을 때 네 몸이 다르게 느껴지니? 아저씨가 너와 함께 있을 때 너는 어떤 말을 하니? 가족들이나 선생님들에게 으르렁 아저씨가 있다는 것을 말하면 어떨까?"

이 대화는 내가 Ruby의 상황과 관점을 이해할 수 있게 해 주었다.

---

1) 역자 주: 『The Way I Feel』 Written and illustrated by Janan Cain https://www.youtube.com/watch?v=c-nsVfnKO08&t=8s

나는 Ruby에게 오늘 우리의 시간이 거의 끝났다고 말했다. 우리가 언제 다시 만날지 알려 주고 해결 메시지를 제공하면서 이 회기를 마쳤다. 나는 Ruby가 책에서 어떤 감정을 알아냈는지 요약했다. 나는 또한 그녀가 파악한 목표, 즉 무서운 감정 바꾸기를 다시 말했다. 나는 으르렁 아저씨에 대해 이야기했고 아저씨가 함께 있을 때 Ruby가 한 말에 대해 이야기했다. 나는 으르렁 아저씨를 알아보고 또 아저씨가 자신에게 미치는 영향을 알아보는 Ruby의 능력을 확대시키고 싶었다. 그러고는 다음 회기에서 으르렁 아저씨의 힘이 줄어들어 Ruby에게 미치는 영향이 적어지는 것은 어떤지에 대해 이야기하게 될 것이라고 Ruby에게 말했다. 나는 Ruby가 기적 질문에 대비하기를 원했고, 으르렁 아저씨가 사라지거나 Ruby가 아저씨를 통제하게 되면 삶이 어떻게 달라질지 생각해 주기를 바랐다. Ruby가 그것이 어떨지 생각하자, 아동의 얼굴에 작은 미소가 번졌다.

2회기

이번 회기는 기적 질문, Ruby의 기적의 날, 또는 Ruby가 무서워하지 않고 완벽한 날의 이미지를 만드는 것에 초점을 맞추었다. 첫 번째 회기와 두 번째 회기 사이의 시간 동안 Ruby의 불안감은 그대로였다. Ruby가 다시 왔을 때, 나에 대한 아동의 편안함과 신뢰감이 높아졌음이 분명했다. 아동은 여유 있게 방에 들어와 작고 부드러운 미소를 지었다.

우리는 이전 회기를 간략하게 요약하였다. Ruby는 즉시 자신의 문제 퍼펫인 으르렁 아저씨를 찾았다. 그러고 나서 나는 아동에게 으르렁 아저씨가 없는 때에 대해 이야기하기로 했다는 것을 상기시켰다. 아동들에게는 기적 질문이 너무 추상적일 수 있기 때문에 표현을 바꾸는 것이 도움이 될 수 있다. "**으르렁 아저씨가 없는 날을 생각해 봐. 아저씨는 갔어. 내가 아저씨를 방에서 내보내도 되니?**" 이 말과 함께 나는 으르렁 아저씨를 문 밖에 놓았다. 그 문제의 퍼펫이 사라지고, 이 어린 내담자는 오늘이 어떨지 생각해 볼 수 있을 것이다. "**이제 아저씨가 없는 날을 생각해 봐. 너의 완벽한 날 말이야. 너의 완벽한 날을 나타낼 수 있는 퍼펫을 찾을 수 있니? 그런 날의 퍼펫은 네가 될 수 있어.**" Ruby는 퍼펫이 들어 있는 바구니 쪽으로 가서 펠트로 된 손가락 퍼펫들을 모아 놓은 곳으로 갔다. 시간이 지나자, Ruby는 노란 병아리 손가락 퍼펫을 찾아서 자신의 기적적이고 완벽한 날 퍼펫이라고 했다. Ruby는 이 퍼펫을 '햇살'이라고 불렀는데, 그 이름은 그 퍼펫의 색에 꼭 맞는 이름이다. 그녀는 햇살을 손가락에 끼고 내 질문에 대답하면서 이리저리 흔들었다. "이 날 네가 다르게 말할 수 있는 것은 무엇이니? 오늘 뭘 또 다르게 할까? 네가 무엇을 하고 있는지, 햇살을 사용해서 보여 줘. 오늘 으르렁 아저씨 대신 햇살이 너와 함께 있는 걸 누가 알까? 너에 대해 다르게 보는 건 뭘까?"

이렇게 질문하고 대답하는 데 시간이 걸렸는데, Ruby가 자신의 반응을 곰곰이 생각해 보고, 생각나는 것을 자세하게 덧붙이는 것이 중요했다. 그것은 Ruby가 부모님을 떠날 때나 학교에서 이동 수업을 하거나 활동을 바꿀 때 무서워하지 않고 하루를 보는 기회가 되었다. 으르렁 아저씨가 떠나고 햇살이 함께 있을 때 달라진 것을 Ruby가 알아낸 것을 짚어 주는 해결 메시지로 이 회기를 마쳤다. 다음 회기가 언제인지를 이야기하면서, 다음 회기에서는 Ruby가 햇살과 함께하는 완벽한 날이 이미 일어나고 있으니 그것을 찾아볼 거라고 설명했다. Ruby에게 이미 일어나고 있는 완벽한 날이 언제인지 그런 예외를 찾아보라고 부탁했고, Ruby는 그런다고 했다.

3회기

앞서 Ruby와 논의한 바와 같이, 이 회기에서는 문제가 덜 명백하거나 없을 때 같은 예외를 탐색하는 데 초점을 맞췄다. 이번에도 지난 회기 이후 Ruby의 불안감이 긍정적이거나 부정적으로 변화했다는 보고는 없었다. 이 회기에는 테이블에 척도를 준비해서 사용 가능하게 하였다. 이 척도는 종이에 0에서 10까지 숫자를 표시한 것이다. 보통은 벽을 사용하여 바닥에서 약 1.2미터 떨어진 높이에 붙인다. 이 회기에서는 테이블에 놓았다. Ruby가 지난 회기에서 보여 준 것과 같이 편안하게 치료실로 들어왔다. 나는 먼저 Ruby에게 이전 회기에서 생각나는 것이 있는지 물어보았다. 잘 생각나지 않는 부분은 내가 자세하게 알려 주었다. 이것은 Ruby가 그 회기의 중요하고 주목할 만한 세부 사항을 상기할 수 있게 해 주었다. 그러고 나서 나는 아동이 척도에 주목하도록 했고, 척도 질문에 사용될 것이라고 설명했다. 나는 Ruby에게 으르렁 아저씨와 햇살을 데리고 오라고 부탁했다. 으르렁 아저씨는 0번에, 햇살은 10번에 놓았다. "아까 얘기했던 것 생각해 봐. 으르렁 아저씨가 있으면 어땠는지 네가 이야기했던 것을 기억해 봐. 그리고 아저씨가 떠나고 햇살을 가졌던 완벽한 날에는 어떻다고 얘기했는지도 기억해 봐. 여기 척도의 한쪽 끝(0)에 으르렁 아저씨가 있고 다른 쪽 끝(10)에 햇살이 있는데, 그게 느낌이라고 생각해 봐. 이제 으르렁 아저씨와 햇살 사이에 오늘 너는 어디에 있는지 보여 줘." Ruby가 척도 질문에 답하는 것이 처음이기 때문에 시간이 더 걸렸지만, 익숙해지면 이 질문에 대답하는 것이 점점 더 쉬워질 것이다. 아동의 대답에 의미와 깊이를 더하기 위해서 추가적인 질문이 필요했다. "이게 네 번호라는 걸 어떻게 알아? 이 숫자에서 햇살 쪽으로 조금 더 가까이 이동하기 위해서는 어떤 일이 일어나야 한다고 생각하니?"

이렇게 하면서 Ruby는 예외, 즉 지난 회기 이후 Ruby가 이런 일들이 이미 일어나고 있는 것을 보았을지도 모르는 순간들을 탐색할 준비가 되었다. 나는 지난 회기에서 아동이 설명했던 완벽한 날의 일부를 아동이 척도에서 자신의 위치를 알 수 있도록 도와준 것과 함께 검토했다. "자, 너는 지난주에 이런 일들이 이미 일어나고 있었던 때를 생각할 수 있니? 아마 한 번쯤은 있었을 거야. 그런 일이 일어났을 때, 네가 무엇을 했는지 알고 있었니? 네가 한 일에 대해 생각하고 있었니?" Ruby에게 이 순간이 좀 더 구체적으로 되도록 하기 위해, 나는 완벽한 날 퍼펫인 햇살을 사용하라고 아동에게 요청했다. 아동은 재빨리 햇살을 가져다가 손가락에 햇살을 끼우고는 최근에 일어난 예외를 천천히 그리고 자세히 설명하기 시작했다. 햇살을 통해, Ruby는 지난 한 주 동안 으르렁 아저씨가 아니라 햇살과 함께 이동 수업을 한 때를 이야기할 수 있었다. 회기가 거의 끝나 갈 무렵, 나는 Ruby에게 자신이 경험했던 예외의 그 순간을 그림으로 그려 달라고 요청했다. 이 그림이 해결 메시지의 초점이 되었다. 아동이 자신이 살았던 날 중 완벽한 부분, 그런 일이 일어나도록 하기 위해 자신이 무엇을 했는지, 그리고 아동이 다시 무엇을 할 수 있는지를 기억하기 위해 이 그림을 집으로 가지고 갔다.

추후 회기

일단 Ruby가 자신의 예외적인 경험을 인식하고 이해하자, 그 이후의 회기에서는 지난 회기 이후 무엇이 달라졌는지 살펴보았다. 척도 질문은 무서움과 불안, Ruby(으르렁 아저씨 또는 햇살) 중 누가 그날을 지배하고 있는지를 결정하는 데 항상 도움이 되었다. 그러고 나서 척도에서 더 높은 숫자로 옮겨 가기 위해 필요한 사항에 초점을 맞추었다. 또한 걱정을 줄이기 위해 마음가짐과 호흡을 사용하는 방법을 배우는 시간도 가졌다. 그림 그리기와 책도 자주 사용되었다. 그러나 Ruby는 자신의 손가락 퍼펫인 으르렁 아저씨 또는 햇살로 종종 돌아가 자신이 겪는 어려움을 표현해 내곤 했다. 주말을 보내고 나서 학교에 가는 것은 때때로 여전히 어려운 일이었고, 연휴 후에는 다른 시간보다 더 무섭거나 불안해할 것이 예상되었다. Ruby는 자신의 불안감이 항상 자신의 존재의 일부일 수도 있다는 것과 그것에 대처할 수 있는 자원이 자신 내부에 있다는 것을 받아들이기 시작했다. Ruby는 또한 불안해하는 순간이 점점 더 적어지고 완벽한 하루가 더 많아지고 있다는 것을 깨달았다.

참고문헌

Alter, M. (2001). Play therapy behaviors of sexually abused children. In G. Landreth (Ed.), *Innovations in play therapy: Issues, process, and special populations* (pp. 119-130). New York, NW: Brummer-Routledge.

Bond, C., Woods, K., Humphrey, N., Symes, W., & Green, L. (2013). Practitioner review: The effectiveness of solution focused brief therapy with children and families: A systemic and critical evaluation of the literature from 1990-2010. *Journal of Child Psychology and Psychiatry, 54*(7), 707-723. doi:10.1111/jcpp.12058

Cain, J. (2000). *The way I feel.* Seattle, WA: Parenting Press.

Corcoran, J., & Stephenson, M. (2000). The effectiveness of solution-focused therapy with child behavior problems: A preliminary report. *Families in Society, 8,* 468-474.

Gillen, M. (2011). Solution-focused therapy. In S. Degges-White & A. L. Davis (Eds.),

Integrating the expressive arts in counseling practice: Theory-based interventions (pp. 29-33). New York, NY: Springer Publishing Company.

Leggett, E. S. (2009). A creative application of solution-focused counseling with children's literature and visual arts. *Journal of Creativity in Mental Health, 4,* 191-200.

Leggett, E. S. (2017). Solution focused play therapy. In E. S. Leggett & J. Boswell (Eds.), *Directive play therapy: Theories and techniques* (pp. 59-80). New York, NY: Springer Publishing Company.

Murphy, J. (1994). Working with what works: A solution-focused approach to school behavior problems. *School Counselor, 42,* 59-68.

Nims, D. R. (2011). Solution focused play therapy: Helping children and families find solutions. In C. Schaefer (Ed.), *Foundations of play therapy* (2nd ed., pp. 297-309). Hoboken, NJ: Wiley & Sons Inc.

Trepper, T. S., McCollum, E. E., De Jong, P., Korman, H., Gingerich, W., & Franklin, C. (2008). *Solution focused therapy treatment manual for working with individuals research committee of the solution focused brief therapy association.* Retrieved from www.sfbta.org/Research.pdf

제 4 부

퍼펫치료의 기술

．
．
．

제10장 아동 '문제'의 외현화 작업을 위한 퍼펫 사용

- Brie Turns, Brandon Eddy

❖ <u>소개</u>

외현화(externalization)는 내담자가 경험하는 문제의 원인을 자신의 부분에 돌리지 않고 외부적 요소로 돌리는 과정으로 자신이 누구인지와 관련된다(White, 1995, 2007; White & Epston, 1990). 외현화의 목적은 '한 개인 자신이 문제가 아니고 문제는 문제일 뿐'이라는 것을 깨닫도록 도와주는 것이다(White & Epston, 1990). 외현화의 유용함은 문제와 내담자 사이에 거리를 만드는 것에 있다 (Butler, Guterman, & Rudes, 2009; Turns & Kimmes, 2014). 외현화는 또한 다른 관점에서 문제를 보게 하므로 내담자에게 유익하다(Freedman & Combs, 1996).

부모들은 아동을 '내담자'라고 믿고 있기에(Berg & Steiner, 2003) 아동에게 종종 강압적으로 치료를 받도록 요구하며 아동의 문제가 고쳐져야 한다고 믿는다 (White, 2007). 이런 부모로부터 오는 메시지는 아동으로 하여금 자신이 무엇인가 잘못되었다고 믿게 하고 수치심을 가지게 하는 원인이 된다. 정신건강 치료사들은 외현화 기법을 사용해서 아동과 부모로 하여금 문제를 아동의 특성으로 보지 않고 외적인 요인으로 보게 한다. 아동이 문제를 자신과 동일시하지 않고 외현화하기 위해서 퍼펫과 같이 직접 만질 수 있는 대상물을 사용하는 것이 한 가지 방법이 될 수 있다.

❖ 기술의 볼트와 너트

연령대

문제의 외현화 작업에서 퍼펫을 사용할 때 치료사는 먼저 아동의 연령과 발달 단계를 반드시 고려해야 한다. 일반적인 발달 단계에서 볼 때 아동의 연령대는 5~12세가 적절하다. 발달장애와 지적장애를 진단받은 아동도 이 기법을 통해 유익을 얻을 수 있지만 치료사들은 아동의 지적 능력을 반드시 고려해야 한다. 예를 들면, 이 또래 연령의 아동의 경우 부모가 종종 아동의 증상을 '문제'로 보기 때문에 아동의 진단명을 일반적으로 외현화한다.

퍼펫으로 아동의 문제를 외현화하는 것이 적절한지를 결정하기 위해서, 고려할 중요점은 아동의 피봇팅 능력이다(Vogotsky, 1978). 피봇팅(pivoting)이란 구체적인 대상과 그 대상의 의미를 구별할 수 있는 능력이다. 보통 피봇팅을 할 수 있는 아동의 연령대는 유치원 시기이다. 이 기법을 사용하기 위해서 아동은 퍼펫이라는 대상을 반드시 볼 수 있어야 하고 그것을 다른 어떤 의미를 가진 대상(자기 자신)으로 볼 수 있어야 한다. 이 기법을 사용하는 동안 치료사는 퍼펫(아동)으로부터 문제를 외현화하기 위한 노력으로 '문제'에 대한 질문을 할 것이다. 피봇을 할 수 있는 능력은 아동이 사람들에게 퍼펫에 대해 대화를 시도하게 허용할 것이다.

퍼펫 자료

아동의 지적 능력과 연령을 고려한 후에 치료사는 치료사, 아동, 가족 구성원들이 활동에 사용할 수 있는 여러 가지 퍼펫을 준비해 놓을 필요가 있다. 환경이나 경험에 따라서 아동과 가족 구성원들은 특정한 퍼펫에 끌릴 수 있다. 치료사는 악어, 토끼, 개, 코끼리, 상어와 같은 다양한 동물 퍼펫을 가지고 있는 것이 좋다.

임상적 측면

치료사가 문제를 외현화하기 위해서는 한 회기 전체를 할당하는 것이 바람직하다. 대화를 시작하기 전에 모든 퍼펫을 테이블이나 바닥에 펼쳐 놓고 각 가족 구성원에게 자신이 좋아하는 퍼펫을 하나씩 정하라고 요청한다. 치료사도 퍼펫을 하나 정해야 한다. 부모님 또는 성장한 아동들과 같이 나이가 많은 일부 가족 구성원은 퍼펫으로 하는 활동이 유치하고 미성숙한 것이라고 생각할 수 있다. 그래서 치료사는 참석한 구성원들을 격려하여 어떻게 아동과 놀 수 있는지를 시범으로 보여 주는 것이 좋다. 사전에 부모님과 활동에 대해서 의논하고 아동과 함께 놀아 주는 것의 유용함을 설명하는 것이 활동에 대한 저항을 예방하기 위해 바람직한 절차이다.

문제 외현화의 첫 번째 전형적 단계는 아동에게 퍼펫의 문제에 대해 이름을 짓게 하는 것으로 시작된다(Ramey, Tarulli, Frijters, & Fisher, 2009). 다음의 진술문은 대화를 어떻게 시작하는지에 대한 예시이다. "[아동이 가지고 있는 퍼펫의 이름을 부르며], 나는 네가 종종 [문제]로 인해 힘들어한다고 들었어. [문제의 이름]에 대해서 나에게 더 이야기해 줄 수 있니?" 이렇게 문제를 명사의 형태로 표현해 주는 언어의 변환은 문제가 퍼펫의 문제가 아니라 퍼펫의 외부에 존재하는 것이라는 가정을 가지게 한다. 치료사는 여기에서 항상 아동이 아니라 아동의 퍼펫을 사용해서 다른 가족의 퍼펫에게 질문하는 것이 중요하다.

다른 방법으로 문제를 외현화하는 기법에는 가족들이 문제를 묘사하는 언어를 바꾸게 하는 것이다(Ramey et al., 2009). 예를 들면, 부모가 "Tommy의 분노에 대해서 염려가 많이 돼요."라고 말을 할 때 치료사는 부모의 퍼펫을 향해서 언어를 바꾸어서 표현할 수 있다. "[부모의 퍼펫], 하루 중에 언제가 [아동의 퍼펫의 이름]이 가장 거슬리는 것 같아?" 이런 언어를 사용함으로써 분노가 아동의 특성이 아니고 아동의 삶에서 들락날락하는 외적인 실체라는 생각을 가지게 한다.

다음 질문은 아동과 가족이 추가적으로 퍼펫의 문제를 묘사할 수 있도록 돕는다. 예를 들면, "[아빠의 퍼펫]야, [문제의 이름]가 [아동의 퍼펫]에 대해서 어떻게 느끼는 것 같아?" 또는 "[아동의 퍼펫]아, [문제의 이름]가 너에게 와서 너를 괴롭힐 때 어떻게 느낄 것 같아?"와 같은 질문이다. 다른 질문으로는, 문제가 퍼펫의 취미, 다른 퍼펫과의 관계 또는 다른 활동들을 하는 데 어떻게 방해가 되는지를 질문할 수 있다. 다음은 치료사가 아동과 가족 구성원들에게 질문할 때 사용할 수 있는 질문의 목록들이다.

치료사가 아동과 가족 구성원에게 할 수 있는 질문의 예

1. [아동의 퍼펫]너를 괴롭히는 문제를 무엇이라고 부를 수 있을까?
2. [문제의 이름]의 모양/소리/느낌은 어때?
3. [가족 구성원의 퍼펫]이 걱정 괴물이 [아동의 퍼펫]을 어떻게 괴롭힌다고 보고 있나요?
4. [문제의 이름]은 언제 와서 [엄마 또는 아빠의 퍼펫]을 괴롭히나요? 그 문제를 [엄마 또는 아빠의 퍼펫]은 어떻게 다루나요? 그 문제를 누가 도와줄 수 있을까요?
5. [엄마의 퍼펫]은 [아동 또는 아빠의 퍼펫]을 괴롭히는 [문제의 이름]을 어떻게 보고 있나요? [엄마의 퍼펫]은 어떻게 그들을 도울 수 있나요? 그들이 어떻게 [엄마의 퍼펫]에게 도움을 요청할 수 있을까요?
6. [문제의 이름]은 어디에서 가장 많이 또는 가장 적게 [아동의 퍼펫]을 괴롭히지?
7. [문제의 이름]이 너를 괴롭힐 때 내[치료사의 퍼펫]가 [아동의 퍼펫]을 돕기 위해 무엇을 할 수 있을까?
8. [문제의 이름]이 사라지고 너를 괴롭히지 않는 시간이 있니?
9. [문제의 이름]은 너를 돕거나 너를 보호한 적이 있니?
10. [문제의 이름]은 학교에 있을 때 너에게 와서 너를 힘들게 한 적이 있니? 학교에 있을 때 [문제의 이름]을 어떻게 제거할 수 있니?
11. [문제의 이름]이 너의 친구들을 힘들게 한 적이 있니? 너는 친구들이 [문제의 이름]을 제거하도록 도와준 적이 있니?

❖ 사례 설명

Joey는 6세에 자폐 스펙트럼 장애(Autism Spectrum Disorder: ASD)로 진단을 받았다. 지금은 14세로 중학교 1학년이다. 엄마 Alice와 아빠 Peter는 'Joey의 불안과 심한 걱정이 고쳐지기'를 바라며 가족치료사에게 Joey를 데리고 왔다. 진단을 하는 첫 회기 동안 엄마는 Joey를 정신연령이 10세인 소년으로 묘사했고, 친구를 사귀는 것을 힘들어하고 미래에 대한 두려움을 조절하지 못한다고 설명했다. 아빠는 Joey의 주요 '문제'가 학업에 대해서 걱정하는 것이라고 말하며 Joey는 교실에서는 어디에 앉을지, 점심시간에는 어디에 있을지, 친구를 어떻게 만들지를 고민한다고 말했다. 가족치료사인 Tara는 가족들이 Joey의 문제를 Joey가 가지고 있는 특성으로 여기기보다 외부적인 요인으로 볼 수 있게 되기를 바라는 마음으로 Joey의 '불안'을 외현화하기로 했다. 외현화하는 대화를 시도하는 데 있어서 Joey는 공룡을 선택하고, 엄마는 돌고래, 아빠는 펭귄을 선택하고 Tara는 앵무새를 선택했다. 간단한 연극을 하는 동안 가족 참여자 모두는 계속해서 자신의 퍼펫을 의사소통하는 도구로 사용하였다.

Tara: 공룡아, 걱정 벌레가 최근에 너를 많이 괴롭힌다고 들었어.

Joey: 그래. 나는 학교에 대해서 많이 걱정하는 경향이 있어.

Tara: 우리가 이 걱정에 대해서 붙일 수 있는 이름이 있을까?

Joey: 어…… 밤에 늦게까지 잠을 못 자게 하는 큰 걱정 괴물 같아.

Tara: 걱정 괴물이라는 말이 무섭게 들리는구나. 펭귄과 돌고래야, 걱정 괴물이 공룡을 어떻게 괴롭히는지 본 적이 있니?

엄마: 글쎄, 내가 생각하기에는 공룡이 학교 숙제를 해야 하는데 걱정 괴물이 숙제를 하는 것은 옳지 않다고 말하는 것 같아.

아빠: 공룡 선생님도 말하기를 나쁜 걱정 괴물이 공룡에게 점심시간에 아무 곳에도 앉으면 안 된다고 말한다고 했어.

Tara: 저런, 걱정 괴물이 나쁘구나. 공룡아, 걱정 괴물은 어떻게 생겼어?

Joey: 크고 까맣고 정말 날카로운 이빨을 가지고 있어요.

Tara: 와! 그래서 그 괴물이 공룡이 학교에서나 집에서 문제에 빠지게 만드는
구나. 공룡이 재미있게 노는 것을 방해하니?

Joey: 항상!!! 심지어 밤에 TV를 보려고 할 때도 걱정을 시작하게 해요.

Tara: (걱정을 개인화시키는 것을 보고 Tara는 언어를 바꾼다.) 저런, 그런데, 펭귄
이랑 돌고래랑 TV를 볼 때도 걱정 괴물이 괴롭히는지 궁금하네?

아빠: 생각해 보면…… 바로 어젯밤에 걱정 괴물이 내일 일을 해야 한다고 나
에게 말해서 내 가슴이 무거워졌어.

Tara: 걱정 괴물이 너의 가슴을 무겁게 만들었구나! 돌고래와 공룡아! 너희도
걱정 괴물이 무언가를 느끼게 만드니?

이것은 짧은 대화이지만 치료사가 각 퍼펫을 이용해서 의도적으로 어떤 언어
를 사용하는지 알아차리도록 도와주었을 것이다. 치료사는 외현화된 문제인 걱
정 괴물에 대해서 많은 질문들을 하였고 퍼펫들이 문제의 정체성에 대해서 점점
더 인식할 수 있도록 분위기를 만들었다.

이 장은 아동의 문제를 외현화하는 간단한 설명을 제공하고 그것이 주는 치료
적 유익에 대해서 말하며 치료사가 이 개입법을 사용할 때 사용할 수 있는 실제
적 질문들을 제공하였다. 비록 내담자는 문제에 대한 아동의 경험을 직접적으로
논하지 않았지만 퍼펫의 사용을 통해 아동이 더 마음을 열어서 의사소통을 하고
시선이 아동에게만 지나치게 집중되지 않도록 하였다.

참고문헌

Berg, I. K., & Steiner, T. (2003). *Children's solution work*. New York: W. W. Norton &
Company.

Butler, S., Guterman, J., & Rudes, J. (2009). Using puppets with children in narrative
therapy to externalize the problem. *Journal of Mental Health Counseling, 31*(3),
225-233.

Freedman, J., & Combs, G. (1996). *Narrative therapy: The social construction of preferred realities.* New York: W. W. Norton.

Ramey, H., Tarulli, D., Frijters, J., & Fisher, L. (2009). A sequential analysis of externalizing in narrative therapy with children. *Contemporary Family Therapy, 31,* 262–279.

Turns, B. A., & Kimmes, J. (2014). "I'm NOT the problem!" externalizing children's "problems" using play therapy and developmental considerations. *Contemporary Family Therapy, 36*(1), 135–147.

Vygotsky, L. (1978). *Mind in society: The development of higher psychological processes.* Cambridge, MA: Harvard University Press.

White, M. (1995). The narrative perspective in therapy. In M. White (Ed.), *Reauthoring lives: Interviews and essays* (pp. 199–213). Adelaide, Australia: Dulwich Centre Publications.

White, M. (2007). *Maps of narrative practice.* New York: W. W. Norton.

White, M., & Epston, D. (Eds.). (1990). *Narrative means to therapeutic ends.* New York: W. W. Norton.

제11장	'여우 씨는 슬퍼요': 놀이치료실에서 내담 아동의 상징물로서의 퍼펫

– Susan M. Carter

 퍼펫은 세계적으로 아동 놀잇감의 한 요소이며 놀이치료사의 도구로 흔하게 사용된다. 퍼펫은 문화와 사회경제적인 경계선을 초월하여 국제적으로 아이들에게 매력적인 영역이다. 놀이치료에서 퍼펫 사용은 아동의 염려를 소통하게 하고 감정을 외현화하기 위해서 아동의 내면세계를 어떻게 투사하게 하는지에 따라 그 유용성이 결정된다. 퍼펫 사용은 아동이 치료과정에 참여하게 하고 치료적 관계를 고취시키게 하는 방법이기도 하다(Bromfield, 1995; Carter & Mason, 1998; Prendiville, 2014). 퍼펫은 아동이 적극적으로 자신을 표현하도록 도우며 말로 표현하지 못하는 아동에게는 비언어적인 방법으로 의사소통을 촉진시킨다. 상징적 내담자로 퍼펫에게 이야기를 할 때 안전한 관점에서 자신을 표현하도록 격려받으며 자연스러운 투사의 과정을 거치게 된다(Bromfield, 1995; Narcavage, 1997). 특히 불안감을 느끼며 외상으로 인해 상처 입고 방어 수준이 높은 아동에게 치료의 도입부에서의 퍼펫 사용은 아동이 자신의 한계에서 벗어나 자유롭게 하고 힘을 부여하게 한다(Narcavage, 1997). 아동의 복잡하고 감정적이고 혼란스러운 이야기는 퍼펫을 통해 창조된 행동과 대화를 통해서 더 안전하고 더 명확한 이야기로 설명되는데, 그런 과정에서 외상으로 인해 타인에 대해 생긴 아동의 두려움과 불신이 퍼펫에게 투사될 수도 있다.

❖ 내담 아동의 상징물로서 퍼펫 선택 및 사용 시 유의점

어떤 연령층이든 놀이치료에서 치료사가 퍼펫 내담자를 잘 다루어 아동의 관심을 끌고 아동이 참여하도록 유도할 수 있다. 그렇지만 적극적으로 참여하게 하기 위해서는 손에 퍼펫을 끼고 물리적인 조작을 스스로 할 수 있으면 좋은데, 보통 3세 정도가 되면 가능하다(Carter & Mason, 1998).

퍼펫놀이는 문화적·민족적 한계가 없다. 만약 기법을 위해 사람 퍼펫을 선택한다면 다양한 피부색을 가지고 있는 퍼펫을 사용해 아동이 많은 놀이에 참여하게 해야 한다(Irwin, 1993). 다문화 퍼펫은 다문화 이해를 촉진시킴으로써 방어를 줄이고 아동이 자연스럽게 놀이에 참여하게 한다. 이 개입에서 사용되는 실제 인형은 다양한 재료, 크기, 모양, 스타일일 수 있다(Bromfield, 1995; Prendiville, 2014). 퍼펫은 손 퍼펫, 머펫, 마리오네트, 복화술 인형과 같이 몇 가지 형태가 있다(Carter & Mason, 1998). 대부분의 놀이치료 환경에서는 손 퍼펫을 사용하는 경향이 있다. 그것은 조작이 쉽고 부드럽고 양육적이며 종종 다양한 색깔 재료로 만들어지기 때문이다. 그러나 머펫 또한 유용하게 사용된다. 왜냐하면 한 명 이상의 사람이 말을 하고 제스처를 취하도록 조작할 수 있고, 아동이 자신을 더 표현할 수 있게 할 뿐 아니라 놀이치료사와 협력할 수 있게 하는 장점이 있기 때문이다(Bromfield, 1995; Carter & mason, 1998).

이러한 놀이치료 개입의 목적을 위해 다양한 퍼펫을 가지고 있는 것이 바람직하다. 보통 공격적인 퍼펫(상어, 악어, 늑대), 양육적이고 친절한 퍼펫(곰, 강아지, 토끼, 부엉이), 마법적 퍼펫(용, 요정, 마녀, 마법사), 예쁜/못생긴 퍼펫(새, 공룡), 퍼펫 가족(다양한 인종, 일반인, 왕족; Carter & Mason, 1998)을 포함한다. 퍼펫은 보이도록 진열되어야 하고, 쉽게 접근이 가능하며, 대략 15~20개 정도가 좋은데 충분한 퍼펫은 창조성과 상상력을 준다는 것을 기억하는 것이 좋다. 그렇지만 너무 많은 퍼펫은 아동을 압도되게 만들어서 퍼펫을 고르지 못하게 하거나 퍼펫놀이를 함께 하지 못하고 회피하게 한다(Bromfield, 1995; Carter& Mason, 1998).

아동이 퍼펫을 선택할 때 시각적으로 긍정적 퍼펫 진열은 자기표현, 창조성,

상상력을 확장시킨다. 또한 치료사에게 발달적이고 규범적으로 적절한 퍼펫의 개입을 위한 플랫폼을 제공하게 한다.

❖ 내담자를 상징하는 퍼펫을 사용할 때의 기술

'숨기 퍼펫 기술'(Bow, 1993)에서는 퍼펫을 숨길 수 있는 용기(자루나 상자)나 퍼펫 자체가 숨을 수 있는 퍼펫, 예를 들면 거북이라든가 또는 모자 속에 있는 토끼 같은 것이 필요하다. 그러면 수줍음과 불안으로 저항하는 내담자가 숨어 있는 퍼펫이 은신처에서 나오도록 놀이치료사를 돕는 일에 참여하게 된다. 아동은 퍼펫의 불안을 언급함으로써 자신의 두려움과 필요를 표현할 수 있는 안전한 방법을 발견하게 되고(Prendiville, 2014), 퍼펫을 돕고자 하는 목적을 통해 놀이치료에 참여하게 된다.

초기 회기에서 불안하고 저항하는 내담자와 놀이치료실에서 또 다른 개입법을 사용할 수 있다. 두 개의 퍼펫을 정해서 하나는 내담자로, 다른 하나는 놀이치료사로 역할을 정한다. 퍼펫을 통해서 치료사는 놀이치료의 과정을 설명하고 놀이치료실의 규칙을 설명한다. 이때 아동 내담자 퍼펫은 자신이 생각할 수 있는 많은 질문을 하게 되고, 치료사 퍼펫은 질문에 대한 답을 해 주는 것이다. 그러고 나서 퍼펫들은 놀이치료실을 여기저기 둘러보면서 가능한 활동들을 확인한다. 이 기법은 아동이 놀이치료 세계의 지도를 예측해 볼 수 있게 하고, 퍼펫의 상호작용을 관찰하며 자신의 감정을 느끼게 한다. 아동이 흥미를 갖게 되면 놀이치료사는 퍼펫 하나를 아동이 조정할 수 있도록 줄 수 있다.

세 번째 기법으로는 독서치료를 통합시켜 책에 나오는 캐릭터 중에 상징적 내담자와 동일시할 수 있는 부분을 사용해 역할극을 하는 것이다. 몇몇 아동 도서는 퍼펫을 포함하여 이미 발행된 것들이다. 예를 들면, 『용감한 Bart(Brave Bart)』(TLC, 1998)는 작은 고양이 Bart가 Hanna를 도와서 외상에서 회복되는 이야기이며, 『Stellaluna』(Cannon, 2007)는 어린 박쥐가 사고로 엄마와 헤어지게 되는 이야기이다. 『Kissing Hand』(Penn, 2009)는 학교에 가기 위해 엄마와 떨어지는 것을 두려워하는 어린 너구리의 이야기이다. 아동은 자신의 이야기를 반영하는 주인공의 이야기를 통해 다른 사람을 알아 가는 여정을 무의식적으로 함께 공유하면서 힘을 얻는 것으로 보인다. 독서치료는 놀이치료사가 아동의 경험을 일반화하는 도구로, 아동의 어떤 경험에 대한 자신의 감정적 반응을 확대하고 동일시하면서 자신의 상황에 맞는 그럴싸한 해결책과 긍정적 결과를 가져다주는 데 사용한다(Perhsson, 2011). 독서치료와 퍼펫놀이를 결합함으로써 상징적인 내담자의 형태로 내담자의 이야기가 살아나게 된다. 이야기하는 사람으로서 놀이치료사는 아동 안에서 그리고 퍼펫으로 재현되는, 이야기 속에 펼쳐지는 드라마에서 공감적 증인으로 창조된다. 결국 이러한 기법들이 아동에게는 놀이를 통해 자신의 필요를 표현하게 하면서 동시에 직접적이면서도 간접적인 기술을 처방적이며 개별화된, 잠재적 치료법에 통합하게 한다.

❖ 사례 예시

Emily는 유아원 교사의 요청에 의해서 부모와 상담한 소아과 의사가 의뢰하여 놀이치료를 받게 된 5세의 조숙한 아이이다. Emily는 감정조절장애, 과민성, 감각적 방어, 부정적인 외현화 행동(언어적 폭발, 권위에 대한 반항, 또래에 대한 적대, 상황 통제, 때로는 신체적 폭력)의 문제를 가지고 있었다. 초기 단계의 가족 구조 평가에서 나는 Emily의 지배적인 모습과 비협조적인 행동, 그리고 도전과 구조에 저항하는 태도와 함께 퍼펫놀이에는 관심이 있다는 것에 주목했다. 나는 '두 퍼펫 기법'을 사용하기로 결심하고 놀이치료실과 그 구조를 Emily에게 설명했다. 놀이치료에 대해서 은유적으로 Emily에게 답을 하면서 놀이치료실을 견학시킬 때 퍼펫을 사용했는데, 퍼펫을 통해 상징적인 내담자를 사용하는 것이 긍정적인 치료 방법이 될 수 있을 것이라고 판단했다. Emily의 이야기와 관련하여 출판된 이야기를 찾지 못해서 '여우 씨는 슬퍼요'라는 제목으로 이야기를 쓰고 주인공으로 'Brer 여우'라고 하는 특정한 퍼펫을 사용했다. 이 이야기는 Emily의 선생님과 부모님이 용납할 수 없는 행동들을 자세하게 반영한다. 이야기에서 여우 씨는 자신은 정말로 친절하고 좋은 사람이 되고 싶은데 아무도 그것을 이해해 주지 못해서 슬프고 외로워한다. 현명한 올빼미는 여우 씨의 감정에 이름을 붙일 수 있도록 도와주고 감정을 다루는 새로운 방법들을 배우게 해서 어려움을 해결해 준다.

Emily는 여우 씨에게 관심을 보였고, 그의 이야기에 귀를 기울였다. 그리고 다양한 인형을 사용하여 연기를 하는 것을 지켜보았다. Emily는 퍼펫놀이에 직접 참여하는 것을 거부했지만 그 과정에서 보인 관심은 나에게 격려가 되었다. 몇 번의 비지시적인 놀이치료가 진행된 후 놀이치료실에 퍼펫들이 진열되어 있음에도 불구하고 Emily는 퍼펫들과 함께 노는 것을 선택하지 않았다. 그러나 다섯 번째 회기에서 Emily는 퍼펫놀이를 하기로 결정했다고 발표했다. Emily는 여우 퍼펫을 사용하라고 지시했다. 그리고 몇 가지 다른 동물 퍼펫을 선택해서 역할놀이를 했다. Emily는 '여우 씨는 슬퍼요'를 연출하였는데, 여우 씨의 역할과 다른 인형들과 순차적으로 상호작용을 하는 역할은 내가 하라고 지시했다. 일곱 번째 회기에서 Emily는 퍼펫놀이로 다시 돌아왔다. 이번에는 슬픈 여우 씨를 직접 묘사하기로 결정했다. Emily는 여우 씨가 슬프다고 다른 퍼펫들에게 이야기하며 그것이 비열한 말을 하게 만들었다고 말했다. Emily는 여우 퍼펫을 상징적인 고객으로 사용하여 자신의 감정을 식별하고 다른 사람과 있을 때 자신의 행동을 더 잘 관리하는 법을 배우기 위해 준비가 되었음을 표현하였다.

그다음 회기에서 우리는 이야기와 퍼펫을 사용해서 감정을 확인하고 감정조절 전략을 소개하는 시간을 가졌다. Emily는 인형을 선택하고 나를 이야기의 해설자로 지명하는 것을 통해 주도적인 역할을 유지하였지만, 퍼펫 인형을 통해 보여 준 다른 사람들에 대한 태도는 훨씬 부드러워졌다. Emily는 더 친절해졌고, 더 예측 가능해졌으며, 문제 사건들이 훨씬 줄어든 상태로 학교로 돌아갈 수 있었다.

참고문헌

Bow, J. N. (1993). Overcoming resistance. In C. E. Schaefer (Ed.), *The therapeutic powers of play* (pp. 17-40). Northvale, NJ: Jason Aronson.

Bromfield, R. (1995). The use of puppets in play therapy. *Child and Adolescent Social Work Journal, 12*(6), 435-444.

Cannon, J. (2007). *Stellaluna.* New York: Houghton Mifflin Harcourt.

Carter, R. B., & Mason, P. S. (1998). The selection and use of puppets in counseling. *Professional School Counseling, 1*(5), 50-53.

Irwin, E. C. (1993). Using puppets for assessment. In C. E. Schaefer & D. M. Cangelosi (Eds.), *Play therapy techniques* (pp. 83-90). New York: Jason Aronson.

Narcavage, C. J. (1997). Using a puppet to create a symbolic client. In H. Kaduson & C. Schaefer (Eds.), *101 favorite play therapy techniques* (p. 199). New York: Jason Aronson.

National Institute for Trauma and Loss in Children (1998). *Brave bart.* Albion, MI: National Institute for Trauma and Loss in Children.

Penn, A. (2009). *The kissing hand.* Terre Haute, IN: Tanglewood Publishing.

Perhsson, D.-E. (2011). Utilizing bibliotherapy in play therapy for children with anxiety and fears. In A. A. Drewes, S. Bratton, & C. E. Schaefer (Eds.), *Integrative play therapy* (pp. 207-224). New York: Wiley.

Prendiville, S. (2014). The use of puppets in therapeutic and educational settings. In E. Prendiville & J. Howard (Eds.), *Play therapy today* (pp. 97-112). London: Routledge.

아동에게 퍼펫놀이 상호작용을 통한 문제 해결 방법 가르치기[1]

제12장

– Carolyn Webster-Stratton, M. Jamila Reid[2]

  어린 아동들은 종종 자신의 문제에 비효율적인 방식으로 반응한다. 어떤 아동들은 울고 화를 내고 고함을 지르고, 다른 아동들은 때리고 물고 파괴적이 된다. 그리고 어떤 아동들은 부모나 선생님에게 고자질을 하거나 거짓말을 한다. 이러한 정상적이나 반사회적인 반응은 아동들이 문제에 대한 만족스러운 해결책을 찾는 것에는 거의 도움이 되지 않는다. 아동들은 사실 새로운 것을 만든다. 연구에 따르면 계속해서 아동이 부적절한 전략을 사용하는 이유는 자신의 감정을 관리하고 문제 해결을 하는 더 적절한 방법을 배우지 않았기 때문에 부적절한 전략을 통해 단기적으로 자신이 원하는 것을 얻게 되는 것이라고 한다.

  '놀라운 시대' 공룡 소집단 치료와 아동을 위한 교실 예방교육과정을 통해 무작위 연구에 의해서 보여 준 결과는 이 교육과정을 통해 아동의 정서적 언어, 사회적 기술, 학교 준비 및 적절한 문제 해결의 능력(Webster-Stratton, Reid, &

---

1) 이 장의 그림들은 David Mostyn에 의해 그려졌고 '놀라운 시대(Incredible Years)' 프로그램의 허락하에 재사용되었다.

2) Carolyn Webster-Stratton은 이 공룡 프로그램(Dinosaur Programs)을 위해 자신이 훈련과 교육적 자료들을 제공하였는데, 긍정적인 리뷰로 인해서 재정적으로 이득을 얻을 수 있다고 하며 잠재적인 이해 상충의 부분이 있음을 설명하였다. 이러한 부분은 워싱턴 대학교에 알려졌으며 연방정부와 대학 정책에도 일관되게 적용되었다. M. Jamila Reid 또한 '공룡 소집단과 교실 프로그램'에서 치료사들을 훈련시키고 '놀라운 시대' 회사를 위해 일하고 있다.

Stoolmiller, 2008)이 향상되었고, 행동 문제, 과잉활동, 가정과 학교에서의 부주의(Webster-Stratton & Hammond, 1997; Webster-Stratton & Reid, 2005, 2016; Webster-Stratton, Reid, & Beauchaine, 2013; Webster-Stratton, Reid, & Hammond, 2001, 2004)의 감소가 있음을 보여 준다. 이 교육과정은 관련한 다른 논문들(Webster-Stratton & Reid, 2003, 2005, 2008a, 2008b)뿐 아니라 『놀라운 선생님들: 아동들의 사회적, 정서적, 학업적 능력 육성(Incredible Teachers: Nurturing Children's Social, Emotional, and Academic Competence)』이라는 제목의 책에서 구체적으로 설명되어 있다(Webster-Stratton, 2012).

이 장에서는 아동들에게 정서조절과 문제 해결 능력을 가르치기 위해 '놀라운 시대' 공통 프로그램에서 퍼펫을 어떻게 사용하는지에 초점을 맞출 것이다. 이 프로그램에서 퍼펫은 다른 문화와 성별에 따라 옷을 갈아입는 아동 크기의 큰 인형이다. 이 퍼펫은 다양한 발달 문제를 표현하기 위해 아동들처럼 기후와 지역 관습에 따라 옷을 정기적으로 바꾸어 입는다. 예를 들어, 집단과 함께 처리해야 하는 문제일 경우에 일부 아동 퍼펫은 안경을 착용하거나 보청기를 착용한다. 그렇지만 제한된 예산을 사용하는 치료사는 작은 인형을 사용할 수 있다. 실제로 입이 움직이는 퍼펫들은 어떤 것이든 거의 가능하다. 4~8세의 어린 아동들은 인형에 매료되어 고통스럽거나 민감한 문제에 대해 어른보다는 훨씬 쉽게 이야기한다.

❖ 문제 해결의 첫 단계: 느낌의 이해와 식별 그리고 감정 조절

느낌과 문제 사이의 연결에 초점을 맞추는 것이 문제 해결의 시작 단계이다. 치료사는 퍼펫을 사용하여 아동이 분노, 좌절, 슬픔, 두려움 또는 외로움과 같은 불편한 감정을 이해하도록 돕는다. 아동들의 감정은 해결해야 할 문제가 있다는 것을 알려 주는 표시라는 것을 이해하도록 하는 것이다. 이 나이의 아동들은 시각적 사고를 하며 상상놀이를 좋아하기 때문에 아동의 정서적 언어와 자기조절 능력을 향상시키는 방법은 바로 이야기와 퍼펫을 사용하는 것이다. 퍼펫은 아동이 다른 캐릭터가 경험하는 감정을 이해할 수 있도록 역할 연기를 할 수 있다(조기 공감 발달). 퍼펫은 아동들과 함께 이야기를 하고 감정을 탐색하며, 불편한 감정을 대처할 수 있는 방법을 탐구한다. 퍼펫은 소외감을 느끼거나, 다른 아동들에게 놀림을 당하거나, 읽기를 배우는 데 어려움을 겪어 좌절하거나, 친구를 초대하는 것에 대해 걱정하거나, 부모가 새 신발을 사 주지 않아 화가 나거나, 부모가 싸우는 것에 대해 걱정하는 것과 같은 감정을 이야기하게 하는 모델이다. 퍼펫은 또한 긍정적인 감정, 즉 자전거 타는 법을 배우는 것에 자부심을 느끼거나, 드럼을 연주하는 것을 기쁘게 생각하거나, 가만히 앉아 있는 것에 대해 칭찬을 받거나, 읽는 법을 배운 것에 대해 흥분하는 것에 대해서도 이야기한다. 예를 들어, 퍼펫 Wally(놀라운 시대 공룡이라는 아동 사회 기술 프로그램에서 사용된 캐릭터)는 "**오빠가 내 비행기를 가지고 가서 부서뜨려서 나는 화가 났어.**"라고 말하며 자신의 감정을 나눌 수 있다. Wally가 화가 났다고 말하면서 자신의 감정을 공유할 수 있는 것이다. 치료사는 Wally에게 마음을 진정시키게 하는 비밀 중에 하나를 사용할 수 있냐고 물어보면서 반응을 한다. Wally는 "**그럼요. 저는 큰 숨을 세 번 쉬어야 한다고 깨달았어요. 제가 세 번 숨을 쉴 수 있도록 도와줄 수 있어요?**"라고 답을 한다. 아동과 퍼펫은 깊은 숨을 몇 번 함께 쉬고 침착하게 만드는 자기대화를 사용하는 연습을 한다. "**나는 침착해질 수 있어. 나는 나를 행복하게 느끼게 하는 강아지를 생각할 거야.**" 치료사는 이 연습을 몇 번 한 후에 Wally와 아동이 진정하기 위한 연습을 한 것에 대해 칭찬하며 말한다. "**너는 Wally가 복식 호흡을 통해 마음이 진정되도록 도와주었어. 숫자를 세었고 자신에게 침착해질 수 있다고 말하고 행복한 장소를 생각해 내었어. 너는 여동생이나 친구 때문에 화가 났을 때도 이 아이디어를 사용할 수 있을 것 같아?**"

아동들은 많은 시나리오를 퍼펫과 함께 사용하여 자신의 불편한 감정에 대해서 말하기를 연습할 수 있다. 그리고 차분해지는 생각, 긍정적인 이미지, 심호흡을 연습한다. 다음은 몇 가지 예문의 대화이다. 퍼펫을 통해 긍정적인 느낌과 부정적인 느낌을 표현할 때 아동들에게 다음과 같이 말하며 사용한다.

"나는 이 타워를 짓는 일 때문에 좌절감을 느껴. 그렇지만 넘어지면 심호흡을 하고 다시 시도할 거야."

"나는 결국 타워를 세울 수 있어서 아주 자랑스러워."

"목욕탕에서 노는 것에 대해 너무 신이 나. 너는 어때?"

"나는 내 친구 Molly랑 노는 게 재미있어. 너는 누구랑 노는 것이 재미있니?"

"나는 엄마랑 놀이터에 갈 수 없어서 실망했어. 나는 나의 행복한 장소를 생각할 거야."

"다른 아동들이 함께 놀지 못하게 할 때 나는 소외감과 외로움을 느껴. 너도 그렇게 느껴 본 적 있어?"

"내 물고기가 죽어서 슬퍼. 너는 반려동물이 죽어 본 경험이 있어?"

❖ 문제 식별과 해결책을 위한 브레인스토밍

치료사는 아동들에게 정서적 언어와 진정 전략을 가르친 후, 퍼펫을 사용해서 아동들에게 기본적인 문제 해결 단계를 가르치기 시작한다. 아동들에게 처음으로 문제 해결 단계를 가르칠 때는 아동들이 갈등을 경험하고 있을 때가 아니라 침착할 때 실질적으로 가르쳐 주어야 한다. 첫 번째 단계는 문제 식별 및 해결책을 위한 브레인스토밍에 중점을 둔다.

1. 내 문제는 무엇인가? (관련된 문제와 감정 정의하기)
2. 해결책은 무엇인가? 더 많은 해결책을 생각해 보라! (브레인스토밍)

3~8세 아동의 경우 문제를 식별하는 단계와 친사회적 해결책을 찾아내는 것을 배우고 실천하는 것이 핵심적인 기술이다. 아동들은 나중에 그 결과를 평가하고 해결책을 적용하는 후속 단계를 배우게 된다. 각 해결책에 대해 가능한 결과를 미리 생각하는 능력은 아동의 인지발달의 중요한 단계인데, 과잉활동적이고 충동적이며 아주 어린 아동들에게는 매우 어렵다.

퍼펫은 실제 아동이 첫 번째 문제 해결 단계와 삶에 대한 문제 해결의 토론에 참여할 수 있도록 모델링을 하는, 매우 효과적인 교육 기법이다.

아동과 문제 해결 토론을 시작하는 재미있는 방법은 아동에게 '탐정'이 되어 퍼

[그림 12-1]　1. 내 문제는 뭐지?

펫 친구가 가지고 있는 문제를 해결하라고 요청하는 것이다. 퍼펫은 풀기 원하는 특정한 문제에 대해서 아동에게 이야기한다. 이때의 문제 시나리오는 아동의 실제 문제와 유사하게 선택된다. 퍼펫이 연기할 수 있는 문제 시나리오 샘플은 다음을 포함한다.

Wally, Molly와 같은 퍼펫 친구들은 아동들에게 다음 문제들을 해결하는 데 도움을 요청한다.

- Wally는 자신이 잘못해서 선생님이 준 행동 차트를 집에 가지고 온 것을 두려워한다.
- Wally는 자신과 놀아 주지 않는 친구들과 학교 운동장에서 싸움을 했다.
- Molly는 TV 시청을 위해 어떤 채널을 볼 것인지를 놓고 Wally와 싸워서 타임아웃을 처벌받았다.

- Molly는 대부분의 아이들이 참석하는 파티에 초대받지 못했다.
- Wally는 부모님이 야구 글러브를 사 주지 않아서 친구의 것을 집으로 가지고 왔다.
- 타조 Oscar는 부모님이 다투어서 무서워 모래 속에 머리를 숨긴다. 그는 부모님이 자기 때문에 싸운다고 생각한다.
- 작은 거북이는 자기에게 화를 내는 어른을 두려워한다.
- Wally는 곤경에 처하게 될까 봐 거짓말을 한다.
- Wally는 놀림을 당하기 때문에 학교에 가기가 싫다.
- 개구리 Freddy는 과잉활동적이고 충동적이고 뛰어다닌다. 그는 다른 아이들이 자기 때문에 화가 난 것을 알게 된다.

문제의 정의: 퍼펫은 아동들에게 문제에 대해 이야기한다. 아동들은 문제를 듣고 퍼펫이 어떤 느낌인지 추측하고 문제를 자신의 말로 이야기한다. "Willy, 너는 엄마가 가서 슬픈 것 같아. 너는 돌보미와 함께 있기를 원치 않는구나."

치료사는 문제를 정의한 후 퍼펫이 해결책을 생각하도록 다음 단계로 아동들을 초대한다. 퍼펫의 문제를 해결하기 위해 그들이 할 수 있는 한, 최대한 다양한 해결책을 생각하도록 권장한다. 브레인스토밍 과정은 재미있으며 문제 해결을 위해 하나 이상의 합리적인 방법이 있다는 것을 종종 깨닫게 해 줌으로써 아동들이 유연한 사고를 할 수 있게 해 준다. 치료사는 아무리 아동들의 아이디어가 어리석어 보이더라도 그들의 생각을 비판하거나 편집하지 않는 것이 중요하다. 대신에 상상력이 풍부한 사고를 장려하고 창의적인 해결책을 모델링하는 데 퍼펫을 사용하고 Wally의 문제를 해결하려고 시도하는 아동들을 칭찬하는 것이 필요하다. 특히 **다양한** 해결책을 칭찬해 주는 것이 도움이 된다(예: "**좋아, 그것은 정말 다른 아이디어구나.**"). 이는 더 다양한 해결책을 찾도록 아동들을 장려한다.

만약 아동들이 해결책을 찾는 데 어려움을 겪고 있다면, Wally는 몇 가지 아이디어를 제안하거나 다른 아이디어를 얻기 위해 **Wally의 해결책**을 확인해 보도록

[그림 12-2]   2. 해결책이 뭐지?

[그림 12-3]   3. 다른 해결책은 뭐지?

요청할 수 있다. 이 해결책에는 다음과 같은 다양한 해결책의 그림이 있다. 예를 들면, 멀리 떨어져 걷기, 기다리기, '부탁해요'라고 말하기, 다른 것을 하기, 교환하기, 나누기, 도움을 요청하기, 감정에 대해 말하기, 무시하기, 정중하게 물어 보기, 침착하기, 행복한 장소를 생각하기, 심호흡하기, 실수 인정하기, 사과하기, 칭찬하기, 용서하기 등이다.

그다음에는 무슨 일이 일어날까

[그림 12-4] 도움을 요청하기

[그림 12-5] 나누기

해결책 연기하기

아동들이 다양한 해결책에 대해 토론하거나 해결책 상자에서 해결책을 선택 하면 부모나 교사가 Wally에게 선택된 해결책이 어떻게 생겼는지 보여 달라고 요청한다([그림 12-4] 및 [그림 12-5] 참조). 아동들이 손 퍼펫이나 장난감 캐릭터 로 이러한 해결책을 연기하게 하면 재미있다. 예를 들어, 아동들이 놀림을 당하 는 문제에 대해서 가능한 해결책으로 '제발 그만해'와 '무시하기'를 제안했다면 Wally에게 어떻게 그것을 할 수 있는지 보여 달라고 요청한다. 퍼펫은 놀리는 아 동의 역할을 할 것이다(아동에게는 절대로 부정적인 행동을 요청하지 않는다). 아동 은 자신이 어떻게 말할지를 보여 준다. "나를 놀리는 것은 그만해."라고 말하고 나서 멀리 걸어간다. 아동들은 이런 '놀이'에 참여하는 것을 좋아하며, 연습은 해결책을 수행하는 행동과 말을 경험하도록 돕는다. 행동 연습은 이론적인 인지적 토의를 하기보다 아동이 실제적으로 배우게 하고 새로운 문제 해결 행동을 사용하는 것으로, 아동에게는 훨씬 더 중요하다.

이때 아동의 발달 수준 및 주의력 범위에 맞추어 문제 해결 연습을 유지하는 것이 중요하다. 대부분의 어린 아동들은 한 회기에서 하나 또는 두 개의 해결책으로 퍼펫을 돕는 것을 좋아한다. 그러고 나면 다른 활동으로 넘어갈 준비가 된다. 퍼펫과 함께 문제 해결 연습을 한 후에 자유로운 놀이 환경에서 아동과 퍼펫을 놀게 하고 아동이 퍼펫과 사용할 수 있는 모든 친절한 해결책을 언급해 주는 것도 유용할 수 있다. 예를 들면, "Wally는 그 블록을 원했고 너는 그것을 주었어. 그것은 정말 친절한 해결책이구나." 또는 "Wally가 사용하고 있는 차를 너도 원했지. 그런데 너는 기다리고 있었어. 그것은 대단한 해결책이야." 등이다.

문제 해결 예문

다음은 감정과 문제를 식별하고 해결책을 만들어 낸 초등학교 학생에게 잘 맞는 예문이다.

 퍼펫용 예문: '놀림당한 Wally'

Wally: 오늘 학교에서 아이들이 저를 놀리며 원숭이 얼굴이라고 불렀어요!

치료사: 기분이 어땠니?

Wally: 너무 화가 나서 똑같이 그 아이들에게 말해 주었어요!

치료사: 그 해결책에 대해 어떻게 느꼈어?

Wally: 별로 좋지 않아요. 저에게 바보라고 했고 그래서 저는 같이 놀 수 없다고 했어요.

치료사: 더 좋은 결과를 가져올 수 있는 다른 해결책이 있었는지 궁금하네. 이 아이들에게 그들의 생각을 물어보고 싶어?

Wally: 그런 것 같아요. 하지만 이 아이들은 전혀 놀림을 당하지 않잖아요.

치료사: 오, 선생님 생각엔 모든 아이가 가끔 놀림을 받는 것 같아.

Wally: 정말요? 선생님이 놀림받을 때 아이들은 어떻게 느끼나요?

치료사: (학생들이 자신의 감정에 이름표를 붙이도록 권장)

치료사: 글쎄, 그런 감정은 문제가 있다는 것의 단서인 것 같아. 이해가 되니? 그럼 Wally는 그 문제를 어떻게 설명하고 싶어?

Wally: 문제는 아이들이 놀리기 때문에 제가 정말 화가 났다는 거예요.

치료사: 맞아. 이제 그 문제를 해결하기 위해 무엇을 할 수 있을까? 문제 해결을 위한 행동에 대한 해결책이나 선택할 수 있는 것은 무엇이 있을까? (학생들이 해결책을 생각하도록 격려받는다. 예를 들면, 무시하고 멀리 걸어가기, 대답을 유머러스하게 하기, 심호흡하고 진정하기, 감정을 설명하기 등이다.)

치료사: Wally, 이 아이들은 문제 해결을 위한 훌륭한 형사야. 그들이 생각해 낸 모든 해결책을 봐.

Wally: 그 해결책을 연습할 수 있을까요? 왜냐면 저는 아직 어떻게 해야 할지를 잘 모르겠어요.

치료사: 좋아. 누군가 너를 괴롭힐 때 어떻게 반응해야 하는지, 방법을 보여 줄 두 아이를 선택해 보자. 그리고 Wally는 놀리는 사람이 되어 줘, 알았지? (두 명의 학생이 자원한다.)

Wally: 웃겨, 웃겨, 넌 원숭이 얼굴!

학생: (토의한 해결책의 역할극을 함)

Wally: 와우, 멋있었어. 내가 놀렸을 때 너희들로부터 반응을 못 얻었어. 재미가 하나도 없었어. 다음번에 누군가 나를 놀리면 나도 그렇게 해 볼 거야. 너희들에게 어떤 일이 있었는지 알려 줄게.

너의 해결책은 공정하니?

해결책의 결과 평가

아동들이 문제를 식별하고 해결책을 위한 브레인스토밍을 이해한 후에, 결과를 생각함으로써 자신들의 해결책을 평가할 수 있다. 퍼펫과 아동들은 '그다음에는 무슨 일이 일어날까?'라는 결과와 자신들의 해결책들이 좋은 결과나 나쁜 결과를 가져올 수 있다는 것도 알게 된다.

❖ <u>그다음에는 무슨 일이 일어날까</u>

해결책이 좋은 것인지에 대한 여부를 결정할 때 사용하는 세 질문이 있다. 내 해결책은 안전한가? 공정한가? 그것이 좋은 감정이나 괜찮은 감정으로 이어지는가?

[그림 12-6]　4. 그다음에는 무슨 일이 일어날까? (결과)

다음 예문은 Wally의 놀림을 당하는 시나리오에서 문제 해결의 평가 단계에 추가된다.

다음 회기

Wally: 있잖아요, 누군가가 또 저를 놀리고 제가 멍청해서 공도 못 차겠다고 말하더라고요. 제가 뭘 했는지 알아요?

치료사: 말해 봐, Wally.

Wally: 음, 저는 정말 화가 났고요, 놀림당한 것에 대해 어떻게 느꼈는지에 대해 말해야 한다는 것을 알고 있었지만, 저는 그렇게 할 수 없었어요. 그래서 저는 숨을 크게 들이마셨어요. 저는 진정할 수 있었어요. 그리고 속으로 생각했어요. '나는 그 아이에게 어떤 관심도 기울이지 않을 거야. 나는 그 아이보다 더 강해질 수 있어.' 그리고 저는 멀리 걸어가서 같이 놀 다른 아이를 찾았어요.

치료사: 그렇게 하고 나서 기분이 어땠어?

Wally : 오, 제가 너무 멋있어서, 강하다고 느껴졌어요.

해결책이 좋은 느낌으로 이어집니까?

치료사: (학생들에게) Wally가 어떻게 했다고 생각하니? Wally의 해결책은 공정한 것 같니? 그것이 좋은 감정으로 이어졌니? 안전했니?

많은 어린 아동은 이전 단계에서 상당한 연습을 하기 전까지는 결과를 평가할 준비가 되지 않을 것이다. 아동이 해결책을 평가할 준비가 되었을 때, 퍼펫은 만약 해결책 중 하나를 시도한다면 어떤 일이 일어날지 아동에게 물어본다. 예를 들어, 만약 아동이 장난감을 되찾기 위해 '잡기'나 '때리기'를 제안했다면, 치료사는 아동에게 가능한 결과를 고려하도록 질문을 함으로써 도와준다. "**만약 네가 공을 멀리서 잡았을 때 다음에 어떤 일이 일어날지 상상해 보렴.**" 아동들은 친구를 잃거나, 말썽을 부려 선생님께 문제가 된다든가, 싸움에 연루되는 것을 상상할 것이다.

비록 아동이 제안한 해결책이 부적절한 것이라 하더라도 무비판적인 방법으로 토의가 진행되어야 한다. 만약 아동들이 자신의 해결책에 대해 비판을 받는다고 느낀다면, 다음에는 아이디어 제안을 회피해 버릴 수도 있다.

그다음, 아동들은 친구에게 정중하게 장난감을 돌려 달라고 부탁하거나 나누어 주겠다고 제안하는 등과 같은 다른 해결책의 가능한 결과를 상상하도록 요청받는다. 이것은 장난감을 되찾는 결과를 가져올 수도 있다. 이때 친사회적 해결책이 효과적이지 않을 수도 있다는 것을 고려해 보는 것도 중요하다(어쩌면 아동이 친절하게 요청을 해도 장난감을 돌려주지 않을 수도 있다). 종종 아동들은 계획에 따라 일이 진행되지 않을 때 화가 나거나 놀란다. 가능한 결과를 미리 예측하는 방법을 배우는 것은 아동들이 실망에 대처하는 것에 도움이 될 수 있다. 해결책에 대한 평가는 문제 해결의 중요한 부분이다. 그러나 부담스럽거나 강제적인 활동이 되지 않도록 확실히 해야 한다. 아동들이 모든 해결책의 결과에 대해 토론할 필요는 없다.

 퍼펫용 예문: 'Felicity가 어떤 것을 훔치다.'

Felicity(퍼펫): 저, 오늘 문제가 있어서 왔어요. 저는 도움이 필요해요.

치료사: 이 아이들은 훌륭한 문제 해결사란다. 나는 그들이 도울 수 있다고 확신한단다.

Felicity: 이번 주에 학교에서 저는 어떤 일을 했어요. 제 친구 Ruby는 이 봉제 동물 인형을 가지고 있었고 그것을 사물함에 넣어 뒀어요. 그런데 저는 정말 그런 인형을 원했어요. 그래서 그냥 그것을 가지고 와 버렸어요! 그것은 특별한 동물이었기 때문에 Ruby는 정말 화가 났어요.

치료사: 그다음에는 어떻게 되었니?

Felicity: 음, 선생님이 "누가 Ruby의 동물을 데려갔니?"라고 물으셨어요. 나는 말하고 싶지 않아서 거짓말을 하고 "나는 아니야."라고 말했어요. 만약 Ruby가 그 사실을 알게 된다면 저는 정말로 큰 곤경에 빠질 거라고 생각했어요. 그 동물을 데려가지 말았어야 했다고 알고 있지만 Ruby가 제가 한 것을 알게 되면 친구로서 Ruby를 잃게 될 거라고 생각했어요. 그리고 선생님은 집에 쪽지를 보내실 거고, 저는 부모님한테 혼날 게 분명해요.

치료사: 음, 너는 Wally가 좋은 결과를 가져오는 해결책을 선택해야 한다는 것을 알지? 너는 두 가지 해결책을 가지고 있는 것 같아. 하나는 너무 갖고 싶어서 동물 인형을 네가 가지고 갔지. 그리고 너는 무서워서 거짓말을 했어. 그러면 이 두 가지 해결책의 결과에 대해 생각해 보자.

학생: (학생들은 왜 그녀의 해결책이 안전, 공평함, 좋은 감정의 측면에서 최고의 방법이 아닌지에 대해서 브레인스토밍을 하라.)

Felicity: 그렇군요. 그래서 저는 두 가지 나쁜 해결책을 사용했고, 거짓말을 했기 때문에 한 가지 문제를 두 개로 나눴네요. 이제 어떻게 할까요?

학생: (실수 인정하기, 선생님과 Ruby에게 말하기, 사과하기, 동물을 돌려주기와 같은 해결책을 제시하라.)

Felicity: 저한테 실망했나요? 제가 정말 그런 것 같아 끔찍해요?

치료사: 글쎄, Felicity, 모든 사람은 누구나 때때로 실수를 해. 학생들은 Felicity에 대해 어떻게 느끼지?

학생: (그들의 마음을 전한다.)

Felicity: 글쎄, 저는 제 잘못을 인정할 만큼 강하지 못할 것 같아 걱정이 돼요. 그걸 우리가 연습할 수 있을까요?

치료사: 물론이지. 선생님이 될 사람과 Ruby가 될 사람 그리고 Felicity가 될 사람을 정하자. (학생은 Ruby와 선생님에게 실수를 인정하고 결과를 경험하는 역할극을 한다.)

Felicity: 좋아요, 이제 한번 해 볼게요. 제가 어떻게 하는지 보세요. "Ruby, 내가 네 인형을 가져가서 정말 미안해. 여기 돌려줄게. 내가 가지고 가지 말았어야 했어. 잘못한 것에 대해서 나는 보상해 주고 싶어. 한동안 내 장난감 중에 하나

> 를 가지고 노는 것이 어때? 너는 우리가 여전히 친구가 될 수 있다고 생각해?"
>
> "글쎄, 내가 어떻게 해야 했지?"

이 예문에서, 치료사와 퍼펫은 다른 사람의 시각과 느낌에 대해 생각하고 실수를 인정하고 사과하고 용서하는 것을 생각하도록 장려했다. 아동들에게는 부적절한 해결책이 아닌 친사회적 해결책만 실천하도록 해야 한다. 부적절한 해결책의 결과를 배역으로 맡아야 할 때는 아동이 아니라 퍼펫이 나쁜 점을 보여 주는 사람이 되어야 한다.

❖ <u>요약</u>

- 퍼펫을 사용하여 가상의 문제 시나리오를 제시하여 아동이 문제 해결 연습에 참여하게 한다.
- 퍼펫을 이용해 감정에 대해 이야기하고 아동들이 문제를 분명하게 정의하고 관련된 감정을 인식하도록 모델링한다.
- 미취학 아동의 경우, 퍼펫을 사용하여 아동들이 다양한 해결책을 생각하는 데 집중할 수 있도록 돕는다.
- 아동들이 해결책을 연습하고 퍼펫에게 무엇이 해결책인지 보여 줄 수 있도록 돕는다.
- 퍼펫을 사용하여 아동이 생각한 해결책 중 하나를 선택해서 적용하는 것을 시연한다.
- 초등학생의 경우, 퍼펫을 사용하여 여러 가지 결과를 곰곰이 생각해 보는 데 초점을 맞추어 인형이나 아동이 최선의 해결책을 선택할 수 있도록 돕는다.
- 퍼펫을 이용한 해결책이 성공적이지 않을 때 아동들이 다음에 무엇을 해야 할지 예상할 수 있도록 돕는다.
- 문제 해결 시나리오를 적용할 때 재미있고 흥미롭게 만들며, 아동들의 아이

디어와 해결책에 대해 칭찬한다.

- 자신과 퍼펫으로 효과적인 문제 해결법을 모델링한다.
- 아동들에게는 정답을 맞추기보다는 갈등에 대해 생각하는 법을 배우는 과정
이 더 중요하다는 것을 기억해야 한다.

참고문헌

Webster-Stratton, C. (2012). *Incredible teachers: Nurturing children's social, emotional, and academic competence*. Seattle: Incredible Years Inc.

Webster-Stratton, C., & Hammond, M. (1997). Treating children with early-onset conduct problems: A comparison of child and parent training interventions. *Journal of Consulting and Clinical Psychology, 65*(1), 93–109.

Webster-Stratton, C., & Reid, M. J. (2003). Treating conduct problems and strengthening social emotional competence in young children (ages 4–8 years): The Dina Dinosaur treatment program. *Journal of Emotional and Behavioral Disorders, 11*(3), 130–143.

Webster-Stratton, C., & Reid, M. J. (2005). Treating conduct problems and strengthening social and emotional competence in young children: The Dina Dinosaur Treatment Program. In M. Epstein, K. Kutash, & A. J. Duchowski (Eds.), *Outcomes for children and youth with emotional and behavioral disorders and their families: Programs and evaluation best practices* (2nd ed., pp. 597–623). Austin, TX: Pro-Ed, Inc.

Webster-Stratton, C., & Reid, M. J. (2008a). Adapting the incredible years child dinosaur social, emotional and problem solving intervention to address co-morbid diagnoses. *Journal of Children's Services, 3*(3), 17–30.

Webster-Stratton, C., & Reid, M. J. (2008b). Strengthening social and emotional competence in socioeconomically disadvantaged young children: Preschool and kindergarten school-based curricula. In W. H. Brown, S. L. Odom, & S. R. McConnell (Eds.), *Social competence of young children: Risk, disability, and intervention* (pp. 185-203). Baltimore: Paul H. Brookes Publishing Co.

Webster-Stratton, C., & Reid, M. J. (2017). The incredible years parents, teachers and children training series: A multifaceted treatment approach for young children with conduct problems. In A. E. Kazdin & J. R. Weisz (Eds.), *Evidence-based psychotherapies for children and adolescents* (3rd ed., pp. 122-141). New York: Guilford Publications.

Webster-Stratton, C., Reid, M. J., & Beauchaine, T. P. (2013). One-year follow-up of combined parent and child intervention for young children with ADHD. *Journal of Clinical Child and Adolescent Psychology, 42*(2), 251-261.

Webster-Stratton, C., Reid, M. J., & Hammond, M. (2001). Social skills and problem solving training for children with early-onset conduct problems: Who benefits? *Journal of Child Psychology and Psychiatry, 42*(7), 943-952.

Webster-Stratton, C., Reid, M. J., & Hammond, M. (2004). Treating children with early-onset conduct problems: Intervention outcomes for parent, child, and teacher training. *Journal of Clinical Child and Adolescent Psychology, 33*(1), 105-124.

Webster-Stratton, C., Reid, M. J., & Stoolmiller, M. (2008). Preventing conduct problems and improving school readiness: Evaluation of the incredible years teacher and child training programs in high-risk schools. *Journal of Child Psychology and Psychiatry, 49*(5), 471-488.

제13장 퍼펫을 통한 스토리텔링: 거북이 기술[1]

– Pam Dyson

❖ 소개

이야기와 퍼펫은 아동들과의 의사소통의 문을 열 수 있는 강력한 학습도구이다. 아동치료사들은 종종 다양한 퍼펫을 놀이치료실에 가지고 있지만 아동들이 감정을 식별하고 문제를 해결하도록 돕는 데 있어서 퍼펫 인형의 귀중한 가치를 아직 탐색하지 않았다(Irwin, 1993). 치료사들은 때때로 아동들이 이야기를 할 때, 아동들의 좌절과 내적 갈등에 대한 통찰을 얻을 수 있고(Gardner, 1971) 치료사들이 퍼펫을 통해 그들을 지원해 줄 수 있다는 사실을 간과한다. 이 장에서는 거북이 기술을 어떻게 스토리텔링과 결합하여 아동들이 자제력을 배우고 사회적 감정 기술을 발달시키도록 도울 수 있는지를 설명할 것이다.

❖ 거북이 기술의 너트와 볼트

거북이 기술은 거북이가 위협을 느낄 때 등껍질 안으로 들어간다는 은유를 사용한다. 아동은 강한 감정이나 좌절감에 압도당했다고 느낄 때 상상의 껍질 속

---

[1] 이 장에 기술된 사례는 여러 사례를 종합한 것이다. 실제 클라이언트와 일치하는 세부 정보가 없도록 변경되었다.

에 들어가는 것을 배울 수 있다(Robin & Schneider, 1974). 거북이 기술에는 다음 세 단계가 포함된다.

- 화가 날 때 상상의 껍질 안으로 들어가는 것
- 껍질 안에 있는 동안 긴장을 푸는 것
- 문제의 해결책을 생각하기 위해 껍질 밖으로 나오는 것(Schneider, 1974)

내 경험에 의하면 거북이 기술은 4~8세 아동들에게 가장 적합하며 거북이 퍼펫을 사용할 때 최고로 잘 배운다.

퍼펫은 어린 아동들을 참여시키고 사회성을 강화시키며 좌절감을 관리하는 데 중요한 역할을 한다(Feindler, 2009). 개인이나 소집단 아동들에게 퍼펫을 사용할 때, 퍼펫 인형과 교감하는 법을 아동들에게 모델링하는 것이 중요하다. 이것은 세 가지 기초 단계로 이루어진다.

- 퍼펫에게 말하라.
- 퍼펫을 위해서 말하라.
- 아동에게 퍼펫과 이야기하게 하라. (Sharapan, 2016)

만약 당신이 거북이 인형에게 말하는 것을 본다면, 아동은 거북이 인형에게 더 자발적으로 이야기하게 될 것이다. 당신이 거북이에게 질문을 하고 거북이가 반응하게 한다면, 아동은 그 대화에 참여하게 될 것이다. 아동이 처음 두 단계에서 편안하게 보이면 거북이가 아동에게 직접적으로 이야기하는 것을 그다음 단계로 고려할 수 있다.

일단, 아동이 거북이 퍼펫과 편안해지면 상호적인 이야기를 펼칠 수 있게 된다. 기본적인 이야기의 줄거리는 다음과 같다.

- 나에게 어떤 일이 일어났는가

• 나는 무엇을 했는가
• 내가 다음에 할 수 있는 것은 무엇인가

　아동들은 종종 어른과 나눌 때 불편할 수 있는 것을 퍼펫에게는 이야기한다. Folkmanis Puppets은 머리를 껍질 속에 넣을 수 있도록 현실감 있게 만든 거북이 퍼펫을 포함한 다양한 인형을 판매하는 회사이다([그림 13-1] 참조).

[그림 13-1]　Folkmanis의 거북이 퍼펫

사진: John Dyson.

　이 거북이 퍼펫은 내 놀이치료실에서 가장 인기 있는 퍼펫이다. 거북이 퍼펫들은 구매할 필요가 없는데, 저렴하고 찾기 쉬운 재료들을 사용해서 수공예로도 만들 수 있기 때문이다. 나는 종종 작은 종이컵, 점보 공예용 막대, 스티커, 그리고 접착제가 붙어 있는 움직이는 눈을 가지고 아동들에게 거북이 퍼펫을 만들어 보게 한다([그림 13-2] 참조).

[그림 13-2] 퍼펫 만드는 재료

사진: John Dyson.

　가위는 건축용지로 싼 컵 바닥에 작은 구멍을 뚫을 때 사용한다. 마커로 얼굴이 그려져 있고 움직이는 눈이 있는 스티커를 공예용 막대의 끝에 붙인다. 그리고 다른 쪽 끝은 작은 구멍에 삽입한다. 아동은 공예용 막대를 위아래로 밀어서 컵 안으로 들어갔다 나왔다가 하면서 거북이가 껍질 안에 들어갔다 나갔다 하는 것을 나타냈다([그림 13-3] 참조).

　아동들은 스스로 만든 것을 소중히 여긴다. 아동이 자신의 거북이 퍼펫을 만들 때 스토리텔링이나 문제 해결의 상황이 있을 때 그것을 더 창의적으로 사용할 가능성이 더 많아진다.

　거북이 기술은 분노조절에만 국한되지 않는다. 아동들이 불안감을 일으키는 상황에서 사용할 수 있도록 기술을 변형하여 적용한 것도 성공적이었다. 한 아동은 거북이 기술을 그녀의 부모님이 서로 다툴 때 사용했다. 또 다른 아동은 천둥 번개가 칠 때 그것이 도움이 된다는 것을 알았다.

[그림 13-3] 거북이 막대 퍼펫

사진: John Dyson.

❖ 사례 설명

　나는 선생님의 건의에 따라 6세의 남자 유치원생인 John을 그의 부모님으로부터 소개받았는데, 유치원에서 분노 표출과 또래에게 표현하는 공격적 언사 문제를 가지고 있었다. John은 좌절감을 조절하지 못하고 사회적 기술이 부족해서 집단 놀이치료를 신청하였다.

　초기에 개별 놀이치료 시간을 가져서 John의 발달을 평가하였다. John이 놀이치료실에 들어왔을 때, John은 즉시 퍼펫이 있는 곳으로 걸어갔다. 그는 거북이 퍼펫을 집어서 나에게 건네주었다. 그리고 말하기를 "얘기하게 만들어요."라고 말했다. 나는 퍼펫 속으로 손을 넣으며 이렇게 말했다. "안녕, 내 이름은 Tucker야. 너의 이름은 뭐야?" John의 눈이 빛났고 그는 대답했다. "내 이름은 John이야!" Tucker는 "만나서 기뻐. 나이는 어떻게 되니? 그리고 어느 학교에 다니니?"라고 묻자 John이 대답했다. "나는 여섯 살이고, 나는 클락 초등학교에

다녀." Tucker가 다른 말을 하기도 전에 John은 그의 가족들, 학교, 급우들의 이름, 그리고 자신이 즐기는 활동들에 대해서 말을 하기 시작했다. Tucker가 대답했다. "너는 많은 것에 대해서 알고 있는 소년인 것 같아. 나는 내가 가지고 있는 문제에 대해서 네가 도와줄 수 있는지가 궁금해." John은 Tucker에게 기대고 그의 얼굴에 큰 미소를 띠었다. "물론이지, 너의 문제가 뭐니?" Tucker가 말했다. "때때로 난 학교에서 아이들이 내 이름을 부르면 화가 나서 그 아이를 때려. 선생님은 나를 교무실에 보내고 교장 선생님은 엄마에게 전화를 해. 그러고 나서 엄마, 선생님, 교장 선생님 모두는 내가 나쁜 선택을 한 것에 대해 화가 나 있지. 애들이 날 화나게 할 때, 때리는 대신 어떻게 해야 할지 나는 잘 모르겠어. 너는 어떤 좋은 아이디어가 있니? John은 주저하지 않고, "나도 같은 문제가 있어. 네가 할 수 있는 게 여기 있어. 심호흡을 할 수 있어. 그리고 선생님에게 잠깐 휴식 시간이 필요하다고 말할 수 있어."라고 말했다. Tucker는 신이 나서 이렇게 대답했다. "정말 좋은 생각이야! 생각이 나. 내가 화가 나서 누군가를 때리고 싶을 때 Lucy 거북이 할머니가 하라고 한 것 말이야. 할머니는 내가 내 머리를 껍질 속에 집어넣고 심호흡을 세 번 하고 껍질 밖으로 나와서 나를 화나게 한 사람을 때리는 대신에 어떻게 할 수 있을지를 생각해 보라고 했어. 할머니는 그것을 '거북이 하기'라고 불렀어. 나에게는 정말 효과가 있었지. 너도 시도해 볼래?"

John은 고개를 끄덕였고 Tucker는 말을 이었다. "나는 학교에서 너에게 바보라고 부르는 아이인 척 할게. 그것이 너를 아주 화나게 하고 너는 그 아이를 때리고 싶어 해. 그렇지만 너는 때리는 대신에 '거북이 하기'를 하는 거야. 너는 나처럼 진짜 껍질이 없으니까 너는 너의 머리를 가슴에 숙여서 대고 너의 머리 위에 손을 얹으면 돼." John은 Tucker가 지시한 것을 따랐고, Tucker는 계속해서 말했다. "이제 세 번 심호흡을 하는 거야. 함께 하자. 준비됐니? 하나, 둘, 셋! 너는 껍질에서 머리를 다시 들고, 아이를 때리는 대신에 할 수 있는 다른 것을 떠올리는 거야." 그러자 John은 잠시 멈추고 나서, "나는 선생님에게 가서 휴식 시간이 필요하다고 말할 수 있어. 그러면 선생님이 물을 마실 수 있도록 해 줄 거야."라고 답했다. "정말 좋은 생각이야." Tucker가 대답했다. "다음 주에 놀이치료실에 돌아오면 네가 집으로 가지고 갈 수 있는 거북이 퍼펫을 만들 거야. 그러면 너는 '거북이 하기'를 연습할 수 있어."

두 번째 회기는 두 명의 6세 남자아동을 추가한 집단 놀이치료 시간이었다. 아동들은 장난감을 가지기 위해 고군분투했고 쉽게 화를 냈다. 나는 손에 Tucker를 놓고 John에게 다른 두 소년에게 어떻게 '거북이 하기'를 할 수 있는지 보여줄 수 있겠냐고 물었다. John은 동의했고, 우리 두 사람은 그 기술을 시연했다. 그리고 나서 나는 재료가 들어 있는 가방을 가리키며 작은 종이컵, 공예용 막대, 스티커, 움직이는 눈을 이용해 거북이 퍼펫을 만들도록 제안했다. 그들은 퍼펫을 열심히 만들었고 각자가 화가 났을 때의 이야기를 나누며 '거북이 하기'를 연습했다. 집단적으로 소년들은 문제 해결을 위한 해결책을 제시하는 시간을 가졌다.

세 번째 회기에서 집단 중 한 명이 자신의 이름을 불렀을 때 John은 좌절감을 느꼈다. John은 잠시 멈추고, 심호흡을 하고, 울기 시작하더니, "걔가 나를 너무 화나게 해요. 그냥 때리고 싶어요. 하지만 내가 그 아동을 때리면 문제에 빠지게 될 거예요." 그리고 나서 John의 울음소리는 흐느낌으로 바뀌었고, John은 심호흡을 하고 천천히 앞뒤로 몸을 흔들며, "나는 때리고 싶은데 그렇게 하면 나는 문제에 빠지게 될 거예요."라고 반복해서 말했다. John은 후드티를 입고 있었다. 그리고 그는 거북이 껍질에 들어가는 것을 흉내 내면서 그것을 머리 위로 당겼고, 그러는 동안 심호흡을 계속하고 있었다. 나는 John과 가까운 곳에 자리를 잡고 말했다. "너는 '거북이 하기'를 하고 있어. 심호흡을 하고 있는 거야. 너는 때리는 대신 심호흡을 하는 선택을 했어." John이 울음을 그치고 그의 호흡이 더 좋아질 때까지 나는 그 말을 반복했다. 일단 John이 차분해지자 나는 John이 '거북이 하기'를 기억하고 마음을 차분하게 가라앉힌 것에 대해서 자랑스러워할 수 있다고 말해 주었다. John은 눈물 젖은 얼굴로 나에게 미소를 지었다.

'거북이 기술'의 효과적인 사용은 연습을 필요로 한다. 부모, 선생님, 다른 보호자들이 거북이 기술에 대해 배우는 것이 중요하다. 그러면 아동들과 함께 그 기술을 복습하고 그들에게 자기조절 문제로 갈등할 때 사용하도록 상기시킬 수 있기 때문이다. 스토리텔링이 거북이 기술과 통합되면 그것은 아동들에게 자신의 이야기를 나눌 수 있는 기회를 갖게 하고 문제에 대한 창의적인 해결책을 생각 하게 한다.

참고문헌

Feindler, E. L. (2009). Playful strategies to manage frustration: The turtle technique and beyond. In A. Drewes (Ed.), *Blending play therapy with cognitive behavioral therapy* (pp. 401–422). Hoboken, NJ: Wiley & Sons.

Gardner, R. A. (1971). *Therapeutic communication with children: The mutual storytelling technique.* New York: Science House, Inc.

Irwin, E. C. (1993). Using puppets for assessment. In C. E. Schaefer & D. M. Cangelosi (Eds.), *Play therapy techniques* (pp. 69–81). Northvale, NJ: Jason Aronson, Inc.

Robin, A., & Schneider, M. (1974). *Turtle manual.* Retrieved January 10, 2017, from http://files.eric.ed.gov/fulltext/ED128680.pdf

Schneider, M. (1974). Turtle technique in the classroom. *Teaching Exceptional Children, 7,* 21–24.

Sharapan, H. (2016). *The power of puppet play—it's not just make-believe.* What we can continue to learn from Fred Rogers. Retrieved January 10, 2017, from www.fredrogerscenter.org/2016/01/20/the-power-of-puppet-play-its-not-just-make-believe

제14장 # 놀이치료의 손가락 퍼펫

- Jo Ann L. Cook

전 세계는 하나의 무대입니다.

모든 남성과 여성은 연기자일 뿐입니다.

그들은 출구와 입구를 가지고 있지요.

그리고 자신의 시간에 한 남자는 많은 부분을 연기합니다.

　　　　- 윌리엄 셰익스피어(William Shakespeare), 『뜻대로 하세요(As You Like It)』

❖ <u>소개</u>

손가락 퍼펫은 눈과 손의 협응이 일어나는 감각 운동 시기에 시작되어 엄지, 검지, 중지, 약지, 계지로 이루어지는 전형적인 손가락 놀이의 확장이다. 손가락 퍼펫의 작은 무대는 감정, 생각, 행동을 표현하고, 미래의 선택을 원하는 움직임으로 보여 준다. 손가락 퍼펫에서는 손가락 자체가 페인트칠을 한 얼굴로 캐릭터를 있는 그대로 구현해 낼 수도 있고, 캐릭터의 구현, 관찰, 변화의 시작 과정을 위해 작은 크기의 퍼펫을 손가락에 끼워서 사용할 수도 있는데, 이것은 필요할 때 거리 두기와 객관성을 가능하게 한다. 손가락 퍼펫에는 손가락 연기자들에 의해서 파생되고 관찰된 직접성과 단순성이 함께 엮여 있다.

❖ 설명

손가락 퍼펫의 사용은 유치원에서 초등학교 아동, 그리고 비슷한 발달 수준을 가지고 있는 좀 더 나이 든 아동들 누구에게나 적용이 가능하다. 손가락 퍼펫은 착용감이 좋고 조작이 용이해서 바로 사용이 가능하고 아동들에게 이야기를 만들 수 있는 재료를 쉽게 선택하게 한다([그림 14-1] 참조). 또한 다양한 손가락을 동시에 사용함으로써 놀이치료 과정이 중단 없이 매끄럽게 진행될 수 있고, 생각들과 일련의 사건들이 자연스럽게 흘러갈 수 있게 돕는다. 고무로 된 퍼펫 머리(Jenkins & Beckh, 2002)와 나무 은못으로 개인화된 퍼펫(Cook, 1997)도 만들 수 있고, 장갑 손가락에 가족([그림 14-2] 참조)을 집단으로 그려서 퍼펫으로 활용할 수도 있다. 개조된 신발 상자나 딸기나무 상자를 원하는 모양으로 장식한 후, 그 위에서 퍼펫을 소개함으로써 작은 무대를 만들 수도 있다. 스포트라이트는 캐릭터를 비추기 위해 장면에 비추거나 달의 무대를 묘사하기 위해 또는 새 날의 태양을 떠오르게 하기 위해 올렸다 내렸다 할 수 있다. 이 무대 세팅은 아동의 눈높이에 맞게 팔 길이 정도 안에서 이루어져 아동로 하여금 관심을 갖게

[그림 14-1] 손가락 퍼펫 모음

[그림 14-2] 아동들이 만든 손가락 인형

하고 놀이에 참여하도록 하기에는 아주 적절하다. 시작 시간의 무대 장면을 보존하기 위해, 재현 또는 다음 방문 시에 할 후속 장면을 위해 전체 무대를 상자 뚜껑으로 덮거나 천을 씌울 수도 있다. 이 과정은 아동이 자신의 개인적인 공간 안에서 전체적으로 참여하되, 특히 감독으로, 참여자로, 관찰자로 참여하게 한다.

❖ 이론적 근거

발달의 전 조작기에서 구체적 조작기에 있는 아동들은 자신의 상황을 제정하고 숙달하기 위해 투사(projection)와 동일시(identification)를 장려하는 대체물(representational objects)의 사용을 통해 유익을 얻는다. 손가락 퍼펫의 직접적인 신체 개입과 조작은 쉽게 도달할 수 있는 범위 안에서 각 단계의 임무들을 수행하게 한다. 다양한 손가락을 쉽게 바로 사용하는 옵션은 자연스러운 스토리텔링을 가능하게 하여, 이야기를 따라 움직인다. 큰 손 퍼펫은 다루는 기술을 습득해야 하고 추가적으로 퍼펫을 찾아서 가져오기 위해 놀이를 좀 더 자주 멈추어야 하는 불편함이 있는 데 반해, 손가락 퍼펫은 이러한 불편함을 최소화시킨다. 또한 시각적인 것과 행동의 순서 영역에서 아동의 참여를 극대화시킨다. 아동들은 퍼펫 선택의 폭이 다양한 것에 끌리나, 그것에 제한되지 않는다. 자신들의 이야기를 구성할 때 캐릭터를 추가해서 구상할 수 있다. 손가락 퍼펫의 행동에서 그들의 생각과 감정을 관찰할 수 있게 되면서 아동들은 이전에는 사용할 수 없었던 가능한 옵션과 결과를 예측하게 된다. 손가락 퍼펫놀이치료는 과거에 시멘트로 굳어진 것 같은 환경에 있던 아동이 미래로 나아갈 수 있도록 유익을 주는 차량을 제공하는 역할이다. 아동은 이제 자신의 삶을 더 잘 통제하고 조정하는 경험을 하게 된다. 이 모든 것은 삼차원적 축소 세트에서 일어나는데, 새로운 상황을 더 적절하게 대처할 수 있도록, 앞으로 나아갈 수 있는 생각과 아이디어의 정신적 구성을 운영하고 장려하는 세상을 반영해 준다.

❖ 적용

다양한 손가락 배우들이 주어진다면, 손가락 퍼펫의 활용은 증폭된다. 종종 집단으로 묶인 손은 가족 단위를 나타내는데 상대적인 크기, 순서, 근접성과 관련하여 추가된 정보를 제공할 수 있다. 또한 퍼펫의 정체성과 역할도 소개하며 진행 과정의 역동에서 퍼펫이 어떻게 제시될지도 보여 준다. 자아의 모습을 얼굴의 형태로 보여 주기도 하지만 손가락 퍼펫에서는 명확한 성격이나 행동을 가지고 있는 동물로서 더 많이 표현할 수 있다. 인형극에서 한쪽 손이 퍼펫놀이에 참여하는 동안, 다른 손은 소품이나 무대 변화를 자유롭게 조정할 수 있다. 아동들은 종종 치료사와 함께 조명을 작동시키고, 필요에 따라 소품을 제공하거나, 다른 손가락 퍼펫 청중들과 함께 관찰자 역할을 한다. 추후 검토 및 멈춤 행동을 설명하기 위한 간단한 촬영은 특히 선택적 함구증을 가진 아동들에게 유용한 것으로 밝혀졌다. 이 시나리오는 허락하에 나중에 부모, 선생님, 또는 선택된 학급 친구들과 공유된다. 인형극을 검토하고 관찰하는 행위는 소규모 교실에서 하는 집단 활동에서 언어적 참여가 증가하고 규모가 커지며 발언의 길이가 늘어나면서 후속적인 적용으로 이어지게 된다. 추가 적용으로서 변화와 과정을 나타내기 위해 한 손과 또 다른 손을 사용하여, 두 가지 시나리오를 사용([그림 14-3] 및 [그림 14-4] 참조)하는 것도 가능하다. 여기에는 실제적/이상적 상황, 현재와 미래의 자아(미래의 최고의 나, 과거의/새로운 나)와 같은 사전 및 사후 상황, 또는 시나리오에 나오는 가족을 손으로 표현해서 두 손을 합침으로써 혼합가족이 된 것을 표현하는 것도 가능하다. 손가락 퍼펫은 새로운 기술을 연습하기 위해 진행하는 역할극에서 쉽게 적용될 수 있고 게임 놀이를 하는 동안 움직이는 역할(movers)을 하는 데에도 유용하다는 것이 밝혀졌다.

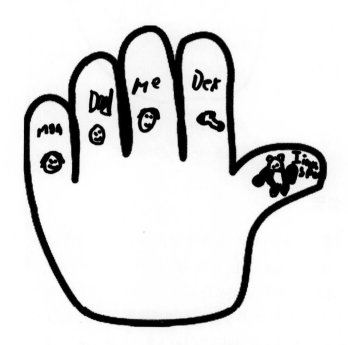

[그림 14-3]　고무장갑 손가락 퍼펫 가족

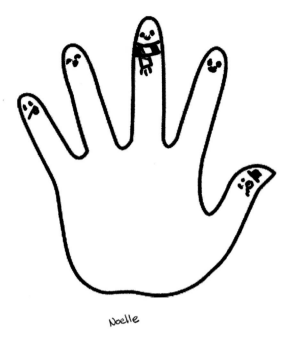

Noelle

[그림 14-4] 손가락 퍼펫

❖ 사례 설명

초등학교 1학년인 Sophie는 언어지연, 학습장애, 주의력 결핍, 불안장애의 이력을 가지고 있었다. Sophie는 자기 자신을 종종 재능이 많은 언니와 비교하며 자신을 비호감으로 여겼고, 교실을 자주 이탈해서 간호사 선생님을 보러 갔으며, 주의를 끌기 위해 매우 과장된 이야기들을 들려주었다. Sophie의 퍼펫 이야기에는 순서는 달랐지만 자신의 강점과 약점, 더 희망적인 결과, 가족 내에서의 정체성의 재구조화와 같은 향상된 자신에 대한 이해가 펼쳐져 있다. 이야기는 왕족의 승계를 이어 가는 구성원들과 왕국에서 일어나는 성대한 축하의 변화를 묘사하는 것으로 시작되었다. 왕국의 이야기는 가족 위에 붙어 있는 마법사 퍼펫에 의해 전해졌다.

공주는 많은 보석을 가지고 성에 있다. 그녀는 첫째 공주이다. 모든 사람은 왕족이다. 그들은 500년의 전통을 가지고 있다. 그들은 왕국에 있는 모든 특별한 것을 모아서 그녀를 위해 성 옆에 둔다. 첫째 공주가 다 가져간다. 그녀는 수집을 좋아해서 모든 귀한 것을 다 얻는다. 우리는 그것을 '공주나라 마을'이라고 부른다. 그렇지만 우리도 알다시피, 우리도 공주가 될 수 있다. 여기에 사는 사람은 누구나 공주가 된다. 두 명의 공주가 있는 것이다.

참고문헌

Cook, J. A. L. (1997). The Dowel finger puppet technique. In H. Kaduson & C. Schaefer (Eds.), *101 favorite play therapy techniques* (pp. 191-193). Northvale, NJ: Jason Aronson Inc.

Jenkins, R. L., & Beckh, E. (2002). Finger puppets and mask-making. In C. E. Schaefer & D. M. Cangelosi (Eds.), *Play therapy techniques* (2nd ed., pp. 115-122). Northvale, NJ: Jason Aronson Inc.

제15장
유년기 성학대 외상을 위한 놀이치료 퍼펫 기술

- Athena A. Drewes

❖ <u>소개</u>

아동 성학대 외상 치료의 정석은 인지행동치료라고 종종 여겨진다(Deblinger & Heflin, 1996). 아동 성학대의 외상 치료는 보통 외상중심 인지행동치료 (Trauma-Focused Cognitive Behavioural Therapy: TF-CBT)와 같은, 구조적이고 교육적이며 매뉴얼화된 접근법을 따르는 증거 기반 접근법(evidence-based approach)을 통해서 이루어진다(Cohen, Mannarino, & Deblinger, 2012). 외상중심 인지행동치료(TF-CBT)의 핵심적인 가치는 융통성인데, 치료사로 하여금 놀이적인 접근법을 사용하게 한다. 외상이든 아니든 대부분의 아동치료에서는 '치료사의 창의성, 적응성, 놀이성'을 통해서 성공적인 외상중심 인지행동치료를 경험하게 된다(Briggs, Runyon, & Deblinger, 2011, p. 174). 인지행동치료(CBT)는 추상적인 사고력이 발달되고 언어능력이 있으며 언어적 지시에 반응하고 심리교육에 반응할 수 있는 8세 이상의 아동에게 가장 적합하다. 어린 아동들은 자신의 외상에 대한 이야기를 완전히 설명하거나 '감정 삼각형(emotional triangle)'과 같은 추상적 개념을 이해할 수 있는 인지능력 또는 언어능력을 가지고 있지 못하다.

외상중심 인지행동치료를 언어적·인지적으로 어려움이 있는 어린 아동들에게 적용하는 것에는 어려움이 존재한다. 외상중심 인지행동치료의 요소에 발달적으로 적절한 놀이를 사용하는 것은 아동들과 부모들이 좀 더 편안하게 느끼고 관심을 갖게 하며 주의집중을 유지하게 하고 아동의 자연적인 학습 스타일과 삶의 경험을 활용한 다중 모델 접근 방식(multimodel approach)을 통해 과정과 각요소를 이해하게 하는 이점이 있다. 블렌딩(섞음) 놀이와 놀이 기술, 특히 퍼펫놀이는 인지행동 기법을 사용함에 있어 이론적 기초에 영향을 주지 않고 프로토콜의 충실도에 위험을 주지 않으면서도 효과적으로 인지행동치료를 전달하게 하고 아동의 참여를 증진시키도록 돕는다(Drewes, 2009; Drewes, 2011; Drewes & Cavett, 2012; Knell & Desari, 2011). 구성요소에 놀이적인 측면이 없으면 어린 아동들은 치료 활동을 마치 공식적이고 학문적인 작업으로 보고 관심을 잃게 되거나 참여를 거절하게 될 수 있다.

외상중심 인지행동치료는 20년 이상 동안 개발되었는데(Cohen & Mannarino, 1996), 그 발달 과정에서 아동들은 어른과 매우 다르게 반응한다는 것이 명백해졌고, 놀이의 요소는 치료과정에 아동들과 부모를 참여시키는 데 중요한 요소가 되었다"(Briggs, Runyon, & Deblinger, 2011, p. 169). 실제로 퍼펫의 사용과 놀이 기반 기술은 어렵고도 감정적으로 적재된 외상 자료들이 더 쉽게 소화될 수 있게 하며, 외상 기억의 고통스러운 연결을 분해시키는 일종의 '효소' 역할을 한다(Goodyear-Brown, 2010). 놀이의 치료적 힘(Schaefer & Drewes, 2013)은 아동의 통제력과 자신감을 증진시키고 치료에 대한 저항과 불편감을 감소시키는 결과를 가져온다. 따라서 퍼펫놀이와 놀이 기반 기술의 적용은 아동의 참여를 증진시키며 심리교육과 외상중심 인지행동치료를 이루는 기술 개발 요소와도 일치하여 점점 더 많이 통합되고 있다.

❖ 퍼펫 사용

퍼펫놀이는 인지 전략들을 모델로 보여 줄 수 있는 동물 솜 인형, 독서치료(bibliotherapy) 및 다른 장난감들과 함께 인지행동 놀이치료에 일반적으로 이용되었다(Knell, 1993; Knell & Desari, 2011; Meichenbaum, 2009). 퍼펫은 또래 갈등,

침실에 있는 것과 관련한 두려움, '아니요'라고 말하는 것, 자기주장을 하는 것, 도전적인 또는 다른 행동 문제를 언급하기 위해서 아동을 위해 만들어진 일반적인 시나리오를 사용할 때 가장 효과적이다. 단순히 논의나 규칙을 정하는 것보다 놀이에서 역할을 모델링하는 것은 저항을 훨씬 더 줄여 준다. 치료사의 놀이적 요소는 세부 사항을 첨가하고 대안적 해결책을 추가하는 동안 메시지를 알아들을 수 있도록 돕는다. 아동이 시나리오를 만들고 자기주장 기술을 연습하는 동안 힘이 생기는 것을 느낄 수 있다. 양쪽 손가락 퍼펫과 일반적인 손 퍼펫이 사용될 수 있다. 어린 아동들은 손가락 퍼펫이 손 퍼펫보다 더 작고 조작하기 쉬우므로 손가락 퍼펫을 더 선호할 수 있다.

  어린 아동들은 환상과 현실의 균형을 가지는 것이 어렵다. 그래서 종종 아동들은 퍼펫이 살아 있고 문자 그대로 자신들에게 '이야기하는' 것으로 생각하고 응답할 수 있다는 것을 주목하는 것은 중요하다. 치료사가 일상적인 목소리를 사용하고 있음에도 불구하고 아동들의 시각은 종종 치료사나 '퍼펫티어'가 아닌, 퍼펫 자체에게 시각적으로 고정되어 있다. 이처럼 어린 아동들은 손 퍼펫이 특히 무섭거나 공격적이거나 그것이 살아서 아동들에게 위협적이 될 것이라 믿으면서 감정적으로 압도당할 수도 있다.

❖ 외상 퍼펫 기술

머리가 셋 달린 용

  생각이 무엇이며 감정과 행동과 사고의 연관성을 배우는 것은 어린 아동이 이해하기에는 너무 복잡한 경우가 많다. 머리가 셋 달린 용 퍼펫의 사용법(Folkmanis를 통해 사용 가능; [그림 15-1] 참조; Drewes, 2009, 2011; Drewes & Cavett, 2012)은 우리가 생각하고 느끼고 행동하는 것이 연결되어 있다는 것을 시각적으로 아동들에게 보여 준다.

[그림 15-1] 머리가 셋 달린 용

사진: Athena A. Drewes.

이 퍼펫의 사용 목적은 '생각하는' 용 머리가 속도를 늦추거나 잠을 잘 수 있도록 돕는 것이다. 그래서 '느끼는' 용 머리와 '행동하는' 용 머리의 말을 들을 수 있거나 차분하게 되거나 또는 반대로 감정을 가라앉히기 위함이다. 그렇게 되면 '행동하는 용'은 행동할 필요가 없다. 머리가 셋 달린 용 퍼펫의 사용은 다음과 같은 생각이나 지각의 왜곡을 보여 줄 수도 있다. "그 소년이 날 쳐다보고 있어." 라는 말은 '느끼는 용' 머리로 하여금 맞을까 봐 무서워하며 자신을 보호해야 할 필요성을 느끼게 만들어 그 소년을 때리는 행동으로 이어질 수 있다. 그렇지만 그 생각을 인식하고 변화시킴으로써 행동 또한 변할 것이다.

생각, 느낌, 행동 모두가 아동에게 속해 있는 것처럼 똑같이 세 개의 용 머리가 같은 한 몸에 있다. 아동이 처한 상황에 대한 반응으로서 세 개의 용 머리가 한

번에 드러나거나 한 번에 하나씩 나타날 수 있다. 치료사는 아동과 함께 특정한 시나리오를 사용할 수 있고 그것에 뒤따르는 생각, 느낌, 행동을 볼 수 있다. 특히 상황에 대한 촉발 요인과 선행 요인을 탐색할 수 있고 사건을 수직구조로 배치한 후 다양한 해결책을 만들 수 있다.

머리가 셋 달린 용은 우리 안에 한 가지 느낌보다 더 많은 느낌을 어떻게 한꺼번에 가지고 있는지를 설명한다. 때때로 우리는 양가감정과 같이 두 개의 감정 또는 더 많은 감정을 한꺼번에 느끼는데, 어떤 사람에 대해 화가 나면서 동시에 사랑의 감정을 느낄 수 있다. 때로는 한 가지 감정이 너무 강해서 다른 감정을 숨기거나 다른 감정이 수면을 취하는 것처럼 보이거나 느끼지 못해서 사람들로 하여금 혼란스럽게 하거나 감정에 대해서 확신하지 못하게 한다(예: 분노). 그러나 만일 우리가 화난 용의 감정을 쉬게 하거나 잠을 자게 해서 진정시킬 수 있으면 다른 감정들이 나올 수 있고 아동은 다른 감정을 느낄 수 있으며 경험할 수 있게 된다.

외상 이야기 작업에서의 퍼펫 사용

퍼펫은 아동이 외상 사건을 이야기하기 전과 그 이후에 어떻게 다르게 느끼는지를 대조하여 보여 주기 위해 사용할 수 있다. 이때 천으로 된 퍼펫을 사용하는데, 부직포로 눈, 코, 입 모양을 쉽게 붙이고 뗄 수 있는 것으로, 다양한 교환이 가능한 얼굴 특성들(입, 눈, 코 모양)을 가지고 있다(Goodyear-Brown, 2010). 아동은 퍼펫의 얼굴 표정을 변화시키는 것을 통해서 전, 후 감정을 보여 줄 수 있다. 퍼펫의 입이 크게 벌어져 있거나 심지어 입에 지퍼가 달려 있는 것은 종이에 기록한 비밀을 위한 저장소가 되거나 다음 회기까지 안전하게 보관하기 위해 넣어 주는 장소가 된다. 아동은 오픈해서 말하기 두려운 비밀을 적어서 종이를 접은 후 퍼펫의 입에 넣거나, 아동이 치료사와 나누고 싶을 때 꺼낼 수 있도록 지퍼가 있는 동물 안에 종이를 넣어 보관한다(Goodyear-Brown, 2010).

아동은 어려운 주제를 다루거나 언급할 필요가 있을 때 치료 시간 동안 자신을 위로하는 도구로서 퍼펫을 잡고 만질 수 있다. 외상은 그 사건에 대한 끔찍한 이미지들과 생각들을 만들어 낼 수 있기 때문에, 다중모델 개입(multimodel intervention)은 외상에 대한 불편함을 줄이고 말하는 능력을 강화시킬 수 있다. 외상 작업에 퍼펫을 사용하는 것은 아동들에게 충격적인 기억에 접근하고 그들의 외상 이야기를 창조하기 위한 다중감각적 접근법(multisensory approach)을 아동이 사용하도록 도울 수 있다. 이것은 외상중심 인지행동치료(그리고 모든 외상 치료)의 필수적인 치유적 요소이다. 따라서 놀이적 개입은 외상중심 인지행동치료 구성요소의 목표, 특히 이야기 창조에 아동들을 초대하고 참여시키기 위해 구조화되어 사용된다. 퍼펫을 통해 치료사와 아동들은 더 쉽게 의사소통을 할 수 있게 되어 치료 중 경험하는 일반적인 어려움을 극복할 수 있게 된다. 치료사는 퍼펫을 사용함으로써 외상을 직접적으로 언급하는 데 편안함을 느끼도록 도울 수 있으며 동시에 진실하고 믿을 만한 사람이 되기 위해 놀이를 사용하게 된다.

"악을 보지 말라. 악을 듣지 말라. 악을 말하지 말라."라는 옛 속담은 세 마리의 원숭이가 손을 눈이나 귀나 입에 올려놓고 있는 이미지나 조각상과 종종 연관되어 있다. 다음 기법은 장난꾸러기 원숭이 퍼펫을 활용한다. 치료사는 그것을 시연하거나 아동들이 대신 사용할 수 있고, 성학대 중에 발생한 감각적 경험을 탐색하기 위해 원숭이의 손을 움직여 눈, 귀, 입, 코, 몸을 가리게 할 수 있다. 이야기를 꺼내는 목적은 종종 뇌의 편도체 안에 암호화되어 있으면서 언어로 표현되지 못하지만 감정과 감각에 영향을 주고 외상후 스트레스 장애의 행동을 유발할 수 있는 최대한 많은 기억을 불러오게 하는 것이다. 그 이야기는 종종 내담자와 두 번 혹은 그 이상 검토되고 매번 '더 깊이' 탐색하게 된다. 처음에 기억하고 있는 이야기뿐 아니라 그날의 시간, 1년 중 어느 달, 들렸던 소리, 기억하는 냄새와 단어, 경험한 신체적 감각과 같은 것이 첨가되어 변조된 부분을 탐색할 수 있다. 이런 반복이 점점 더 깊어지면, 사건에 대한 더 완전한 기억을 갖게 되고, 궁극적으로 더 온전한 치유를 경험하게 하며, 사건과 관련된 유발 요인이나 관련된 증상을 없애는 결과를 가져다준다.

저자는 Paris Goodyear-Brown의 '악을 보지 말라. 악을 듣지 말라.'(2010)라는 기법을 각색하여 사용한다. 한 마리는 눈에, 한 마리는 귀에, 다른 한 마리는 입에 손을 대고 있는 원숭이 세 마리의 형상을 모래 쟁반에 놓고, 아동에게 다음과 같이 질문한다. "너에게 일어난 나쁜 일인데 보기 싫고 듣기 싫고 말하기 싫은 것에 대해서 말해 줄 수 있니?" 만약 아동이 반응하여 말로 표현할 수 없으면 그림을 그리거나 종이에 기록을 해서 각 원숭이 형상 밑에 밀어 넣으라고 요청한다([그림 15-2] 참조).

[그림 15-2] 보기, 듣기, 말하기, 느끼기

사진: Athena A. Drewes.

원숭이를 보기, 듣기, 말하기, 냄새 맡기, 느끼기

원숭이의 손이 눈을 가리는 동안 아동들은 그들이 보지 않았더라면 좋았을 것을 본 것을 기억하도록 요청받는다(예: 가해자가 방에 들어오는 경우). 그리고 자신들이 보기 원했던 것이 무엇이었는지를 기억하게 한다(예: 부모가 집에 들러 나쁜 일을 멈추는 것, 경찰이 집에 도착하는 것).

차례로, 아동들은 듣지 않고 싶었는데 들은 것에 대해 질문을 받는다(예: 가해자가 문을 여는 소리, 오르가즘에 도달하는 사람의 소리). 그리고 그들이 듣기를 바라는 것이 무엇인지를 묻는다(예: 경찰 사이렌이 집에 가까이 오고, 부모가 그 사람에게 나가라고 소리친다). 그런 다음, 말하지 않고 싶었는데 말한 것 그리고 말하고 싶었던 것, 또한 냄새 맡고 싶지 않았는데 냄새를 맡은 것 또는 느낀 것을 물어보고, 이때 원숭이의 손을 마지막으로 입, 코 그리고 몸 전체에 십자로 놓게 한다.

원숭이를 조종하거나 심지어 그 상황을 흉내 낼 수 있는 것은 아동에게 힘을 실어 주는 데 도움이 된다. 아동은 이런 과정을 통해 끔찍한 이미지를 덜 강력한 표현으로 바꾸게 된다. 원숭이 퍼펫의 촉각적인 부드러움은 이러한 시각적인 세부 사항을 생각함으로써 발생할 수 있는 이상 징후인 불안 증가와 심장박동·호흡·이상 체온과 같은 관련 생리적 반응으로부터 아동의 마음을 진정시키는 데 도움을 줄 수 있다. 또한 치료사는 원숭이 퍼펫 모델링의 유무와 상관없이 이 과정에서 감정적 흥분이나 감정조절의 어려움을 해소하기 위해 간헐적으로 아동과 함께 심호흡을 하고 긴장 이완을 사용할 필요도 있을 것이다.

❖ 요약

퍼펫은 외상을 다루는 인지행동치료(CBT)에서 아동들이 감정을 파악하고, 기억을 떠올리며, 더 어려운 추상적 개념을 배우도록 돕는 유용한 도구가 되었다. 우리는 퍼펫의 치유력을 과소평가해서는 안 될 것이다! 인지행동치료에 놀이치료를 통합시키는 것은 외상을 경험한 어린 아동들에게 발달에 적절한 개입법을 정확하게 사용하는 데 중요하다.

참고문헌

Briggs, K. M., Runyon, M. K., & Deblinger, E. (2011). The use of play in trauma-focused cognitive-behavioral therapy. In S. W. Russ & L. N. Niec (Eds.), *Play in clinical practice: Evidence-based approaches* (pp. 169-200). New York: Guilford Press.

Cohen, J. A., & Mannarino, A. P. (1996). A treatment outcome study for sexually abused preschool children: Initial findings. *Journal of the American Academy of Child and Adolescent Psychiatry, 35*, 42-50.

Cohen, J. A., Mannarino, A. P., & Deblinger, E. (Eds.). (2012). *Trauma-focused CBT for children and adolescents: Treatment applications.* New York: Guilford Press.

Deblinger, E., & Heflin, A. H. (1996). *Treating sexually abused children and their nonoffending parents.* Thousand Oaks, CA: Sage Publications.

Drewes, A. A. (2009). *Blending play therapy with cognitive behavioral therapy: Evidence-based and other effective treatments and techniques.* New York: Wiley.

Drewes, A. A. (2011, April). *A skill-building workshop: Effectively blending play-based techniques with cognitive behavioral therapy for affect regulation in sexually abused and traumatized children.* Paper presented at the Annual Conference of the Canadian Association for Child and Play Therapy, Guelph, ON, Canada.

Drewes, A. A., & Cavett, A. M. (2012). Play applications and skills components. In J. A. Cohen, A. P. Mannarino, & E. Deblinger (Eds.), *Trauma-focused CBT for children and adolescents: Treatment applications* (pp. 105-123). New York: Guilford Press.

Goodyear-Brown, P. (2010). *Play therapy with traumatized children: A prescriptive approach.* New York: Wiley.

Knell, S. M. (1993). *Cognitive-behavioral play therapy.* Northvale, NJ: Jason Aronson, Inc.

Knell, S. M., & Desari, M. (2011). Cognitive-behavioral play therapy. In S. W. Russ & L. N. Niec (Eds.), *Play in clinical practice: Evidence-based approaches* (pp. 236-262). New York: Guilford Press.

Meichenbaum, D. (2009). Foreword. In A. A. Drewes (Ed.), *Blending play therapy with cognitive behavioral therapy: Evidence-based and other effective treatments and techniques* (pp. xvii–xix). New York: Wiley.

Schaefer, C. E., & Drewes, A. A. (Eds.). (2013). *The therapeutic powers of play: 20 core agents of change* (2nd ed.). Hoboken, NJ: Wiley.

제5부

퍼펫치료 대상과 치료 환경

.
.
.

제16장 외상과 성학대 사례에 대한 퍼펫 가족치료

– Eliana Gil, Quinn K. Smelser

❖ <u>소개</u>

가족체계에서 가장 어린 구성원은 가족치료에 적극적으로 참여해야 한다. 이를 위해 놀이 기반 기법의 통합은 포괄적 가족치료에 필수적이다. 그러한 기술 중 하나는 가족치료에 퍼펫을 사용하는 것이다. Irwin과 Malloy(1975)는 의사소통에 어려움을 겪는 가족을 위한 비공식 평가도구로 '가족 퍼펫 인터뷰(Family Puppet Interview)'를 개발했다. 가족 퍼펫 인터뷰를 통해 치료사는 가족과 함께 목표를 달성해 나가는 과정 속에서 가족의 상호작용 패턴을 볼 수 있다(Irwin & Malloy, 1975). Gil(1994)은 평가 단계 외에 가족치료 전반에 걸쳐 퍼펫을 사용할 수 있는 방법을 명확히 했다. 퍼펫을 통해 가족은 문제가 되는 내용을 안전하게 투사할 수 있으며 가족체계 내에서의 개인 및 집단 역학을 상징적으로 드러낼 수 있다(Irwin & Malloy, 1975; Gil, 1994).

Landreth(2012)는 놀이의 상징적 성격을 아동의 의사소통 형식으로서 설명한다. 더 나아가 Gil(2016)은 아동들이 놀이에서 사용하는 은유와 상징의 중요성을 강조한다. 가족은 또한 가족치료에서 상징을 사용하고 은유로서 연결된다. 퍼펫은 아동과 가족이 '구체적인 경험과 추상적인 사고를 연결하는 상징적 놀이에 참여'하도록 허용할 수 있다(Hartwig, 2014, p. 205). 퍼펫은 가족 구성원, 체계적 문제 또는 가족의 특정 문제를 상징화할 수 있다. 가족 회기를 진행함에 있어서, 가족치료에 퍼펫을 경험적으로 활용하는 것은 '치료적 거리'(Pereira, 2014, p. 395)를 창조함으로써 감정의 고양을 북돋을 수 있다. 퍼펫 이야기는 은유를 생성하고 그것을 통해 치료과정이 시작되도록 한다.

가족치료에 사용되는 퍼펫은 가족이 문제를 외현화할 수 있는 수단이다. 아동들과 함께 일하면서 Butler, Guterman, Rudes(2009)는 퍼펫이 어떻게 문제를 구현하여 '치료적 거리'를 형성할 수 있는지를 보여 준다(Butler et al., 2009; Pereira, 2014, p. 395). 가족체계와 각 구성원 개인, 그리고 그들의 갈등 사이에 만들어진 이 공간은 가족이 문제를 외현화하도록 해 주며, 이것이 이야기치료의 목표이다(White & Epston, 1990). 더 나아가 Sori(2011)는 이야기치료에서 사용되는 퍼펫들이 문제를 반영하는 구성원으로 사용된다는 것을 보여 준다. 문제를 반영하는 구성원의 한 부분으로서 퍼펫들은 치료 안에서 무엇이 일어나고 있는지를 보여 준다. 그리고 치료사들은 가족 안의 부적응적인 양식이 무엇인지를 성찰하게 된다(Sori, 2011). 문제를 반영해 주는 퍼펫들은 가족 구성원들과 치료사에 의해 지시를 받아 움직일 수 있다(Sori, 2011). 이것은 가족이 비난의 패턴에 말려들지 않게 해 주면서 가족 구성원이 자신들의 관계적인 문제를 깨닫도록 정서적 안전을 조성한다(Karakurt, 2012; Sori, 2011).

퍼펫은 가족치료에서 다양한 문제를 제시하는 데 도움이 된다. Nutting(2015)은 퍼펫 조종술이 아동의 질병을 외현화하도록 도와준 사례를 보고한다. 퍼펫은 상징주의와 은유에 의존하기 때문에 가족은 가족의 전통과 뉘앙스뿐만 아니라 민족적·문화적 배경에 대한 특정한 자료를 전달할 수 있다(Karakurt, 2012). Johnston(1997)은 문헌을 검토하면서 치료사가 성학대를 겪은 아동에게 퍼펫을 사용하는 것이 인기 있고 효과적인 놀이치료 기법이라고 언급했다. 성학대의 경우 종종 극도의 감정과 심각한 내장 외상이 있다. 가족치료가 이러한 강렬한 감정과 불쾌한 내용을 유발하기 때문에 퍼펫은 외상 및 성학대의 경우 특히 유용하다. 치료에서 퍼펫을 통해 투사되는 것들은 아동과 가족이 통제할 수 있다(Johnston, 1997). 다음은 가족치료에서 퍼펫을 사용하는 예를 설명하는 사례 시나리오이다. 이 가족에게는 성적인 외상의 병력과 가족이 다시 치료를 받도록 한 최근의 외상 사건이 있었다.

❖ 사례 시나리오

9세인 Rihanna와 6세인 동생 Sean은 그들의 집에 화재가 난 이후 부모인 Monique와 Sean Sr.에 의해 치료를 받으러 왔다. 결함이 있었던 전선으로 인해 지하실에서 폭발이 일어났고 집은 빠르게 불탔다. 다행히도 개 Bullit을 포함한 온 가족이 겨울 휴가를 위해 대가족을 방문하러 멀리 가 있었다. 심지어 지하실에 살던 할머니 Esther 부인도 다른 계획이 틀어졌기 때문에 휴일에 그들과 함께 여행했다. Monique와 Sean은 버지니아(VA) 소방서의 연락을 받고 집이 불에 탔다는 사실을 알게 되었다. 이들은 오래된 사진, 컴퓨터, 그림, 가구, 옷 등 모든 것을 잃어버렸다는 사실을 알고 충격을 받았다. 그러나 한편으로는 그들이 대가족의 지원 속에서 안전하다는 사실에 기뻐했다. 아버지 Sean Sr.는 버지니아에서 노스캐롤라이나를 오가며 집이 재건되는 동안 가족이 지낼 작은 아파트를 얻었다. Monique는 버지니아로 돌아와 평범한 삶으로 복귀할 때까지 원격으로 직장을 유지할 수 있었다.

내(Gil)가 이 가족을 알게 된 이유는 Sean이 유치원에서 성적으로 학대를 당해 왔으며, 그의 과도한 경계와 불안이 전문적 치료를 요했기 때문이다. 또한 그는 종종 공격적이고 성적으로 압도당했다. 이때 누나인 Rihanna에게는 어둠 공포와 과잉경계가 생겨나고 있었다. 그녀의 남동생은 누나에게 영향을 받아서 울고 집착하고, 더 많은 안심과 위로를 요구하는 퇴행 태도를 보였다. 게다가 그는 과도하게 자위를 시작했고, 이에 어머니는 "아직도 성적 학대가 끝나지 않았다."고 분노했다. 나는 어머니를 안심시키기 위해 자위 행위가 아이가 스스로를 위로할 수 있는 방법일 수 있다는 것과, 또는 학대가 발생했을 때와 같이 무력하고 혼란스러워서 과거의 외상을 재현하고 있는 것이라고 했다(정서적 연결). 부모들은 자녀들에게 민감했지만 자녀들의 안정까지 얼마나 오래 걸리는지에 대해서는 참을성이 없었다. 그들은 아이들에게 그들이 모두 함께 있는 것은 행운이었고, 아무도 다치지 않았으며, 집을 재건하고 가구와 가전제품을 교체할 재원이 있다고 말했다. 이것은 합리적인 설명으로 보이지만 어린 아동들에게는 적절하지 않았을 수 있다.

나는 가족이 이 비극적인 사건으로 인해 외상을 입었고 집을 잃었다고 말하면서 아이들의 반응이 정상이라고 얼른 말했다. 아이들이 안정되기까지 최대 6개월이 걸릴 수 있고, 때로는 외상 전 기능을 회복하는 데 더 오래 걸릴 수 있다고 예측했다. 너무 많은 변화가 일어나기도 했고, 또한 Sean은 어렸을 때 충격적인 경험으로 인해 무력감이 유발될 수 있었기 때문에 조금 더 취약했다. 우리는 가족의 일상과 일정을 다시 재정립하고, 잃어버린 물건들 중에서 이들에게 가장 중요한 것들을 대체하여 마련하고, 가능한 한 빨리 작은 아파트를 집처럼 만드는 것에 대해 논의했다.

노스캐롤라이나에 있는 동안 아이들은 임시 학교로 돌아가고 싶어 하지 않았다. 어머니가 집에서 일하고 있었기 때문에 아이들이 그녀와 함께 지내는 것이 중요하다고 느꼈다. 이런 학교 회피는 버지니아에서 계속되었기 때문에, 나는 그녀가 아이들과 함께 졸업식부터 참여하면서 학교에 복귀를 시작하도록 격려했다. 또한 화재가 널리 알려졌기 때문에 친구와 교사가 궁금해할 수 있는 무수한 질문들에 대한 답변을 준비했다. 어머니는 이 생각을 받아들였고, 동시에 자녀들이 삶을 재개하기 위해 '응석부리지 않도록' 격려가 필요하다고 주장했다. Monique는 그녀 자신도 충격적인 경험의 후유증을 겪고 있다고 보고했다. 그녀는 잃어버린 물건을 항목별로 분류하고, 연기 냄새에 예민해지고, 새 아파트의 모든 배선에 대해 걱정하곤 한다고 말했다. 이 새로운 스트레스에 대한 그녀의 가장 좋은 반응책은 바쁘게 일하는 것이었다. 그녀와 그녀의 남편은 둘 다 앞으로 나아갈 열망이 있고, 일이 꽉 차 있으며, 가능한 한 빨리 집으로 돌아가고 싶다고 말했다. 나는 그때까지 9~12개월이 더 걸릴 것이기 때문에 잠시 동안 따뜻하고 구조화된 환경을 만드는 데 그들의 에너지를 투자하라고 조언했다.

Rihanna와 Sean을 위한 개별 치료와 공동 치료의 병행

Rihanna와 Sean의 증상이 비슷해 보였고 동일한 유형 1 외상(Type 1 trauma; 외부 사건)을 경험했기 때문에 함께 만났다. 그들의 부모는 걱정거리들로 고심하고 있었고, 그들의 모든 소유물을 잃은 것과 이제 집을 새로 지어야 하는 것으로 걱정이 많았다. 그러나 그들은 회복탄력성이 있었고 자원이 풍부한 사람들이었다. 기독교 공동체에 깊이 소속되어 있었고 자녀들에게 가장 좋은 안전감과 안정적인 환경을 제공해 주고 있었다.

아이들은 놀이치료실을 편안하게 탐색하고(Sean은 방이 새 방이었기 때문에 기억하지 못함), 언어적 또는 비언어적으로 의사소통을 잘했다. 그들은 어머니(또는 아버지)가 대기실에 있다는 것을 대체로 알고 있었고, 양해를 구하고 부모를 만나러 나갔다. 또한 아이들은 곧바로 돌아와서 기다리고 있는 부모를 놀이치료실로 데려와 함께 놀 수 있는 방법을 찾았다. 아이들이 개별 치료나 공동 치료보다 가족치료로부터 더 많은 혜택을 받을 수 있다는 것이 금방 분명해졌다. 특히 그들은 부모와 더 가까워져야 하고 위로와 안심을 갈망했다. 그러나 부모는 건설 현장을 감독하고, 작업 요구 사항을 협상하고, 보험 청구를 처리하고, 필요한 가구, 가정용품, 의복 준비 등으로 할 일이 너무 많았기 때문에 아이들이 부모와의 시간을 필요로 할 당시에는 시간이 부족한 상황이었다. 따라서 가족치료 회기가 급히 이루어지는 것이 필요했다. 평일에 우리 사무실로 오는 것에 대한 부부의 스트레스를 줄이기 위해 토요일에 가족치료를 하기로 했다.

가족치료

나는 편안함을 높이고, 정서적 유대감을 회복하며, 따뜻하고 편안한 시간을 함께할 수 있도록 고안된 여러 가족치료 회기를 수행했다. 가족은 빨리 편안함을 얻을 수 있었는데, 이전에 긍정적인 공동 경험의 강력한 기반이 있음이 분명했다. Sean은 회기에서 성적인 행동을 보였고, 나는 부모에게 한계를 설정하고 주의를 분산시키고 사적인 접촉은 은밀하게만 이루어지는 것이라는 내용에 대해 차분하고 분명하게 이야기하도록 지도했다. Sean은 빠르게 반응했다. 처음 몇 번의 회기에서 내가 했던 수행 중 일부는 치료놀이에서 영감을 받아 신체적 움직임, 에너지, 웃음, 재미를 우선시했다(Booth & Jernberg, 2009). 아이들은 매우 즐거워하면서 더 자주 와도 되는지, 또 할머니도 함께 와서 놀아도 되는지 물었다(할머니는 두 번째 공동 회기 후에 참여했다).

다섯 번째 회기 즈음에는 퍼펫과 함께 스토리텔링을 통해 집단적 은유를 만들기 위해서 가족에게 퍼펫을 소개하기로 했다. 가족에게 주어진 퍼펫치료 지침은 간단하다.

> 보시다시피 여기에는 사용할 수 있는 다양한 퍼펫이 있습니다. 제가 여러분이 하기를 바라는 것은 (퍼펫을 사용하여) 시작, 중간, 끝이 있는 이야기를 구성하는 것입니다. 단, 두 가지 규칙이 있습니다. 이야기를 구성해야 하고(신데렐라와 같은 인기 있는 이야기를 다시 말하면 안 됨), 이야기를 설명하는 것이 아니라 연기해야 합니다(Gil, 1994).

아이들은 즉시 주위를 둘러보기 시작했고 외계인, 뱀, 모기, 다람쥐, 애벌레/나비, 고릴라 등의 퍼펫을 발견하고는 즐거워 보였다. 아이들은 따뜻한 남매애를 보이면서 서로 아이디어를 나누고, 부모님과 할머니에게 제안을 하고, 퍼펫들을 고르고, 목소리를 연습하며 방을 돌아다녔다. 나는 가족들에게 뒤로 가서 빠져 있겠다고 말하고, 그들이 충분히 자신들만의 이야기를 만들고 그들이 스토리텔링을 할 준비가 될 때까지 연습해야 한다고 말했다. 각 사람이 자신의 퍼펫에게 성격, 목적 및 이야기의 역할을 부여하면서 이야기가 생생하게 나타났다. 그들의 웃음은 방을 가득 채웠고, 우리 모두 기쁨으로 가득 찼다. 그들의 가족 역학은 존중과 협조였다. 아버지의 특별한 역할은 줄거리를 승인하거나 다른 것을 제안하는 것이었다. 그는 항상 아내 Monique에게 동의하는지 물었고, 그녀는 항상 동의했다. 할머니의 역할은 손주들이 한 모든 일을 기뻐하는 것이었고 그들의 긍정적인 애착도 분명했다. 두 아이는 할머니가 정말 특별한 퍼펫을 가지고 있는지 확인하고 그녀가 더 완벽하게 참여할 수 있도록 그녀의 의자를 그들에게 더 가까이 가져오도록 격려했다.

이야기 시연

아들 Sean Jr.은 먼저 '가족이 서로를 더 빨리 방문할 수 있도록' 두 도시 사이에 기차를 연결하기 위해 철도 선로를 놓는 사람의 이야기를 처음으로 제안했다. 이것은 한 도시에서 다른 도시로 가는 열차 개통식에 참여하는 가족 이야기로 발전했다. 처음에 Rihanna는 요리사가 되어 승객들에게 식사를 제공하겠다고 제안했지만, 그녀와 할머니는 손님을 위한 '오락'을 제공하는 편을 택하게 되었다. '그들이 다 음식을 먹고 왔을지도 모르기 때문에' Rihanna는 '너무 뜨거워지고 폭발할 수 있는' 부엌에서 일하고 싶지 않다고 말했다. 아버지 Sean Sr.는 자신이 운전사가 될 것이며 Monique가 철도에 이상한 점이 있거나 예상치 못한 위험이 있는지 알려 주는 감시자가 될 것이라고 말했다. 이 이야기는 매우 빠르게 합쳐졌고, 시연 내내 많은 변형이 있었지만 몇 가지 주목할 만한 예외 사항을 제외하고는 거의 동일하게 유지되었다. 기차는 몇몇 도시에서 승객을 내리고 태워야 했다. 한번은 아버지 Sean Sr.가 그들이 '일정보다 앞당겨서' 늦을 것에 대한 스트레스 없이 역 휴게실에서 '쉴 수 있다'고 제안했다. 약 35분 후에 가족은 이야기를 할 준비가 된 것 같았다.

가족 퍼펫 이야기를 이야기하기

가족은 자신의 역할을 맡아 이야기를 시작하게 되어 기뻐하는 것 같았다. 운전사와 감시자는 전방에서 엔진 시동, 브레이크와 경적 점검, 모두가 탑승했는지 확인하기 위해 뒤돌아보는 역할을 맡았다. 아버지는 '회색 머리에 모자를 쓰고 수염 난 늙은 퍼펫'을 가졌고, 어머니는 경찰과 비슷한 파란색 옷을 입은 퍼펫을 가졌다. Rihanna는 고릴라와 모기를 선택했고, 아들 Sean Jr.는 뱀과 외계인을 선택했다. Esther는 나비를 선택했다. 그다음 모두 기차에 올라타는 척했다. 이야기는 다음과 같이 진행되었다.

Rihanna가 설명을 시작했다. "우리는 가족 여행을 떠납니다. 우리는 반려동물을 잊었습니다. 그래서 잠시 기다려야 합니다. 우리는 뛰어가서 반려동물을 데려와야 합니다. 우리 반려동물은 우리와 함께 어디든 가야 합니다." 아이들은 반려동물을 대표할 개 퍼펫을 가지러 달려갔다. 또 그들은 새끼 캥거루가 품에 있는 캥거루 퍼펫도 가져오기로 동의했다. Rihanna는 계속해서 말했다. "휴, 이 개는 우리의 가까운 가족이에요. 우리는 가족 중 중요한 구성원을 집에 두고 올 뻔했어요. 정말 우리가 그를 잊고 왔다면 너어어어어어어무 미안했을 거예요." Sean은 "네. 만약에 우리가 그를 집에 남겨 두고 왔다면 우리를 매우 원망했을 거예요."라고 덧붙였다.

가족은 기차가 울퉁불퉁한 길을 지나는 시늉을 하면서 움직여 가는 도중에 수영장, 공원, 롤러코스터를 가리켰다. 갑자기 기차가 멈췄다. 승무원이 말했다. "신사 숙녀 여러분, 우리는 완전히 정지했습니다. 나무가 선로 위로 떨어져서 앞의 선로가 막혔습니다. 우리는 사람들이 나무를 제거할 때까지 기다려야 합니다. 편안하게 잠시만 기다려 주세요."

Sean은 캥거루를 운전사(아버지)에게 데려가서 "뭔가 나쁜 일이 일어날까 봐 무섭다고 우리 아기가 겁에 질렸어요."라고 말했다. 운전사는 아기 캥거루에게 나쁜 일이 일어나지 않을 것이라고 안심시켰고, 아기 캥거루는 "아저씨는 아무것도 몰라요. 아저씨는 결코 아무것도 몰라요. 아마 나무가 전화선을 치고 불이 날 거예요!"라고 말했다. 이 이야기의 대본이 없는 부분은 매우 자발적으로 이루어졌다. 부모와 아이들은 당면한 문제를 퍼펫 역할극을 통해 해결하기 시작했다. Esther는 "별문제가 없다면 앞으로 날아가서 직접 볼 수 있을 것 같아요."라고 말하고 일어나 문으로 걸어갔다. 캥거루(아들 Sean Jr.)는 그녀와 함께 가자고 했고 그들은 함께 방을 나갔다. Rihanna는 모기 퍼펫을 사용하여 운전사와 감시자를 쏘아서 '경계 상태를 유지'했다. 그녀는 고릴라 퍼펫을 사용하여 으르렁거리는 소리를 내고 모든 사람에게 그녀가 얼마나 큰 호흡을 할 수 있고 얼마나 크게 불 수 있는지 보여 주었다. "만약 주변에서 불을 꺼야 할 경우를 대비하여 연습하고 있습니다……." 감시자는 혼란스러워하다가 말했다. "봐요. 나무가 제거되고 위험을 피했습니다. 여행을 다시 시작할 수 있습니다." Esther는 나비처럼 삐죽삐죽 소리를 내며 아기 캥거루와 엄마 캥거루를 데리고 돌아와 "해안이 맑아서 아주 멀리멀리까지 보이네."라고 말했다.

그러나 아들 Sean Jr.는 자신의 뱀을 바닥에 내려놓고 "조심해. 이건 비단뱀이야. 케이지에서 나와서 우리를 물려고 해."라고 외치기 시작하면서 확인을 시켜주었다. 다른 퍼펫들은 주위를 둘러보더니 뱀에게서 벗어나려고 뛰기 시작했다. 그런 다음, 아들 Sean Jr.가 뱀을 잡고 다른 퍼펫들의 다리 사이쯤을 물기 시작했다. 승무원(아버지 Sean Sr.)은 뱀을 잡는 척하는 물건을 만들어 집어 들고 창문에서 던졌지만, 그전에 그는 뱀에게 한계를 설정해 주었다. "나는 당신이 걱정한다는 것을 알고 있어요. 무서워한다는 것을 알아요, Snake 씨. 하지만 기분이 어떻든 다른 사람의 사적인 부분을 만져서는 안 돼요." 아들 Sean Jr.가 고개를 들어 "미안해요, 아빠. 잊어버렸어요."라고 말했다. "모든 엔진이 작동합니다." 그가 소리쳤다. "다들 앉으시고 빨리 집에 갑시다!" 승무원은 기차를 돌려 집으로 향했다.

퍼펫 이야기 다루기

퍼펫 이야기를 하는 동안 치료사는 가족 구성원 간의 이야기 경험을 촉진하면서 전체적인 가족 은유를 풍성하게 탐색해 볼 수 있는 기회를 제공해 준다. 이렇게 가족 구성원 간의 이야기를 다루는 경험은 집단 가족 은유를 탐구할 수 있는 좋은 기회이다. 치료사는 필수적인 치료적 호기심을 갖고 가족의 이야기 탐구를 확대하고자 한다. 이러한 이야기의 확대를 위해 가족이 자신의 이야기를 더 깊이 들여다보고 그들의 이야기와 가능한 의미에 대해 함께 통찰하도록 다시 지시하게 된다. 치료사는 이야기 은유에 머물러 캐릭터의 느낌을 말하도록 요청하고 줄거리를 따라가며 무언가에 대해서는 호기심을 증폭시키도록 권장한다(Gil, 2016). 가족치료에서 퍼펫을 사용한 Irwin과 Malloy는 가족 이야기와 실제 상황 사이의 유사점을 도출하여 평가 정보를 얻도록 고안된 가족 퍼펫 인터뷰를 개발했다(Irwin & Malloy, 1975). 가족퍼펫치료는 치료사가 평가 단계를 넘어 가족의 은유 맥락 속에서 치료 개입을 수행하는 인터뷰 기술의 발전이다. 치료적 가정은 줄거리와 퍼펫 캐릭터가 가족에게 근본적인 의미를 가지고 있으며, 외현화된 이야기와 상호작용하여 어떤 의미를 얻을 수 있다는 것이다.

Rihanna와 Sean Jr.의 가족이 고안한 가족 퍼펫 이야기는 믿을 수 없을 정도로 단순했으며 유형 1 외상을 견뎌 온 이 가족이 갖고 있는 여전히 혼란스러운 문제를 노출했다. 예를 들어, 가족이 여행하는 동안 집이 불에 탔다고 생각해 보자. 그들의 이야기는 가족여행에 관한 것이다. 무언가가 잊혀졌고, 회수되어야 했다. 만약 개나 할머니를 집에 남겨 두기로 결정했다면 가족 구성원을 잃는 것을 거의 인정했다는 의미이다.

예측 불가능한 화재는 궤도 위의 쓰러진 나무 그리고 가족을 위협하는 것처럼 보이는 뱀과 모기에서도 볼 수 있었다. Sean은 뱀 퍼펫을 사용하여 참을 수 없는 감정이 종종 성적인 연기와 연결되는 방식을 보여 주었다. 이 행동은 꽤 오래전에 중단되었지만 이야기에서 스트레스 순간에 나타났다.

부모는 권위 있는 위치에 있었고 여정의 결과를 안내하는 나침반 역할을 했다. 부모가 전에 떨어져 있었기 때문에 한 팀으로 일하면서 같은 장소에 두는 것이 적절해 보였다. 또한 아이들이 필요로 하는 것을 구체적으로 표현한 것처럼 보였다. 부모가 책임지고 도전이나 위험에 직면할 준비가 되어 있고 안전과 보안을 제공할 수 있다. 또한 이야기에서 가족은 유대가 잘 이루어져 있고, 아이들은 어디로 갈 것을 지시받거나 양육에 대해서 알고 있으며(아기 캥거루), 두려움과 같은 감정에 대해서도 서로에게 자신의 생각과 감정을 표현할 수 있음이 분명했다. 또한 아버지는 경계를 넘어서는 것에 대한 확고하고 단적인 한계를 설정하는 데 매우 침착하고 능숙했다. 그리고 사적인 부분을 만지는 아들 Sean Jr.는 이전에 부적절한 성적 접촉에 대해 배웠던 교훈들을 상기시키는 데 잘 반응했다.

두 아이는 모두 불 문제를 제기했다. Rihanna는 부엌이 뜨거워지고 폭발하는 것에 대해 이야기했고, 아들 Sean Jr.는 쓰러진 나무가 전화선을 쳐서 화재를 일으킬 수 있다고 말했다.

할머니의 역할은 여정의 나머지 부분을 정찰하기 위한 출발에서 매우 중요했다. 그녀는 날아올라 멀리 볼 수 있는 나비로서의 유리한 면을 갖고서, 멀리 볼 때 위험이 없다는 사실로 가족을 안심시켰다. 그녀가 상황을 살펴보기 위해 떠났을 때 그녀에게 도움을 준 동반자는 아기 캥거루의 어머니였다. 가족은 여러 가지 위험에 직면했지만 기쁨과 모험을 경험했으며, 기차에 탑승한 승객에게 모든 것이 안전하다고 안심시킨 후 앞으로 나아가는 부모와 함께 절정에 이른다.

치료사는 핵심 개념이나 문제를 좀 더 깊이 파고들기 위해 고안된 질문을 만들 수 있도록 열심히 듣고 보았다. 나(Gil)는 이 이야기에서 몇 가지 질문을 만들어 가족 구성원에게 제기했다.

"아기 캥거루가 자신이 무서워했다는 것을 인정하는 것은 어땠습니까?"
"아버지가 그를 안심시켰을 때 아기 캥거루는 어떻게 느꼈습니까?"
"기차가 갑자기 멈추었을 때 모든 사람이 어떻게 반응했나요?"
"기차에 위기가 왔다는 것을 아는 것은 어땠습니까?"
"승무원과 그의 보조가 위기에서 어떻게 행동해야 할지를 알았을 때 모두의 반응은 어땠습니까?"
"나비가 무슨 일이 일어나고 있는지 보기 위해 앞으로 날아갔을 때 어땠나요?"
"쏘는 모기와 위험한 비단뱀이 가족에게 위험했습니다. 어땠어요?"
"비단뱀에게 누군가가 만지는 사적인 부분에 명확한 한계를 설정했을 때, 비단뱀은 어땠나요?"
"저는 나비와 캥거루가 스카우트 단원처럼 밖으로 나가서 집으로 가는 남은 여정을 정찰하는 것을 보았습니다. …… 그들이 떠났을 때 어땠나요? 그들이 돌아왔을 때 어땠습니까?"

이 가족은 토론에서 공개적으로 상호작용했고, 어느 시점에서 Monique는 말했다. "와, 이 기차의 승객들은 여전히 나쁜 일이 일어날 수 있다고 걱정하는 것 같습니다. 그게 왜 그런지 압니다. 경고 없이 나쁜 일이 일어났기 때문이에요. 이제 우리 모두는 나쁜 일이 다시는 일어나지 않을 것이라는 신뢰를 쌓아야 합니다!" 이때 남편은 아내를 껴안았고, 그들은 회복하는 데 시간이 걸릴 것이라는 더 깊은 이해와 함께 떠났다. 우리는 또 다른 12회의 치료 회기를 가졌다. 우리는 가족놀이치료를 관계 향상, 근본적인 걱정의 노출, 아이들이 지원을 요청하고 받는 역할놀이를 할 수 있는 기회로 활용했다.

❖ 요약

가족놀이치료에서 퍼펫을 사용하는 것은 치료과정에서 유용하고 강력한 경험이다. 퍼펫을 사용하는 것은 무장해제 가능성이 있어서 가족은 숨겨지고 말하지 않은 문제를 더 자세히 살펴보게 된다. 또 해결이 필요할 수 있는 어려운 경험에 대한 더 깊은 이해를 제공한다. 퍼펫은 종종 아동 치료에 사용된다. 그러나 퍼펫과 가족 작업의 통합에 대한 대안적 치료 방법은 연구가 덜 되었다. 이 가족의 퍼펫 이야기는 가족치료에 퍼펫을 통합하여 효과를 얻을 수 있다는 유용한 예이다.

참고문헌

Booth, P. B., & Jernberg, A. M. (2009). *Theraplay: Helping parents and children build better relationships through attachment-based play* (3rd ed.). San Francisco, CA: Jossey-Bass.

Butler, S., Guterman, J. T., & Rudes, J. (2009). Using puppets with children in narrative therapy to externalize the problem. *Journal of Mental Health Counseling, 31*(3), 225-233.

Gil, E. (1994). *Play in family therapy*. New York, NY: Guilford Press.

Gil, E. (2016). *Play in family therapy* (2nd ed.). New York, NY: Guilford Press.

Hartwig, E. K. (2014). Puppets in the playroom: Utilizing puppets and child-centered facilitative skills as a metaphor for healing. *International Journal of Play Therapy, 23*(4), 204-216. doi:10.1037/a0038054

Irwin, E. C., & Malloy, E. (1975). Family puppet interviews. *Family Process, 14*, 179-191.

Johnston, S. S. M. (1997). The use of art and play therapy with victims of sexual abuse: A review of the literature. *Family Therapy, 24*(2), 101–113.

Karakurt, G. (2012). Puppet play with a Turkish family. *Journal of Family Psychotherapy, 23*, 69–78. doi:10.1080/08975353.2012.654092

Landreth, G. L. (2012). *Play therapy: The art of the relationship* (3rd ed.). New York, NY: Routledge/Taylor & Francis Group.

Nutting, R. (2015). The strength of children externalizing the effects of chronic illness through narrative puppetry. *Journal of Family Psychotherapy, 26*, 9–14. doi:10.1080/08975353.2015.10002736

Pereira, J. K. (2014). Can we play too? Experiential techniques for family therapists to actively include children in sessions. *The Family Journal: Counseling and Therapy for Couples and Families, 22*(4), 390–396. doi:10.1177/1066480714533639

Sori, C. F. (2011). Using hip-hop in family therapy to build "rap" port. In H. G. Rosenthal (Ed.), *Favorite counseling and therapy homework assignments* (2nd ed., pp. 299–308). New York, NY: Routledge.

White, M., & Epston, D. (1990). *Narrative means to therapeutic ends.* New York, NY: Norton.

| 제17장 | 놀라움은 계속된다: 치료적 퍼펫놀이와
퍼펫치료를 통해 성인을 사로잡고 참여시키기 |

- Joanne F. Vizzini

어린 시절부터 성인기까지 나와 함께 도약하라. 우리가 매우 자주 남겨 두고
왔던 재능들을 주목하라. 원래는 퍼펫을 교육적으로나 치료적으로 아동들만을
위한 것이라고 생각했던 사람으로서, 나는 이 장에서 내가 회복된 것처럼 당신
을 회복시키기 위해 단연코 최선을 다할 것이다.

❖ 놀라움을 위한 시간 내기

성인과 함께 퍼펫을 사용하는 것에 대한 비전이 있는가? 학교나 지역사회 또는 임상실습
에서 필요하다고 요청을 받는가? 내 이야기가 당신에게 영감을 주어서 당신이 어떻게 동일
시되어 가는지 주목하라. 이 장을 읽는 동안 메모하라. 그리고 당신 자신의 이야기, 생각 및
감정과 '함께'하라. 당신의 성인 참여자는 퍼펫들의 이야기와 함께하는 동일한 실습에 참여하
게 될 것이다.

어떻게 시작할 것인가? 퍼펫의 목소리로 가르치라

나이에 상관없이 뛰어들라! 18세에 나는 독학으로 2~12세의 아동들에게 학습
장애 아동들을 정규교실에서 가르쳐야 한다는 특수교육 폐지 개념을 알려 주는
퍼펫티어(Puppeteer)가 되었다. 메릴랜드주 연구 보조금(1980년 수령)의 범위 내

에서, 특별히 규격화된 퍼펫을 사용한 발표 후 차이점을 받아들이는 지식이 생겼는가에 초점을 맞춘 질문을 던졌고, 아동들과 이에 대한 아동들의 대답을 연구했다. 나는 연령에 관계없이 퍼펫들과 인형들(doll)이 놀이 대상이 되어 서로 싸우는 형제들이나 갈등하는 부부 가운데서 적합한 역할을 하도록 하기 위해, 상처 입은 어른들, 아동들, 그들의 가족들도 치료하기 시작했다. 얼마 지나지 않아 나는 학교 행정가들로부터 교사, 직원, 탁아소 제공자에게 '새로운 법'인 공공법(Public Law: PL) 94-142(1975)(Texas Council for Developmental Disabilities, 2013)를 가르쳐서 학습 차이가 있는 아동의 특별한 필요에 대해 민감해지도록 하라는 요청을 받았다. **당신의 목표 성인 집단, 주제, 열정, 재정적 자원은 무엇인가?**

교회, 박람회, 학교 행사 및 학부모의 밤에서, 나는 친밀한 관계를 맺는 방법, 신앙 공동체 내의 스트레스 요인과 갈등에 대처하는 방법, 가족의 정서적 역학을 탐색하는 방법, 그리고 교실에서 긍정적인 행동을 활성화하는 방법을 발표했다. 치료적 대처 기술 사용이든, 영적 대처이든 또는 가치 기반 인지행동 반응이든 간에 성인이 포함된 여러 세대의 청중들이 있는 곳에는 배움이 촉진되는 호기심과 열정이 있었다([그림 17-1] 참조). 사서, 교사, 학교 행정관, 학부모 및 보육원 종사자들이 나의 퍼펫 부대인 '서니 사이드 업(Sunny-sides Up)'에 사로잡혀서 젊은이들의 자기조절을 돕는 방법에 대해 교육을 받았다(Bernier & O'Hare, 2005). **당신이 가르치는 장소 또는 잠재적인 장소는 어디인가? 당신의 청중은 누구인가?**

내가 접한 많은 다문화 집단에서, 신앙 공동체나 학교는 감정을 공유하거나 가지고 있거나 표현하도록 허락된다면, 심지어 가족 외에서 감정을 공유하는 것이 허용될 수 있는 곳이었다. 많은 문화 집단에서 갈등은 사적이고 종종 숨겨진 방식으로 다루어지거나 인정되지 않았다(Avent & Cashwell, 2015). 퍼펫놀이는 일단 치료사와의 직접적인 접촉이 어려울 경우 사회적으로 좀 더 용인되는 배움의 형식을 제공한다(Notaras Murphy, 2010). **당신은 어떻게 문화적으로 민감해질 것인가?**

그러면 성인 학습자와 퍼펫은 어떨까? 나의 가톨릭 교회에서는 많은 성인이 자신의 아이들이 퍼펫과 퍼펫 이야기에 참여하는 모습을 보면서 완전히 매료되어 의자 가장자리에 앉아 있었다. 성인들은 자녀들에게 초점을 맞춘 교회 예배

[그림 17-1]   아동들의 문제에 대해 부모/성인을 가르치기 위해 퍼펫에 대한 열정을
나누는 실습은 배운 것을 영구화시킨다.

사진: American Counseling Association 제공.

에 참여한 후 Cool Eugene(내 주요 퍼펫 중 하나)에게 "안녕하세요."라고 말했다. 아이들을 참석시키거나 훈련의 초점이 되게 하는 것은 부모나 훈련생들에게 그들의 아이 같은 경이로움에 들어가 퍼펫놀이를 할 수 있도록 허락하는 것 같았다. 퍼펫이 어떻게 성인을 사로잡는지 주목하라!

❖ 매혹당하고 참여하다

퍼펫 사용과 관련하여 자신을 어떻게 생각하는가? 당신은 가상 게임의 페르소나를 맡거나 연극 역할을 하는 것처럼 퍼펫과 당신을 하나로 여길 수 있는가? 당신이 퍼펫의 메시지를 듣게 된다면 당신은 어떤 캐릭터에 끌릴지 미리 생각해 보라.

열정을 표현할 퍼펫 캐릭터 선택 및 만들기

나는 내게 주어진 것, 18세의 청소년으로서 내가 감당할 수 있는 것, 그리고 내가 원하는 메시지를 듣는 사람들, 즉 그 당시 아동들이 잘 이해할 수 있도록 나의 캐릭터를 선택했다. 나는 당신도 당신을 끌어당기고, 부드럽게 느껴지고, 당신의 손이 매우 편안하게 느끼는 것을 찾으라고 제안한다. 나는 모든 손 퍼펫을 사용한다. 나는 퍼펫이나 인형 등을 사용하는 다른 사람들을 훈련시켰다. **어떤 종류의 퍼펫들이 당신을 매료시키는가?**

여신이자 선각자인 Elaine Meyers는 예언적으로 17.5세인 나에게 퍼펫티어링(puppeteering)의 재능을 말했다. 그녀는 즉시 'anam cara'[1]라는 나의 영혼의 친구가 되었다. 우리는 함께 장애 퍼펫 집단인 Kids on the Block(KOB; Aiello, 1977)의 공연에 참석했다. 성인들과 함께 퍼펫 사용을 하기 위한 준비를 위해서 워크숍과 공연에 참석하라고 강력하게 제안한다. 특히 당신의 인구통계학적 집단에 전달하려고 계획한 것과 같은 종류의 메시지를 제시하는 사람들 말이다. **누가 당신의 창의력을 불러일으키는가?**

내가 속한 극단의 퍼펫들은 각기 교육 프로그램 전반에 걸쳐 질문과 대답을 사용하여 학습을 돕는 KOB와는 달리 관객들의 상호작용을 불러내는 특별한 스타일을 가지고 있다.

> Vizzini 퍼펫 모델의 각 퍼펫은 목소리, 복장, 주제 및 이야기와 같은 지속적인 특성과 함께 평생 동안 뚜렷한 성격을 가지고 있다. 12단계 워크숍과 마찬가지로 퍼펫들은 '경험, 힘 및 희망'을 전달하면서 회복에 대한 이야기를 전한다. 주제는 [내담자/환자/참여자]가 어려운 상황에서 적절한 행동을 신속하게 상기할 수 있도록 짧고 기억하기 쉬운 명언을 통해 [교육 또는] 치료과정에서 강화된다. (Vizzini, 2003, p. 55)

나는 어떤 연령대라도 상관없이 내 모델이 되어 움직여 줄 퍼펫으로서 입이 달린 퍼펫을 선호한다([그림 17-2] 참조). Vizzini 퍼펫 모델의 기본 개념처럼, 당신의 퍼펫이 당신의 내담자의 치료사로 변모하기 위해서 그 퍼펫은 당신이 놀이치

---

1) 역자 주: '영혼의 친구'라는 아일랜드어

[그림 17-2] 퍼펫의 조력자로서 퍼펫과 직접적 관계를 맺는 것은 힘을
바탕으로 한 유대감을 손에 쥐게 하는 것이다.

사진: Freedom Through Psychotherapy, LLC.

료사, 임상의 또는 교육자로서 사용하는 모든 도구를 위한 메신저가 된다. 당신
의 손이 그 퍼펫을 움직이고, 당신의 마음과 영혼은 그 퍼펫을 통해 숨을 쉬며,
퍼펫의 목소리는 당신의 지혜, 힘, 지식에서 나오게 된다.

　나는 퍼펫 캐릭터가 재미있는 말을 하고, 노래를 부르고, 이야기를 하고, 청중
들이 공감할 수 있는 곤경을 겪도록 고안한다. 퍼펫들이 어려움에서 벗어나는
방법은 그 과정에 필수적이다. 참가자들에게 퍼펫을 도와달라고 초대하거나, 다
른 사람이 나오는 동안 방금 말한 퍼펫처럼 참가자에게 어떤 물건을 쥐게 하거
나, 퍼펫을 따라 노래 부르는 것은 꽤 효과적이다([그림 17-3] 참조). **어떤 캐릭터가
떠오르는가? 동물 퍼펫을 원하는가, 아니면 사람 퍼펫을 원하는가? 여러분의 인구통계학에
의미가 있는 퍼펫을 선택하라. 나의 웹사이트 www.drvizzini.com에서 나의 첫 번째 퍼펫들
인 사람 퍼펫과 두 개의 빨간 배꼽을 가진 털북숭이 퍼펫인 Cool Eugene 그리고 더 많은 퍼
펫을 만나 보라.**

[그림 17-3] 퍼펫에 사로잡히면 여러분의 생명력이 퍼펫을 살아나게 할 것이다.

사진: Freedom Through Psychotherapy, LLC.

퍼펫을 치료/교육 도구로서 활용하기 위해 성인들을 활동시키고 참여시키기

퍼펫치료를 연습하려면, 미국에서는 당신의 주에서 인증 또는 면허를 받아야 한다. Vizzini 에 따르면, 퍼펫치료는 치료 환경에서 심리치료를 제공할 목적으로 치료사가 퍼펫들을 치료 적으로 사용하는 것이다(Vizzini, 2003). 당신은 학습을 위해 항상 퍼펫을 공유할 수 있다! 나 는 17년 동안 퍼펫으로 성인을 활동시키고 참여시키는 일을 했으며 큰 열정과 기쁨을 가지 고 퍼펫을 치료적으로 그리고 심리교육적으로 활용했다.

퍼펫들이 1, 2학년 교실에서 주축이 되었고, 그 장소에서 집단과 나는 성인들 과 정기적으로 만나 육아와 아동들의 문제에 대해 이야기를 나누었다. 그리고 상당히 중요하게도 나는 친구들과 가족파티 같은 세대 간 파티와 성인들만의 모 임 양쪽 모두에 성인으로서 참여했다. 후자는 퍼펫 캐릭터들의 목소리, 스타일, 서사를 연습하는 가장 좋은 장소 중 하나가 되었다. 퍼펫과 하나가 된다는 것은 퍼펫을 살아나게 하는 모든 세부 사항을 연마하는 것을 의미했다. 퍼펫을 좀 더 실제처럼 보이게 하는 구체적인 방법을 상기하기 위해, 이 책의 첫 장에서 잘 정 의된 어휘를 찾아보기 바란다. 즉각적이고 즉흥적으로 퍼펫의 성격을 만들어 공유하면서 성인들의 모임을 더 즐겁게 만들 수 있는 동시에 위험 부담이 큰 아이디어를 적극 추천한다. 당신은 목소리, 몸짓, 눈의 초점, 전체적인 캐릭터에 대한 생생한 피드백을 즉시 받게 될 것이다. 그리고 당신과 다른 사람들이 즐겁기를 희망한다. **당신은 누구와 함께 퍼펫의 캐릭터화를 연습할 수 있는가?**

열정과 사랑으로 당신의 진실을 말하기

퍼펫들은 17년 동안 나의 독실한 자매로서(그렇다, 나는 흔히 말하는 '수녀'이다)로서 Ms. Jean Harris와 Sr. Elaine Roulet와 함께 베드포드 힐즈 최대 보안 교도소(Bedford Hills Maximum Security Prison)의 어린이 센터에서 여성 수감자들의 가족과 그들의 아이들을 만났다. 퍼펫들은 그들의 분리와 상실, 그리고 중독, 학대, 괴롭힘 등의 가족 문제를 다루는 데 도움을 주었다. 윤리적으로 우리는 퍼펫들을 공유하는 모든 사람을 위해 현장에 치료사를 두거나, 핫라인이나 치료사에게 의뢰함으로써 충분한 지원을 해야 한다. 퍼펫들은 훈련받지 않은 사람이 다루어야 하는 모든 것보다 더 깊은 감정을 불러일으킬 수 있다. 일단 치료사가 되더라도 치료가 아닌 집단활동을 하게 되면 현명하게 대처하고 자원을 제공해 주어야 한다. **어떤 봉사 활동에서 퍼펫의 목소리를 낼 수 있는가? 퍼펫들에게 말할 수 있는 힘을 허락할 의향이 있는가?**

❖ 성인치료에서 퍼펫의 활용을 향하여

유용한 치료도구를 배운다는 점에서 수많은 감정적·정신적·영적 병리로부터 스스로를 회복하기 위한 자신의 이야기를 알아보는 시간을 가져 보라. 당신은 당신의 삶과 직업의 맥락에서 나오는 변화되는 순간, 대처 능력의 이야기를 용감하게 공유할 수 있을까? 당신이 봉사하기로 선택한 어른들에게 어떤 결과를 바라는가?

성인들과 함께 퍼펫치료를 하는 것은 많은 측면을 가지고 있다. 그들은 나를 존경하고, 나에게 특권을 주었으며, 그들과 함께 내면의 길을 걷게 해 주었기 때문에 나는 그 다양한 측면들을 경험할 수 있었다. 거기에는 다양한 인종, 민족,

[그림 17-4]　퍼펫치료사와 퍼펫이 혼자서는 이룰 수 없는 것을 위해서 집단과 함께할 때
인간 영혼의 자유와 통합에 대한 헌신이 가능해진다.

사진: Freedom Through Psychotherapy, LLC.

사회경제적 부를 가진 사람들이 있었다([그림 17-4] 참조).

내가 내면의 일을 할 때, 퍼펫들이 내 안의 기를 잡아 주었다. 내가 퍼펫들에게 치료사가 되도록 하는 것은 나 자신에게도 치료적이었다. 내가 한 사람, 여자, 치유사, 선생님으로 성장하면서 퍼펫들도 함께 성장했다.

에이즈에 걸린 아이를 키운 것이 나를 변화시켰다. 도시의 거리를 떠돌던 G는 3세 때 종교적 자매인 우리와 함께 긴급 쉼터에서 살게 되었다. G는 6.5세 때 기생충에 감염되었다.

그 아이의 삶과 죽음을 돌보기 위해 나는 퍼펫치료를 의학적으로 사용하고 싶은 마음이 생겨났다. 아직까지는 치료사가 아닌 교육자로서, 그리고 '어머니' 역할을 하면서 G의 감정을 돌봐 주고 치료적 안도감을 제공하고 다음 진료 절차에 대해 가르쳐 주었다. G가 마지막 숨을 쉬기 며칠 전에 그녀는 친구 Cool Eugene과 함께 노래를 불러 달라고 부탁했다.

❖ 당신은 가족과 함께 작업할 수 있도록 병원이나 호스피스에 퍼펫들을 데려갈 것인가

아이를 잃은 사람이라면 누구나 삶의 모든 모서리가 완전히 닳고 너덜너덜해진 느낌이 든다는 것을 안다. 나는 깊숙이 묻혀 있는 치유의 언어를 찾을 수 있는 도구로서 퍼펫들에게 눈을 돌렸다. 나는 지지 집단에 속해 있었고, 퍼펫들을 공유했다. 외상 회복에 대해 얻었던 치유 정보를 이용했다. **당신의 내면으로부터 솟아날 필요가 있는 언어는 무엇인가?**

퍼펫들은 내 지지 집단의 여성들에게 아주 좋은 반응을 받았다. 나는 내 임상 현장에서 퍼펫들을 사용할 수 있는지 궁금했다([그림 17-5] 참조). 그 인형들을 선택해서 집어 들었을 때, 나는 내 삶도 되찾았다.

[그림 17-5] 집단을 모으라. 당신의 진심을 나누라.
당신의 손끝으로 퍼펫의 힘을 느끼고 공간과 당신을 함께 변화시키라.
사진: Freedom Through Psychotherapy, LLC.

내가 속한 집단의 성인 여성들은 퍼펫들이 그들에게 희망, 그들이 겪고 있던 고통을 보는 새로운 방식, 그리고 때때로 기쁨을 주었다고 말했다. 어떤 사람이 슬픔에서 치유되고 있을 때, 꽤 오랫동안 웃음을 잃은 듯이 보인다. 우리 모두는 퍼펫들 중 한 명이 말한 것에 대해 함께 신나게 배꼽을 잡고 웃으면서 치유되고 있음을 알았다. **당신은 언제 유머와 예술을 통해 통찰을 얻어 왔는가?**

자신감 있고 대담하게 행동하라—당신만의 창의적인 힘을 세계와 공유하라

다음 부분에서 메모를 하고 질문을 직접 작성한다.

모집단: 노숙자(18~60세)

나의 인턴십 과정에서 대부분 남성인 노숙자 내담자들은 집단에서 퍼펫을 사용한다는 말을 들은 적이 없었다. 나는 그 편이 더 좋았다. 22년 동안 아무도 그 공간을 떠난 적이 없다. 왜냐하면 우리는 퍼펫들을 사용했기 때문이다. 그들은 자신이 흐느끼는 동안 자신을 돌보아 주는 퍼펫들의 힘에 의해 감화된 사람들이었다.

내가 처음에 내담자들과 퍼펫을 사용한다고 했을 때, 내 상사는 상당히 망설였다. 만약 당신에게도 그런 일이 일어난다면, 용기를 잃지 마라. **당신이 제공할 수 있는 것이 있음을 믿으라.** 돌아가서 다시 물어보라. 나는 이야기(Combs & Freedman, 1996)와 유머치료(Cousins, 1979)가 혼합된 인지행동치료 이론 (Meichenbaum, 2017)을 바탕으로 Vizzini 퍼펫치료 모델을 탄생시킬 기회를 얻었다.

각 퍼펫치료 회기에서, 나는 내담자가 겪고 있는 정확한 문제를 해결할 수 있는 구체적인 방법을 제시했다. 내가 공유한 각각의 퍼펫은 치료과정을 구현해 냈다. 나는 자존감을 떨어뜨리는 두려움과 상처를 극복하기 위한 치료 작업의 특정 부분을 고안했다.

모집단: 평균의 사람들(18~60세)

유년기의 고통을 극복하고자 하는 평범한 사람들을 위한 '5일간의 주거 치료 경험'의 리더가 나를 고용했다. 나는 일주일 내내 월요일 아침 시작 시간을 맡았다. 내담자들은 바닥에 앉아서 퍼펫들을 즐기면서 안전하고, 연약할 수도 있는 장난기 많고 어린아이 같은 모습으로 들어갈 수 있도록 환경을 준비했다. 그녀가 나에게 제공한 훈련은 사이코드라마였고, 모든 치료사는 거기서 일하기 전에 그 치료 프로그램을 경험해야만 했다. **두 가지 아이디어 모두 당신의 기술을 향상시키고 퍼펫과 퍼펫치료가 경험적이라는 것을 상기시키기 위한 훌륭한 아이디어이다.**

모집단: 세대 간 작업 및 청년층(18~90세)

당신의 재능을 나누는 것은 당신이 익숙했던 것보다 더 많은 대담함을 필요로 할 수도 있지만, 성인들과 치료적으로 퍼펫을 사용하는 것은 가치 있는 일이다. 성인 초기(18~24세)는 집에서 퍼펫을 가지고 놀거나 퍼펫을 활용하고 있다는 것을 숨기고 있는 것처럼 보인다. 나의 퍼펫들은 학교에서 정서적으로 불안하고 나이가 많은 10대들의 금연과 관련하여 청소년 교정시설에서 그들이 자존감을 키울 수 있도록 도움을 주었다. 나는 아직도 앞에서 말한 젊은이들이 감사의 표시로 선물해 준 낙타 퍼펫을 상자에 가지고 있다. 그들 중 많은 수가 니코틴에 중독되었다가 담배를 끊거나 사용을 절제했다.

세대 간 퍼펫 사용의 틀은 온 가족이 집으로 돌아가 퍼펫의 메시지를 사용하고 퍼펫 조종술 경험에 대해 토론할 수 있게 한다. 퍼펫치료를 위해 성인들이 몇 명 참여하는 것은 비록 그들이 청소년들의 부모가 아니더라도 도움이 될 수 있다.

내가 애도(grief) 캠프 환경에서 치료용 퍼펫에 대한 프레젠테이션을 할 때 성인들이 참여하면 훨씬 경험이 깊어지고 아동들이 받아들이는 데에도 도움이 된다([그림 17-6] 참조). 성인들에게 퍼펫 체험에 들어가라고 당부하면, 청소년들은 '그들의 상담자'가 참여하는 것에 대해 마치 자신들도 퍼펫 세계에 들어갈 수 있는 허가를 받았다는 듯 반응한다. 아동이 방해를 받거나 다른 청소년에게 방해가 된다면 내가 아닌 성인이 손 퍼펫을 '하고 있는' 동안 아동을 다루도록 방 안에서 청소년 관리를 돕는 것은 성인들에게 필수적이다. 청소년이 너무 걷잡을 수 없게 되면 정서적 안전까지 도와주어야 하고, 성인 도우미와 함께 나가게 된다. 나는 바닥에 깔린 매트 위에 청소년들을 앉히고, 서로 만지지 않고 매트를 모두 분리시키는 것을 선호한다. 그들의 성인 자원봉사자들은 마루에 앉거나 그들 근처 의자에 앉아 많은 청소년들이 퍼펫 작업을 할 때 편안함을 느낄 수 있도록 도와주었다. 성인 자원봉사자는 '도우미' 경험으로부터 치료적 효과를 얻는다. 이 경험은 그들이 좀 더 수용적이 되게 해 준다. 나는 청년이나 성인과 함께 바닥에서 작업하는 것을 가장 좋아한다. 나는 종종 반원 모양의 의자에서 작업한다. 테이블은 에너지의 흐름을 방해하기 때문에, 그럴 때 나는 더 열심히 집단을 위해 일해야 한다. 나는 그들이 자아를 위해 퇴행할 수 있는 발판을 마련하기 위해 최선을 다한다.

[그림 17-6] 성인들이 불신을 멈추고 모든 관련자가 풍부한 학습과 치유의
시간을 가질 수 있는 구조를 제공하는 세대 간 퍼펫 체험

사진: 〈나는 내 공간에서 안전하다: 어른들이 아이들을 도울 수 있도록 교육한다〉라는 비디오의 스크린 샷 사진, Joanne Vizzini; 비디오 작가: Ron Israel

❖ 성인을 위한 퍼펫치료 경험

무엇이 성인 내담자를 퍼펫에게 다가가게 만드는가? 무엇이 성인들을 퍼펫이나 퍼펫을 사용하는 경험에 더 개방적이게 만드는가?

내가 당신에게 알려 줄 경험적 자료는 없다. 그러나 난 성인들과 함께 퍼펫을 사용한 22년의 임상 경험이 있고, 교육자로서의 17년 경험이 있다. 여기서 '증거 기반'의 언어로는 부족할 수 있지만, 성인들과 함께 퍼펫을 일화적으로 사용하는 것의 효과성에 대한 증거는 심오하다. 나는 모든 유형의 내담자/환자/참가자와 함께 퍼펫을 활용해 왔다. 망상, 조증, 심각한 우울증, 그리고 약간의 외상의 경우에는 윤리적 주의가 필요하다. 이럴 때는 추가 감독을 받을 것을 추천한다. 모든 유형의 치료에서와 같이 허용 가능한 개입과 부적절한 개입 사이의 차이는 타이밍에서 나온다. 나는 혼란스러운 마음의 조현병을 앓고 있는 사람들에게 퍼펫들을 효과적으로 사용해 왔다. 그들은 보통 나와는 공유하지 않지만 퍼펫들과는 이야기한다. 그리고 해리성 장애의 경우 여러 인격 사이에서 내면아이가 자신의 이야기를 할 수 있도록 퍼펫을 사용했다([그림 17-7] 참조). 다시 한번 강조한다. 현명한 상담을 추구하라. 퍼펫의 힘이 만만치 않기 때문이다.

[그림 17-7] 외상, 절망 또는 공포의 시기에 자유, 빛, 희망을
향해 도달하는 것은 날개를 가진 용기이다.

사진: Freedom Through Psychotherapy, LLC.

Vizzini 모델과 기타 문서화된 모델 간의 주요 차이점은 치료사가 퍼펫을 조종하고 말하는 동안 치료사가 보이는 것이다. 내담자들은 일반적으로 치료사가 아니라 퍼펫에 집중한다. 나는 내 앞에 허리 높이까지 올라오는 스크린을 사용한다. 천 덮개가 있는 테이블이면 충분할 것이다. '무대'는 어떤 퍼펫이 올지 숨길 수 있는 수단을 제공한다. 퍼펫치료사의 존재와 가시성은 내담자의 안전과 의식적인 불신을 줄이는 데 중요한 것으로 생각된다. 내담자들은 그들이 여전히 치료 환경에서 작업하고 있다는 것을 알고 있지만, 방어가 약해지면서 장난스럽게 핵심적인 문제를 다룰 수 있다(Vizzini, 2003).

대본 준비

내가 대본에 제공하는 것보다 더 많은 안내를 원한다면 다음의 사이트를 참고하라.

http://www.legendsandlore.com/puppetscript.html
http://www.puppetresources.com/#sthash.dA4aUhCG.dpbs
http://www.skits-o-mania.com/
http://kidsontheblockottawa.ca/?page_id=150

이 사이트들은 많은 주제를 가지고 있다. 이 사이트가 아동용으로 보일지 모르지만, 성인인 당신도 놀라게 할 것이다.

나의 모든 대본은 나의 창조적인 재능과 내면의 목소리에서 나온 것이다. 캐릭터들과 그들의 이야기는 내 경험과 치료사로서의 훈련에서 나온다. 많은 캐릭터는 은유와 "상처를 주지 말고 도우미가 되어라."와 같이 짧은 구절을 사용한다. 그들 중 몇몇은 익숙한 곡들을 부른다. 퍼펫 작업을 시작하면서 아동들에게 어떤 노래를 즐겨 부르는지 물어본다. 성인들의 경우에는 그들의 어린 시절의 노래들이 잘 어울린다. 나의 퍼펫들 중 일부는 랩 노래를 하고 참가자들은 "푸추, 푸추(Puchoo, Puchoo)!" 하면서 배경음을 넣어 주도록 지시받는다. '느껴야 치유도 되고, 나누게 되고, 현실도 된다'는 식으로 노래를 통해 되뇌면서 모두가 일어서고, 움직이고, 노래한다.

개인들

회기는 대개 집단 환경에서 이루어지지만, 개별 치료로 쉽게 수정될 수 있다. 모집단들은 회복 프로그램에서 다른 무엇보다도 자신의 문제에 직면하여 도움을 요청하고, 분개하고, 자신을 사랑하며, 자신의 감정과 행동을 조절을 하는 인간의 경험들을 다룬다.

개인을 만나는 공간에는 퍼펫을 두라. 내게는 특별한 영적 의미를 지닌 사슴 퍼펫인 Deerheart가 있다. 당신은 개, 곰, 또는 사자를 선택할 수도 있다. 나는 사람들에게 때때로 Deerheart와 함께 앉으라는 요청을 했다. 아마도 내가 그들이 어렸을 때 얼마나 상처받았고 작았는지에 대한 심리교육적인 이야기를 할 때일 것이다. 성인들은 자신들이 지금 가지고 있는 통찰력, 기술, 크기와 예상으로 과거를 평가하는 경향이 있기 때문에 이런 퇴행적인 작업을 하면 그들은 눈물을 흘린다. 다른 사람에게 무언가를 소개할 때처럼 직관적인 감각을 믿으라. 아마도 여러분은 성인 내담자 개인들이 과거에 어떤 종류의 부드러움이나 인형/퍼펫을 사용할 수 있었는지 알아내기 위한 증인으로 혹은 과거로 이끌어 주는 인도자로서 인형으로 사용된 퍼펫을 소개할 것이다. 어린 아동들의 수면을 도운 '친구', 그리고 '유일한' 친구로서 비밀을 지켜 주고 위안을 주었던 동물들/인형들의 의미와 깊이는 놀랍다. 그리고 그 의미와 깊이는 다른 사람들에게 가면을 써야 하는 청년들과, 자녀들과 교회 또는 다른 분야에서 퍼펫 공연을 하는 어른들에게도 마찬가지이다.

만약 인형(doll)으로 사용된다면, 개인은 종종 인형 옆에 혹은 인형 위에 앉는다. 종종 남자와 여자 모두 퍼펫이나 인형을 쓰다듬는다.

만약 퍼펫으로 사용된다면, 개인은 종종 앞에 언급한 것을 사용하곤 하는데, 그 퍼펫으로 말을 할 수 있는지, 다른 사람과 이야기할 수 있는지 물어본다. 내부 가족 시스템(Internal Family Systems: IFS) 또는 게슈탈트(Gestalt) 방식으로 개인은 자신의 일부와 대화할 수 있다. 예를 들어, 한 개인이 지혜로운 올빼미와 대화하는 동안 Deerheart를 붙잡고 싶어 할 수도 있고, 혹은 그 사람에게 알려지거나 새로워진 외부의 지혜로운 인물의 목소리를 듣기 위해 지혜로운 올빼미나 가장 오래된 지혜로운 올빼미인 후후 할아버지를 사용할 수도 있다.

어떤 개인들은 어떤 느낌, 다른 사람, 또는 그들 자신의 일부를 괴물 퍼펫의 형태로 투사함으로써 큰 도움을 받았다. 분노를 표현하지 못한 많은 사람은 퍼펫에게 그들의 분노나 걱정의 상황을 표현하게 함으로써 큰 도움을 얻는다. 다른 사람들은 그 퍼펫이 무엇을 나타내든 비틀거나, 짜거나, 던지거나, 사랑스럽고, 부드러운 손길을 주었다.

나는 **항상** 내가 그 사람과 더 가까워질 수 있는지 묻는다. 환영받는 퍼펫이라도 가까이 다가가는 것이 당연하다고 생각하지 말라. 나는 퍼펫치료사가 되거나 개인의 마음이 시각화되는 것을 도울 수 있다. 어떤 사람들은 퍼펫들을 모으거나 인형으로 사용된 퍼펫들을 모아서 눈에 보이는 곳에 배열하고, 그들의 삶에서 그 부분의 역할에 따라 그 퍼펫들을 중요한 장소에 배치한다.

❖ 검색, 검색 그리고 연구

우선, 당신의 내담자가 될 모집단에 대한 조사를 해 보고, 당신이 도와야 할 그 모집단에 대해 무엇을 발견할지 기대하면서 검색하라. 할 일 목록에 검색과 조사를 추가한다. 전문가로서 우리의 경험과 유산은 증거 기반의 임상적 접근 방식으로서 내세울 만하다. 퍼펫치료가 성인에게 실현 가능한 것으로 입증하는 것과 관련하여 나의 데이터는 한 단계 발전했다. 금주모임인 12단계 모델 시설인 Hazelden에 가서 퍼펫치료와 일반적인 성인 치료의 비교 실험을 그들의 사이트에 나온 한 장소에서 수행했다. 그 결과, 데이터는 환자들(18~55세의 남성 집단과 여성 집단, 56~83세의 나이 든 남성 집단과 여성 집단)이 치료에 퍼펫을 사용하는 것을 선호한다는 것을 보여 주었다. 평균적으로 남성과 여성 모두 나이 든 성인들은 퍼펫치료가 일반적인 치료에 비해 만족도가 더 높았다. 그리고 가장 이상한 결과는 일반적인 치료보다 퍼펫치료를 더 많이 선택한 바로 그 노인들이 상황 불안과 특성 불안 둘 다에서 더 많이 걱정하는 반면, 좀 더 젊은 나이대의 남성과 여성 집단은 퍼펫치료에 대해 덜 불안해한다는 것이다. 결론은 만약 여러분이 노인들에게 퍼펫치료를 하게 될 경우, 그들이 퍼펫들과 이야기하거나 함께 말하는 것에 대해 어떤 힘든 감정을 가질 가능성이 있다는 것을 알아두라는 것이다 ([그림 17-8] 참조). 노인들이 긴장을 풀고 퍼펫치료에 더 자유롭게 참여할 수 있도록 적응할 시간을 주라(Vizzini, 2003).

[그림 17-8]   노인은 자신의 진정한 모습을 드러내기 위해 필요한 관심을 받는다면 덜 불안할 것이다.
사진: Freedom Through Psychotherapy, LLC.

놀라움과 함께하는 놀라움

이 놀라운 장의 끝부분에서, '유인물: 성인을 위한 치료적 퍼펫 사용의 기본 지침'을 꼭 보라. 이 장의 기본 전제에는 당신을 위한 지침과 중요한 점을 상기시키는 내용이 포함되어 있다. 여행은 당신의 것이다. 당신이 성인들을 위한 퍼펫 사용을 시작할 준비가 되었다고 더 느낄 수 있도록 각 장의 경로를 따라 기록된 조언을 받아들이기를 바란다. 필요하다면 작게 시작할 수는 있지만 일단 시작하라. 내가 당신을 위해 준비한 도구들을 집어 들고, 내가 하는 것처럼, 성인을 위해 퍼펫을 사용함으로써 마음을 사로잡고 빠져드는 모험을 기대하라.

참고문헌

Aiello, B. (1977). *Kids on the block*. Columbia, MD: Author.

Avent, J., & Cashwell, C. (2015). The black church: Theology and implications for counseling African-Americans. *The Professional Counselor Journal, 5*(1), 81–90. doi:10.15241/jra5.1.81

Bernier, M., & O'Hare, J. (2005). *Puppetry in education and therapy: Unlocking doors to the mind and heart*. Bloomington, IN: Author House.

Combs, G., & Freedman, J. (1996). *Narrative therapy: The social construction of preferred realities*. New York: W. W. Norton & Company.

Cousins, N. (1979). *Anatomy of an illness as perceived by the patient*. New York: W. W. Norton & Company.

Michenbaum, D. (2017). *The evolution of cognitive behavior therapy: A personal and professional journey with Don Michenbaum*. New York: Routledge.

Notaras Murphy, S. (2010, February 14). Remembering play. *Counseling Today*. http://ct.counseling.org

Texas Council for Developmental Disabilities. (2013). Project ideal: Informing and designing education for all learner. *Special Education Policy*. Retrieved from www.projectidealonline.org

Vizzini, J. (2003). *A comparison study of puppet therapy to regular therapy in a chemical dependency twelve-step treatment model*. Baltimore: Loyola Library.

📄 부록: 유인물–성인을 위한 치료적 퍼펫 사용의 기본 지침

Picture(그리라): 퍼펫과 당신을 하나로 그려 보라. 당신이 퍼펫을 사용하는 상상을 해 보라.

Undo(취소하라): 퍼펫들은 단지 아동들만을 위한 것이라는 당신의 믿음을 취소하라.

Plan(계획하라): 집단/개별 회기를 잘 계획하라.

Purpose(목적): '왜 이 주제인가?'와 '왜 이 집단 또는 개인인가?'를 질문하라.

Event(행사): 어떤 행사가 가장 좋은가? 한 번 이상 진행할 것인가? 그렇다면 순차적 행사가 좋은가?

Take time to prepare(준비할 시간을 가지라)

Spend time(시간을 들이라)

4 basic tools(네 가지 기본 도구): 퍼펫들을 믿을 만한 존재로 만들라(립싱크, 눈의 초점 맞추기, 목소리, 몸짓).

Act(행동하라): 당신이 무엇을 하고 있는지 정확히 아는 것처럼 행동하라. 당신의 태도와 자신감이 많은 것을 말해 준다.

Dare to(두려워하지 말라): 당신의 마음으로부터 그리고 창의력으로부터 고안하는 것을 두려워하지 말라. 새롭고 자발적인 것을 시도하라.

Understand(숙지하라): 당신의 목표를 숙지하라.

Love(사랑하라): 당신 자신을 사랑하라. 그리고 미래를 향해 가는 과정 중의 당신도 사랑하라. 그러면 당신이 봉사하는 사람들도 똑같이 할 수 있다.

Trust(신뢰하라): 치료사나 교육자로서 당신의 본능을 신뢰하라.

Stay(집중하라): 즐거움에 집중하라. 당신이 치유에 대해 가진 믿음을 전하라.

제18장 의료 환경에서의 퍼펫놀이

– Judi Parson

　　의료 환경의 전문가들은 퍼펫을 이용하여 아동들과 장난기 있는 의사소통, 주의분산, 그리고 교육을 진행할 수 있다. 퍼펫들은 치료적 돌봄뿐만 아니라, 의료 정보 및 절차 시연을 제공한다. 의료 환경에서의 퍼펫놀이를 탐구하기 위해서는 특정한 퍼펫 조종술 기법이 요구된다. 그중 하나의 기법은 Reid-Searl(2012)에 의해 개발된 Pup-Ed(KRS 시연)이다. 이 기법은 의료 환경에서 아동들을 다양한 형태의 퍼펫놀이에 참여시키는 방법에 대해 전문가들을 가르치는 실용적인 단계와 교육적인 틀을 제공한다. 이 교육과정에서는 살아 있는 퍼펫이라고도 불리는 두 손을 가진 퍼펫을 착용한다. 이 퍼펫은 유사 건강관리 전문가로 변한다. 하지만 퍼펫에 부여된 특성은 단일 사용자가 착용하든 여러 사용자가 착용하든 모든 경우에 적합해야 한다. 퍼펫의 유형, 스타일, 크기는 목적에 적합해야 하고, 감염제어 프로토콜에 따라야 하기 때문에 건강 관리 환경에서 퍼펫의 선택은 중요하다. 이 장에서는 마취관 또는 정맥 접근 장치와 같은 의료 장비를 포함하는 퍼펫놀이의 절차에 대한 고려와 함께 의료 환경에서의 퍼펫놀이와 건강관리 전문가들의 의료적 또는 간호적 중재에서 사용하는 퍼펫놀이에 대한 개요를 제공한다. 이 장은 아동이 직접 퍼펫을 꾸미고 만들 수 있는 치료적 퍼펫놀이 활동으로 마무리되는데, 이는 결국 의사소통을 원활하게 할 수 있는 자원을 제공한다.

❖ 퍼펫의 정의

퍼펫은 사실상 모든 것으로 만들어질 수 있다. Blumenthal(2005)은 퍼펫이 우상, 바보, 혹은 벌레가 될 수 있다고 말한다. 역사적으로 퍼펫들은 종교적인 의식, 교육 목적, 오락으로 사용되어 왔다. 퍼펫을 통해 청중들을 끌어들이는 예술은 퍼펫 구조의 구체적인 세부 사항과 특성뿐만 아니라 퍼펫을 움직이고 배치하는 퍼펫티어의 행동과 함께 발생하게 된다. 따라서 누군가가 개인화된 시나리오를 만들고 그 시나리오를 퍼펫에 투사할 때마다, 퍼펫은 '살아난 것으로' 보인다. 투사는 Bernier와 O'Hare(2005, p. 125)의 다음의 말처럼, 자아의 의식적인 부분과 무의식적인 부분 모두를 공개하도록 한다.

> 퍼펫은 때때로 의식적인 자기표현이나 타인의 표현으로 만들어지기도 하지만, 쉽게 또는 공개적으로 표현되지 않는 무의식적인 역학이나 자아 부분을 형상화하는 퍼펫이 더 자주 등장한다.

퍼펫은 지시적 · 비지시적 놀이치료 실습과 다양한 이론적 접근 방식을 고려하여 치료적으로 사용된다. 퍼펫은 놀이치료실에 있는 다른 장난감들과 창조적인 도구들처럼, 자기 자신(아동 자신과 치료사 자신)의 확장을 제공하는 물건이다. 그 결과, 퍼펫놀이는 의사소통을 촉진하고, 정서적 건강을 증진시키며, 사회적 관계를 증진시키고, 개인적인 강점을 증가시키기 위해 놀이의 치료 효과에서 발견되는 네 가지 주요 범주와 모두 일치할 수 있다(Schaefer & Drewes, 2014). 따라서 이러한 범주를 염두에 두고 퍼펫놀이는 의료 및 병원 환경을 포함한 다양한 환경에서 치료적으로 사용될 수 있다. 의학적인 퍼펫놀이는 치료적인 대인관계 기술과 함께 연극적이고 교육적인 퍼펫 조종술을 포함시키면서 치료적인 변화를 증폭시킨다.

❖ <u>의료 상황 설정하기</u>

　아동이 받는 의료 서비스는 다양한 질병, 사고 및 부상, 의료 절차 또는 수술을 포함한 다양한 소아 건강관리 문제에 걸쳐 있다. 병원 응급실이나 어린이 병동에 입원하는 아동은 환경의 불확실성과 건강상태, 잠재적인 의료시술, 수술, 죽음이나 죽어 가는 과정에 대한 걱정 또는 두려움으로 인해 다양한 감정을 경험할 수 있다(Parson, 2009). 낯선 의료 환경에 내재된 감각 정보의 집중은 아동들 개개인에게 친숙할 수도 있고 그렇지 않을 수도 있다. 병원 냄새, 조명, 소리는 일상생활이나 학교생활과는 매우 다르다(Parson, 2009). Haiat, Bar-Mor, Shochat(2003)은 놀이가 아동들이 병원 언어, 시각, 소리를 이해하는 데 도움을 줄 수 있다고 말한다. 하지만 아동들은 흔히 어린이 병동에서의 아픔과 고통의 소리를 주변의 아동들로부터 듣게 되고, 이것이 이들의 두려움과 걱정을 증폭시킬 수 있다.

　오늘날 의료 환경에서 아동들은 이전 세대에 비해 더 적극적이고 유능한 건강 소비자로서의 경험을 쌓는 경향이 있고, 자신의 질병 관리에 더 많은 책임감을 부여받으면서 상황이 바뀌고 있다(Ekra, Korsvold, & Gjengedal, 2015). 이런 변화를 이끌 수 있는 한 가지 요인은 유엔 아동권리협약(Convention on the Rights of the Child: CRC)으로 아동 권리에 대한 인식이 높아진 점이다(United Nations, 1989). 병원과 같은 조직 내에서 이러한 권리에 대한 대응을 위해서는 병원의 의료 전문가들이 아동의 권리와 특히 다음의 UNCRC 조항을 인식해야 한다.

제12조: 아동에게 영향을 미치는 모든 문제에서 자신의 견해를 자유롭게 표현할 수 있는 권리, 아동의 연령과 성숙도에 따라 적절한 가중치를 받을 권리를 보장해야 한다.

제13조: 아동은 표현의 자유에 대한 권리를 가진다. 이 권리에는 구두, 서면, 인쇄, 예술의 형태 또는 아동이 선택한 다른 매체를 통하여 모든 종류의 정보와 아이디어를 찾고, 받고, 전달할 자유가 포함되어야 한다.

의료 환경에서 아동권리협약을 유지하기 위해서는 아동이 자신의 건강관리와 실제로 어떤 의료 절차나 수술을 받는지에 대한 정보를 주고받을 것을 요구한다. 가장 중요한 것은, 정보는 개별 아동에게 발달적으로 적합한 방식으로 전달되어야 한다. Ekra과 연구진(2015)은 아동들의 취약성과 기능 사이에서 균형 잡는 방법을 찾는 것이 병원에서 아동들을 돌보는 가장 좋은 방법인 것 같다고 말했다. 그러므로 이 균형을 찾기 위해서 치료사는 놀이를 통해 아동들의 세계로 들어가야 한다. 놀이는 아동들의 가장 자연스러운 의사소통 방식이기 때문이다 (Landreth, 2012). 놀이, 특히 퍼펫놀이에 참여하는 것은 의료 환경에서 아동들과 소통하고 연결하는 치료적이고 교육적인 방법을 가능하게 하여 의료 환경을 최적화할 수 있다.

❖ 퍼펫 유형

퍼펫은 캐릭터 스타일, 크기, 목적 등 다양한 방식으로 분류될 수 있다. 퍼펫의 크기는 매우 작은 손가락 퍼펫에서부터 손에 끼는 퍼펫, 그리고 크고 착용 가능한 실물 크기의 퍼펫에 이르기까지 다양하다. 전통적인 놀이치료에는 아동들과 가족들이 활용할 수 있는 20~30개의 퍼펫이 있다(Irwin & Shapiro, 1975). 퍼펫의 범위는 인간의 모습이나 캐릭터 퍼펫들, 공격적이거나 친근하거나 수줍은 퍼펫들, 야생동물 퍼펫들 또는 가정용 동물 퍼펫들, 신화, 판타지, 그리고 요정 퍼펫들 등 이용 가능한 퍼펫들의 종류와 스타일은 거의 무한하다. 감염제어 프로토콜을 위반할 수 있는 다수의 직원 사용자와 소아 환자 때문에 병원 맥락에서는 그렇게 다양한 범위의 퍼펫들을 소지하는 것이 가능하지 않다. 따라서 의료 환경에서 특수하게 설계되고 세척 가능한 퍼펫이 사용된다.

퍼펫을 구입할 때나 아동이 집에 가져가기 위해 병동에서 퍼펫을 만들 때에도, 사용자가 퍼펫의 입이나 손을 조작할 수 있도록 설계되어야 한다. 양말 퍼펫이나 살아 있는 것 같은 입을 가진 퍼펫은 먹고 빨고 물고 핥는 것을 포함한 구강적 관심에서 노는 것뿐만 아니라 언어적 표현도 향상시킬 수 있다. 반면, 손을 가진 퍼펫은 잡고, 껴안고, 레슬링하고, 싸우는 것을 허용한다(Parson, 2016). 그러나 입 또는 손으로 조작하도록 설계된 살아 있는 퍼펫(living puppet) 또는 절차 퍼펫(procedural puppet)이 어린이 병동의 아동들에게 더 흔하게 사용되어 왔다.

❖ 의료 환경에서의 퍼펫

퍼펫들은 창의적으로 의사소통을 강화하고, 의료 환경에서 아동들을 교육하고 지원하며, 간호학과 학생들이 아동 환자를 돌보는 교육을 시범하는 데 사용되어 왔다(Reid-Searl et al., 2016). 절차 퍼펫은 교육적 혹은 의학적 퍼펫놀이를 목적으로 하는 특정한 절차를 보여 주기 위해 사용되어 왔다. 살아 있는 퍼펫은 어린이 병동에 상주하여 아동들의 생각과 감정에 대해 또는 절차적이거나 교육적인 놀이 활동을 위해 '말하는' 것을 도울 수 있는 특별한 형태의 두 손을 가진 퍼펫([그림 18-1] 참조)이다. 그러나 살아 있는 퍼펫들은 보통 의료 장비를 삽입하거나 부착하지 않는다.

Reid-Searl과 연구진(2016)은 호주 지역의 어린이 병동에서 퍼펫을 사용하는 간호사를 대상으로 한 정성적 연구에서 Pup-Ed 체계와 연계된 살아 있는 퍼펫이 아동 치료를 최적화하는 효과적인 방법이라는 것을 발견했다. 이들은 퍼펫들을 사용한 간호사들이 퍼펫들이 아동과 연결되고, 놀이와 발랄함을 격려하고, 아동의 두려움을 줄이고, 장벽을 무너뜨리는 데 유용하다는 것을 발견했다고 보고했다. 이 연구는 또한 의료 환경 내의 살아 있는 퍼펫 및 시간 제약을 사용하는 데 있어서 간호사의 퍼펫 사용은 자신감 또는 자신감 결여 같은 어려움이 있다는 것을 밝혀냈다(Reid-Searl et al., 2016). 이 연구는 Pup-Ed(KRS 시연)와 같은 안내 체계의 통합이 간호사가 병원에서 아동을 위한 의료 퍼펫놀이의 제공을 강화하는 데 유용했다고 밝혔다(〈표 18-1〉 참조).

[그림 18-1] 살아 있는 퍼펫

왼쪽부터 Hamish(서 있는 퍼펫), Carlos(얼굴을 숨기고 있는 퍼펫), Maggie 그리고 Rosie가 있다.

〈표 18-1〉 Pup-Ed(KRS 시연) 체계

Pup-Ed 체계

P **퍼펫 준비 단계**(Puppet preparation phase): 사용자는 퍼펫의 역사를 공부하고 퍼펫 사용 방법을 배우게 된다.

U **학습자 이해**(Understanding the learner): 사용자는 다양한 학습 스타일을 고려한다.

P **실행**(Play in action): 사용자는 연습 대본이 없는 자발적인 상황에서 아동과 함께 퍼펫을 사용하는 방법을 배운다.

E **평가**(Evaluation): 사용자는 아동과 함께 퍼펫놀이의 영향을 평가한다.

D **보고**(Debrief): 사용자는 이제 퍼펫 없이 아동과 만나 아동의 기분, 좋았던 점, 달라질 수 있었던 부분, 배운 것을 파악한다.

(KRS 시연)

KRS **지식성**(Knowledge): 아동과 퍼펫의 상호작용을 안내하는 사용자의 지식

현실성(Realistic): 아동들의 불신을 잠재운다.

자발성(Spontaneous): 퍼펫과의 상호작용은 자발적이다.

출처: Reid-Searl (2012).

Pup-Ed(KRS 시연) 체계는 실용적인 단계를 제공한다. 이것은 전문직 종사자들에게 그들의 일에 퍼펫놀이를 사용하여 아동들을 참여시키는 방법을 가르치는 교육 구조에 기초한다. 교육 내에는 지시적 놀이치료 모델(Parson, 2016)과 함께 다른 설정에 대해 탐색하고 조정할 수 있는 몇 가지 중요한 측면이 있으며, 따라서 더 깊은 차원에서의 설명이 유용할 것이다.

퍼펫 준비 단계에서는 간호사나 놀이치료사처럼 전문지식을 갖춘 전문가가 퍼펫을 착용한다. 병동 전문지식이 있는 전문직 종사자는 건강관리나 절차 교육을 목적으로 아동과 연계할 수 있는 사람이다. 정보에 밝은 사람은 당면한 문제에 대해 잘 알고 있으며, 아동이 퍼펫에 대해 할 수 있는 모든 질문에 대답할 수 있다. 하지만 그전에 전문가는 퍼펫 작업을 할 필요가 있다. 퍼펫을 착용하는 것(즉, 두 손을 퍼펫의 장갑에 넣거나 한 손을 입에 넣거나 다른 손을 퍼펫 장갑에 넣는 것)은 전문가가 퍼펫의 손을 자신의 손으로 사용할 수 있게 해 준다. 이것은 의료 장비를 조작하는 데 유용하다. 하지만 점점 익숙해지고 퍼펫을 가지고 놀면서 '퍼펫을 살아나게 하는' 과정을 시작한다. 퍼펫을 돌려서 작동하고 있는 사람을 향하게 하고, 퍼펫이 마치 '살아 있는 것'처럼 대화하는 것 같은 다양한 방법으로 퍼펫을 움직이며, 구체적인 특성과 시나리오를 개발하는 등 이 모든 작업을 통해 퍼펫의 정체성이 확립되고 강화된다. 만약 전문가가 단독 사용자라면, 그는 연습을 필요로 하는 퍼펫에 맞게 독특한 목소리를 개발할 수도 있다. 그러나 어린이 병동과 같이 여러 명의 사용자가 이 퍼펫을 사용할 경우 모든 사용자가 이 퍼펫을 위해 동일한 음성을 만들지는 않으므로 이 퍼펫은 조용히 하는 것이 좋다(Reid-Searl, 2012). 이 시나리오에서 속삭임 기법은 아동들과 함께 소통하기 위해 퍼펫 사이를 오가는 전문가에 의해 사용된다.

퍼펫 준비의 한 측면은 퍼펫에게 이름, 나이, 성별, 주소, 진단, 과거 역사, 의학 및 외과 역사, 가족 및 사회 상황, 약물, 그리고 독특한 속성과 특이한 특성을 부여함으로써 퍼펫의 캐릭터를 만드는 것을 포함한다(Reid-Searl, 2012). 본질적으로, 그것은 보통 병원에 입원하는 아동으로부터 수집한 기초 정보를 포함한다.

아동의 정서적 · 행동적 · 심리적 · 학습적 욕구를 이해하려면 아동의 세계에 들어가 치료적 또는 교육적 필요를 평가해야 한다. 아동의 세계에 진입할 수 있는 조건을 만들기 위해 인본적인 입장[무조건적인 긍정적 배려, 공감, 일치성 (Rogers, 1957)과 장난스럽고 호기심 많은 접근법]을 사용하는 것은 참여와 치료적 관계를 발전시킨다. 예를 들어, 8세 소녀인 Jenny는 빈번한 혈액 검사와 매일 인슐린 주사나 인슐린 펌프를 필요로 하는 제1형 당뇨병으로 알려진 인슐린 의존성 당뇨병(Insulin Dependent Diabetes Mellitus: IDDM) 진단을 막 받았다. Jenny는 이 뉴스와 장기적인 의학적 치료에 어떻게 대처할 것인가? IDDM에 대한 그녀의 이해는 무엇인가? 지금 어떤 정보가 제공되어야 할까? 이와 같은 시나리오에서는 이미 존재하는 진단과 처방된 약물, 가족력으로 캐릭터화된 퍼펫이 Jenny와 연결되어 어떤 걱정이나 환상을 살펴볼 수 있을지도 모른다. 퍼펫은 전문가의 기술을 통해 상담과 교육의 기회를 제공하는 치료적인 역할을 맡는다. 이 점은 KRS 시연 개념에서 중요한데, 다음에서 절차 퍼펫극을 참조하여 논의되고 있다.

놀이를 시작하는 시점은 아동이 '불신을 멈출 수 있는' 때이다. 즉, 아동이 퍼펫놀이를 하며 퍼펫을 이용한 건강관리 전문가보다는 퍼펫에게 직접 말을 걸 수도 있다는 뜻으로, 퍼펫은 아동의 마음속에 '살아 있는 존재'가 되었다. 퍼펫은 시연하고 있는 의료 전문가에게 속삭인다. 인본주의적이고 해결중심적인 기술을 사용하여 다시 표현하고, 설명하며, 요약하고, 탐구하면서 퍼펫의 참여를 확장한다(Reid-Searl, 2012). Reid-Searl(2012)은 또한 전문가들에게 퍼펫놀이의 실행 시기와 내용 모두를 고려하도록 상기시킨다. 아동은 처음에 바로 퍼펫을 받아들일 수도 있고 그렇지 않을 수도 있다. 따라서 참여 수준을 평가하는 것은 퍼펫놀이의 처음 단계에서 핵심이다.

퍼펫놀이 회기의 효과를 확인하기 위해서는 평가가 필수적이며, 이는 회기와 대인관계의 상호작용을 성찰하여 퍼펫을 통해 전문가의 교수·학습 접근 방식을 지속적으로 개선해 나가기 위해 다시 통합된다. 아동의 지식 습득에 대한 평가는 이 단계에서 이루어진다.

Pup-Ed 약자의 마지막 글자인 보고(Debrief)는 퍼펫티어의 역할에서 나온다.

퍼펫놀이에서 무슨 일이 일어났는지, 어떻게 일어났는지, 사물들의 체계에서 상호작용이 무엇을 의미했는지에 대해 전문가가 아동이나 가족 구성원에게 질문함으로써 퍼펫놀이 회기를 비판적으로 평가하는 것이다(Reid-Searl, 2012).

처음 사용자의 경우 다음 회기를 연습하는 것이 좋다. 퍼펫놀이는 극의 기법을 발전시키기 위해 거울 앞에서 연습하거나 또는 퍼펫놀이 연습을 검토하고 반영하기 위한 비디오 녹화를 보면서 연습한다. 퍼펫과 함께 연습하면 인본주의적 시연 기법을 기반으로 하는 Pup-Ed 훈련의 '지식성, 현실성, 자발성(Knowledgeable, Realistic, Spontaneous: KRS)' 측면이 강화된다. 이러한 전략이 효과를 발휘하려면 교육자는 **지식적**으로 인지하면서 아동의 진단과 생활세계의 맥락에서 퍼펫의 훈련과 사용에 대해 잘 알고 있어야 한다. 맥락과 의료 환경에 대응하고 퍼펫의 특성과 움직임을 통합하여 대응에 **현실적**이어야 한다. 마지막으로, 속삭임 기법을 통해 퍼펫과 아동 사이의 상호작용에서 **자발적**이며, 그러한 상호작용은 아동의 학습 요구에 대응하여 시연이나 대본화될 수 없는 보다 자연스러운 담론을 보여 주어야 한다(Reid-Searl, O'Niell, Dwyer, & Crowley, 2017). 이런 측면들은 의료 환경에서 절차 퍼펫놀이 기법을 적용할 때도 사용되는 전문적인 특성이다.

❖ 절차 퍼펫

퍼펫의 사용을 포함한 절차적 놀이는 퍼펫놀이 시연을 통해 아동들에게 의학적·간호적 개입을 알리기 위해 의료 환경에서 사용되어 왔다. Tilbrook, Dwyer, Reid-Searl, Parson(2017)은 최근 아동 건강관리에서 퍼펫 시연의 사용에 관한 문헌을 검토한 결과, 건강관리 전문가와 놀이치료사들이 퍼펫 모델링과 스토리텔링 등 퍼펫 실습에 통합할 수 있는 다양한 방법을 사용하였고, 아동들이 직접 퍼펫을 만드는 방법도 활용했음을 발견했다. 특히 관심사는 퍼펫놀이가 입원 또는 입원 준비를 위해 아동들에게 유익하다는 것을 나타내는 상당한 증거였다. 퍼펫놀이를 통해서 고통스럽고 괴로운 의료 절차들을 모델링하는 데 도움이 되었고(Athanassiadou, Tsiantis, Christogiorgos, & Kolaitis, 2009), 이는 시술 동안 아동의 이해도를 높이고 아동의 대처 능력을 향상시켰다(Athanassiadou et al., 2009). 또한 퍼펫놀이는 수술 후 아동의 반응을 개선하고 공격적인 행동과 같은 행동 반응을 줄였다. Tilbrook과 연구진(2017)은 퍼펫놀이가 표준화된 의료에 대한 보완으로서 심리치료를 제공하는 데 중요한 역할을 한다고 말했다.

일반적인 준비는 비뇨기관 삽입(NGT), 정맥 카테터 삽입(IVC), Port-A-Cath 삽입, 혈액 및 기타 경미한 수술 절차 및 방사선 검사와 같은 일련의 아동 의료 절차 개입에 사용된다. 대부분의 경우 의료 전문가 또는 치료사는 퍼펫을 통해 병원 또는 의료 환경의 특정한 절차를 시연하고 감각 정보를 제공한다(Parson, 2009). 아동에게는 의료장비를 가지고 놀 수 있는 기회가 주어지며, 의료장비의 질감, 냄새, 유연성 등을 탐구할 수 있다. 이 장비들은 실제 절차 전에 익숙함을 높이기 위한 목적으로 사용되는 장비이다. 준비된 퍼펫놀이에서 치료사는 마치 아동이 예를 들어 비자극관 삽입에 반응하는 것처럼 의료행위 절차 놀이에서 반응을 시연한다. 퍼펫에게 튜브를 삽입하는 동안 삼키는 것과 같은 과장된 절차 교육을 시연하고, 퍼펫이 아주아주 침착하게 시술을 받음으로써 그 절차가 가능한 한 빨리 끝나게 되는 모습을 시연해 준다.

아동들이 NGT 또는 IVC 시술에 대해 걱정할 것을 예상할 수 있다. 혈액검사도 완료해야 한다. 그러나 만약 장난기 많고 교육적이고 실제적인 경험 시연을 제공한다면, 아동은 절차에 대한 충격을 덜 받을 가능성이 높다. 그리고 궁극적으로 긍정적인 건강관리 경험을 할 가능성이 더 높다(Athanassiadou et al., 2009). 전문가는 아동을 위해 퍼펫에 대한 절차를 시연할 수 있으며, 퍼펫은 아동의 반응, 두려움, 질문, 의아함에 따라 반응할 수 있다. 의료 전문가는 아동의 순간순간의 욕구에 기반하여 실시간으로 현실적이고 자발적인 방식으로 지식을 전달하거나 오해를 명확히 할 수 있는 상황에 있다.

기술적으로 퍼펫은 아니지만 의학적 배경에서 유용한 또 다른 혁신적인 장난감이 있는데, 바로 광선토끼(Rabbit Ray)이다. 이것은 단단한 플라스틱으로 만들어져 쉽게 세척할 수 있는 강력한 치료용 의료 완구로, 혈당 모니터링, 예방접종

주사, 나비 바늘로 혈액(골반 부위) 채취, 링거주사, 정맥 내 약물 제공 등과 관련된 준비와 절차적인 지식을 아동이 쉽게 얻을 수 있도록 지원한다. 자세한 내용은 https://rabbit-ray.joytingle.com을 참조하라. 간호사나 치료사는 토끼를 이용하여 구체적인 절차가 어떻게 전개될지를 아동들에게 보여 준다. 아동은 주사기, 튜브 등과 같은 의료 장비를 가지고 놀 기회를 갖게 된다. 아동에게 어떤 질문이든 물어보고 치료사가 대답하도록 할 수 있다. 또한 훨씬 더 정교한 수준에서 의료 절차를 시연하기 위해 실리콘 퍼펫을 사용하기도 한다(Reid-Searl et al., 2017 참조).

❖ 천으로 만든 퍼펫

아동들의 발달과정 중에 퍼펫은 중요한 도구로서 관여된다(Fisher, 2009; Hartwig, 2014; Pélicand et al., 2006). 의료 환경에서도 예외는 아니다. 천 인형은 수십 년 동안 어린이 병동과 응급실에서 아동들에게 의학적 절차를 설명하는 데 사용되어 왔다. 아동은 천으로 만든 손 퍼펫을 장식하고 색을 입히고, 목소리를 주고, 평소에는 그렇지 않을 수도 있는 정보를 퍼펫을 이용하여 물어보고 끌어낼 수 있다.

미리 제작된 천 퍼펫(calico puppets)을 미리 구매해도 괜찮고, 아동에게 영구 마커펜, 다양한 펠트 및 직물, 울과 끈, 단추, 깃털, 풀 등을 이용해 꾸미면서 자신만의 퍼펫을 만들도록 할 수도 있다. 뜨거운 글루건은 정교한 관리 및 주의하에서 이용할 때 정맥에 꽂은 관으로 인해 손의 움직임이 제한적일 수 있는 아동이 퍼펫을 빠르게 만드는 데 매우 유용하다.

❖ 요약

이 장에서는 의료 환경에서 퍼펫을 사용하는 세 가지 방법에 대한 개요를 제공하였다. 아동과 의료 전문가 사이의 의사소통을 강화하고, 절차 교육과 의료 장비 탐색을 촉진하며, 생각과 감정을 퍼펫에 투사하는 것이다. 이 연구는 아동들이 다가올 치료 절차를 미리 알면 정서적·행동적 반응이 차분해진다는 점과 심리교육의 중요성을 지원하고 있다. 아동들은 발달에 민감하고 나이에 맞는 방식으로 자신에게 일어날 어떤 일이든 알 권리가 있다. 의료 환경에서 퍼펫놀이는 의료가 필요할 때 아동과 주고받는 의사소통을 보완하고 강화하기 위해 강력히 권장된다.

참고문헌

Athanassiadou, E., Tsiantis, J., Christogiorgos, S., & Kolaitis, G. (2009). An evaluation of the effectiveness of psychological preparation of children for minor surgery by puppet play and brief mother counselling. *Psychotherapy Psychosomatics, 78*(1), 62–63.

Bernier, M., & O'Hare, J. (2005). *Puppetry in education and theatre: Unlocking doors to the mind and heart.* Terre Haute, Indiana: Authorhouse.

Blumenthal, E. (2005). *Puppetry: A world history.* New York: Harry N. Abrams Publisher.

Ekra, E. M. R., Korsvold, T., & Gjengedal, E. (2015). Characteristics of being hospitalized as a child with a new diagnosis of type 1 diabetes: A phenomenological study of children's past and present experiences. *BMC Nursing, 14,* 4. doi:10.1186/s12912-014-0051-9

Fisher, J. (2009). *Puppets, language and learning.* London: A & C Black Publishers Limited.

Haiat, H., Bar-Mor, G., & Shochat, M. (2003). The world of the child: A world of play even in the hospital. *Journal of Paediatric Nursing, 18*(3), 209–214.

Hartwig, E. K. (2014). Puppets in the playroom: Utilizing puppets and child-centered facilitative skills as a metaphor for healing. *International Journal of Play Therapy, 23*(4), 204–216.

Irwin, E. C., & Shapiro, M. (1975). Puppetry as a diagnostic and therapeutic tool. In

I. Jakab (Ed.), *Transcultural aspects of art: Art and psychiatry* (Vol. 4, pp. 86–94). Basel: Karger Press.

Landreth, G. (2012). *Play therapy: The art of the relationship* (3rd ed.). New York: Routledge.

Parson, J. (2009). Play in the hospital environment. In K. Stagnitti & R. Cooper (Ed.), *Play as therapy: Assessment and therapeutic interventions* (pp. 132–144). London: Jessica Kingsley Publishers.

Parson, J. (2016, June 25). *Bringing puppets to life in play therapy*. Presented at the Putting Theory into Practice in Creative Arts, British Association of Play Therapy BAPT Conference, Birmingham.

Pélicand, J., Gagnayre, R., Sandrin-Berthon, B., & Aujoulat, I. (2006). A therapeutic education programme for diabetic children: Recreational, creative methods, and use of puppets. *Patient Education and Counseling, 60*(2), 152–163. http://doi.org/10.1016/j.pec.2004.12.007

Reid-Searl, K. (2012). *Pup-Ed™ KRS simulation*. Rockhampton, Australia: CQ University.

Reid-Searl, K., O'Neill, B., Dwyer, T., & Crowley, K. (2017). Using a procedural puppet to teach paediatric nursing procedures. *Clinical Simulation in Nursing, 13*, 15–23. http://dx.doi.org/10.1016/j.ecns.2016.09.013

Reid-Searl, K., Quinney, L., Dwyer, T., Vieth, L., Nancarrow, L., & Walker, B. (2016). Puppets in an acute paediatric unit: Nurse's experiences. *Collegian*. http://doi.org/10.1016/j.colegn.2016.09.005

Rogers, C. (1957). The necessary and suffi cient conditions of therapeutic personality change. *Journal of Consulting Psychology, 21*, 95–103.

Schaefer, C. E., & Drewes, A. A. (2014). *The therapeutic powers of play: 20 core agents of change*. Hoboken, NJ: John Wiley & Sons.

Tilbrook, A., Dwyer, T., Reid-Searl, K., & Parson, J. (2017). A review of the literature: The use of interactive puppet simulation in nursing education and children's healthcare. *Nurse Education in Practice, 22*, 73–79.

UN General Assembly. (1989). *Convention on the rights of the child: Adopted and opened for signature, ratification and accession by general assembly resolution 44/25 of 20 November 1989*. Retrieved from the office of the United Nations High Commissioner for Human Rights website www.ohchr.org/EN/ProfessionalInterest/Pages/CRC.aspx

제19장 학교에서 치료적 퍼펫놀이의 활용

– Siobhán Prendiville

5세와 6세 아이들의 재잘거림이 교실 안에 가득 찼다. 이들은 오늘 수업에 합류할 예정인 신입생을 위한 환영 카드를 즐겁게 만드는 중이다. 어떤 아이들은 그들의 새로운 친구가 함께 할 수 있는 학교 활동을 묘사하는 그림을 그리고, 다른 아이들은 그들의 새로운 반 친구와 공유하기 위해 그들 자신에 대한 간단한 메시지를 쓰며, 더 많은 아이들이 그들이 좋아하는 색깔과 디자인을 사용하여 카드를 장식한다. 아이들은 조별로 새로운 소년이 학교에서 환영받는 느낌을 받을 수 있도록 어떻게 도와줄 것인지, 힌트를 주고받을 수 있는 게임, 그들이 할 농담, 그리고 그들이 나눌 이야기에 대해 이야기한다. 문을 두드리는 익숙한 소리에 교실 안은 조용해졌다. "그 애가 여기 왔어!" "그 애가 도착했어." "빨리, 문을 열어!" 아이들 중 몇 명이 신나게 외쳤다. P 선생님은 환한 미소를 띠고 익숙하게 문으로 가서 교실 문을 연다. 교장은 Billy와 함께 문 밖에 서 있다. Billy는 Barry 교장 선생님에게 가까이 다가가서 몸을 움츠리고 아이들에게서 눈을 숨긴다. "괜찮아, Billy."라고 P 선생님이 말했다. "네가 지금 두려움을 느끼고 있다는 것을 알아. 모든 것이 너에게 새로운 것이지. 아이들은 너를 만나서 매우 신이 나고 너의 새로운 교실에서 모든 것을 보여 주고 싶어 한단다." P 선생님은 Billy가 교실로 들어가는 것을 돕고 Billy는 주위를 둘러보았다. 아이들은 그런 Billy를 쳐다보고 있다. 아이들의 눈은 Billy가 P 선생님과 함께 움직이는 것을 따라 움직이고 있다. 아이들은 호기심을 갖고 Billy를 쳐다본다. 어떤 아이들은 귓속말을 하면서 웃고, 어떤 아이들은 이 새로운 친구에 대해 생각해 보고 있다. 어떤 아이들은 Billy를 만지기 위해 손을 내밀고, 어떤 아이들은 낄낄대며 인사한다. 모든 아이가 이 새로운 친구와 적극적으로 사귀고 있다. 그리고 퍼펫의 여행이 시작된다.

퍼펫들은 자연스럽게 매혹적이고, 매력적이며, 재미있고, 다재다능하다. 퍼펫들은 아동들과 함께 오랫동안 치료 작업에 사용되어 왔고 다양한 이론 모델 안에서 이용되었다(Reynolds & Stanley, 2001). 퍼펫은 아동들에게 생각과 감정을 표현하고, 이해와 통찰력을 얻고, 두려움을 풀고, 걱정과 공격적인 충동을 극복하며, 숙달과 역량의 감정을 개발하고, 언어적 · 비언어적 의사소통 기술을 육성하고 발전시킬 수 있는 기회를 제공한다. 또한 심리교육 문제 해결, 정서 및 행동 장애 및 인지왜곡 문제 해결에도 기여한다(Prendiville, 2014).

넓은 연령대에 걸친 아동들이 적절한 자원과 성인의 개입을 통해 교육적인 환경에서뿐만 아니라 놀이치료실 밖에서도 치료적 퍼펫놀이를 통해 이익을 얻을 수 있다. 이 장에 제시된 대부분의 접근법은 주류 및 특수 학급 환경을 포함한 전체 학급에서 성공적으로 사용될 수 있으며, 교육 또는 치료 환경에서 개인 또는 소규모 집단과 함께 사용될 수 있다. 부모들은 가족치료용으로도 이 기법을 적용할 수 있다.

❖ 학교 환경을 위한 퍼펫 선택

작은 손가락 퍼펫, 손 퍼펫, 소매까지 올라오는 퍼펫, 그리고 전체 몸을 가진 퍼펫에 이르기까지 다양한 범위의 상업화된 퍼펫들을 사용할 수 있다. 이 퍼펫들은 입, 혀, 손, 심지어 다리까지 가지고 있다. 아동들의 사용을 위해서 호기심을 자극하고 선택을 돕기 위한 다양한 범위의 퍼펫 종류들이 제공되어야 한다(Crenshaw & Foreacre, 2001; DeLucia-Waack, 2006; Prendiville, 2014). 그러나 완벽한 구성을 지니고 퍼펫 작업을 시작할 필요는 없다. 퍼펫은 크기, 유형, 캐릭터의 범위를 생각하면서 점점 다양하게 시간을 두고 모아 나가면 된다. 학교 환경에서 퍼펫들은 학급 간에 그리고 다양한 연령대의 아동들이 서로 공유할 수 있다. 물론 아동들이 스스로 퍼펫을 만들 수도 있다.

학교 환경에서 필요한 퍼펫의 종류들

- 사람 퍼펫: 다양한 연령, 성별, 다양한 인종
- 동물 퍼펫: 온순하고 야생적인 동물들(예: 토끼, 쥐, 호랑이, 악어)
- 신비한 생명체 퍼펫: 용, 마법사, 요정, 인어 등
- 특수 직업 퍼펫: 경찰, 의사, 판사 등
- 왕족 퍼펫: 왕, 여왕, 궁전 어릿광대 등

❖ 아동들의 자발적인 퍼펫놀이

7~8세 학급에서 아이들이 퍼펫 상자를 탐험하고 있다. 아이들은 퍼펫들을 상자에서 꺼내어 시험해 보면서 웃고 있다. 사자가 으르렁거리다가 웃고, 악어가 딱 소리를 내고, 고양이가 부드럽게 야옹 거리면서 소녀의 뺨을 문지르고, 거북이는 껍데기에 숨어 이따금 밖을 내다본다. 잠시 후, 왕이 쇼를 시작할 시간이라고 발표한다! 아이들은 "의사놀이를 하자." "아니, 정글 쇼." "우리는 슈퍼히어로를 할 수 있어." 등의 아이디어를 나눈다. 그들은 아이디어를 함께 쏟아낸 다음, 정글의 주제를 결정한다. 왕으로 불리는 Tom이 "동물들 중 하나는 의사일 수도 있고 심지어 슈퍼히어로일 수도 있어."라고 제안한다. Mary는 근처 테이블 위에 시트를 펼치고, 이것이 그들의 무대가 된다. 아이들은 각각 한두 개의 퍼펫을 고르고 연극은 확장된다. 기린과 코끼리가 함께 놀고 있을 때 호랑이는 그곳에 이르러서 "긴 목" "큰 귀"라며 그들을 놀리기 시작한다. 왕은 연극을 연출하기 위해 역할을 들락날락한다. 보조 학급 선생님은 그녀가 관찰하는 것에 대해 논평과 성찰을 하면서 아이들의 놀이를 자세히 관찰한다. 슈퍼히어로 앵무새가 날아와 코끼리와 기린에게 충고와 격려의 말을 건넨다. "강력한 목소리로 말하세요."라고 그가 말한다. 이야기가 전개되면서 아이들은 다른 역할들을 시도하고, 어떤 아이들은 다른 아이들보다 목소리를 더 크게 내고, 어떤 아이들은 분명히 주도권을 잡고, 어떤 아이들은 다른 사람들을 따르지만, 모두 자신에게 맞는 방

식으로 참여한다.

아동들의 자발적인 퍼펫놀이는 무수한 발달적·치료적 이점을 제공한다. 퍼펫들은 아동들이 자신의 생각, 감정, 선입견, 문제, 두려움, 걱정, 내면의 갈등, 환상, 기쁨을 표현하고 투사할 수 있는 위협적이지 않은 놀이 자료이다(Jennings, 2005). 퍼펫놀이는 아동들의 감정 발달과 자신감의 개발을 촉진한다. 아동은 앞장설 수 있고, 자신의 퍼펫을 책임지면서 놀이에 참여할 수 있다. 소년, 소녀들은 실제의 경험과 상황을 연기할 수 있고, 다른 역할을 시도해 볼 수 있으며, 언어적으로나 운동적으로 감정을 탐색하고 표현할 수 있다. 그러한 놀이는 아동들이 힘을 느끼고, 강한 감정을 전달하고, 이해를 얻고, 내면의 갈등을 해결하고, 문제에 대한 해결책을 찾고, 그들 자신과 다른 사람들의 감정을 식별하는 것을 배울 수 있게 한다. 그들은 자신들의 근심을 통제하면서, 재미있고 간단하게 놀 수 있다(Prendiville, 2014). 또한 자발적인 퍼펫놀이는 언어와 상상력을 발달시키고 아동들 사이의 긍정적인 사회적 상호작용을 촉진한다(Seach, 2007). 학교 환경 내에서 퍼펫놀이를 장려하고 가치 있게 여기는 놀이 분위기를 조성하는 것은 학생들이 이러한 혜택을 받을 수 있도록 한다. 아동들은 퍼펫들을 가지고 놀고 탐험할 수 있는 자유를 얻을 수 있다. 따라서 어른들은 아동들이 놀 수 있는 자원, 공간, 시간을 제공해야 하고, 아동들이 이 연극에 참여하는 동안 그 놀이를 성찰하면서 함께 시간을 보내야 한다. 처음에 아동들은 퍼펫과 함께 탐험놀이를 할 것이다. 계속해서 그들은 퍼펫의 소리를 내고 말을 걸기 시작하고, 점차 퍼펫에 특징과 개성을 귀속시키는 방향으로 나아가고, 퍼펫들이 말을 하게 하고, 다른 퍼펫들과 소통하게 한다. 아동들이 이런 활동을 할 기회가 많아질수록 퍼펫놀이 기술은 더욱 발전될 것이다. 이러한 기술이 발전함에 따라, 아동들은 정서적 표현을 경험할 수 있는 기회의 증가와 더불어, 계획, 조직, 모니터링, 주의력 그리고 자제력이라는 경영적 기능 기술을 더욱 발전시킬 수 있게 될 것이다.

- 기법: 아동들의 자발적인 퍼펫놀이
- 연령 범위: 유치원에서 상위 연령까지
- 집단 크기: 4~6명의 아동들(전체 학급 환경에서 이루어질 수도 있다)
- 필요한 자료: 퍼펫들, 놀이 공간, 퍼펫 극장을 만들 자료들
- 성인의 역할: 놀이를 관찰하고, 비지시적 피드백과 해설을 하며, 적절하다고 생각되는 대로 참여함(해설자 또는 퍼펫 캐릭터로서)

❖ 구조화된 퍼펫놀이

2학년 교실에 있는 퍼펫 코너에서 활기가 넘친다. 아이들의 '놀이 계획' 시간이다. 학급 선생님은 아이들이 퍼펫놀이를 통해 '큰 모험'이라는 주제를 탐구하면 어떻겠냐는 아이디어를 제안했다. 아이들이 둥그렇게 앉아서 신나게 서로 이야기를 나누며 '서커스 여행' '우주 모험' '슈퍼맨의 모험' 등 큰 모험이 무엇이 될 수 있는지 토론한다. 오늘의 총괄 기획자인 Adam은 집단 클립보드에 제안사항을 적는다. 선생님은 아이들의 이러한 생각들에 함께 웃으며 그들을 지지한다. 그들은 '우주 모험'에 만족하고 계획은 계속된다. "더 필요한 게 뭐가 있겠니?" 선생님이 물으신다. "행성과 소행성을 만들기 위해 반죽을 해요."라고 Tom이 대답한다. "우주 로켓을 위한 빈 신발 상자가 있어야 해요."라고 Avril이 제안한다. 다음으로, 선생님은 아이들에게 어디에서 그들의 이야기가 시작될 수 있고, 어떻게 전개되고 끝날 수 있을지에 대해 생각해 보라고 제안한다. Adam은 무엇이, 어디서, 언제, 왜라는 즉석 카드(prompt cards)를 꺼내들고, 아이들은 이 질문 즉석 카드를 사용하여 그들이 놀이 계획을 이리저리 생각할 수 있도록 도와준다. 누가 퍼펫놀이에 등장할까? 그들은 어디에 있고 어디로 갈 것인가? 무슨 일이 일어날까? 그들의 계획은 곧 구체화되기 시작하고, 퍼펫들이 선정되고, 역할이 나뉘고, 소품들이 만들어지고, 가능한 이야기 줄거리가 등장한다. 모험의 대장이 화성인들에게 납치된 두 명의 우주 비행사를 구하기 위해 달로 날아갈 것을 요청받는다. 그는 용감해야 하고 혼자 비행하는 것에 대한 두려움에 직면해야 한다! 그가 도착하면 그는 우주 비행사를 찾고 그들의 석방을 위해 납치범들과 협상을

해야 할 것이다. 아이들은 그들의 이야기 줄거리에 흥분해 있고 놀이를 얼른 시작하고 싶어서 애가 탄다. 타이머가 울리면서 이제 게임을 시작할 때가 되었음을 알린다. 퍼펫들의 끝없는 큰 모험이 시작된다!

학교의 실무자들은 퍼펫놀이에 대한 보다 순차적인 접근법을 계획할 수도 있다. 이 접근법에서 실무자는 주제를 제시하고 아동들이 특정 주제에 대한 더 깊은 이해와 지식을 얻을 수 있도록 아동들의 퍼펫놀이를 안내한다. 그런 주제로는 '의사' '불이야, 불이야!' '왕따' '내 생애 최고의 날' '치과로 가는 여행' 등이 포함될 수 있다. 추가적인 소품들을 추가하여 놀이와 학습을 확장하고 정교하게 할 수 있다. 언어와 자기표현은 아동들이 주제를 탐구하면서 풍성해지고, 종종 공식적인 수업에서 나타나는 실패에 대한 두려움에서 벗어나기도 한다(Woodard & Milch, 2012).

- 기법: 구조화된 퍼펫놀이
- 연령 범위: 어린 나이에서부터 중간 학년까지
- 집단 크기: 4~6명의 아동
- 샘플 주제 '의사'에 필요한 자료: 계획 확인 팝업 표시카드, 클립보드, 계획 페이지, 사람 퍼펫, 의사놀이 소품(예: 의사 키트, 붕대, 전화, 돈, 금전 등록기, 예약 영수증 등)
- 성인 지원: 성인 1명이면 충분할 것이다. 추가 인원이 있다면 대환영.

놀이 계획(10~15분)

1. 오늘 놀이는 의사에 관한 것이라고 선생님이 설명한다. 주제를 탐구하기 위해 퍼펫놀이, 작은 세계 놀이, 사회극 놀이, 창작 예술 놀이, 모래와 물놀이 등 다섯 개의 하위 집단이 설정된다. 각 집단은 4~6명의 아동을 포함한다.

2. 각 집단별로 실행 계획자를 선정한다. 실행 계획자는 계획서와 클립보드를 이용하여 집단 계획을 기록할 것이다. 이 과정에서 기호, 단어 또는 문장을 사용할 수 있다(실행 계획자의 능력에 달려 있음).

3. 아동들은 계획을 기획하기 위해서 그들의 소집단에 앉도록 권장받는다. 선생님, 학급 조교 그리고 다른 실무자는 이 집단, 저 집단으로 옮겨 다닌다.

4. 기획자는 질문 즉석 카드를 꺼내어 계획 수립 과정에 도움을 준다. 즉, 누가, 무엇을, 어디, 언제, 왜의 질문이 써 있는 카드이다. 여기서 필요한 성인 지원의 수준은 아동의 발달 수준과 그들의 놀이 경험 수준에 달려 있다. 즉흥적인 제안들은 다음의 내용을 포함할 수 있다.

- 놀이의 캐릭터는 누구인가? 그리고 어떤 퍼펫이 필요한가? (의사, 환자, 접수 담당자 등)
- 어디에서 놀이를 진행할 것인가?
- 언제 무슨 일이 일어날 것인가?
- 왜 의사가 필요한가?
- 각 퍼펫은 무슨 말/행동을 할 것인가?

놀이(20~40분)

1. 주제에 기반하여 퍼펫놀이를 창의적으로 할 수 있도록 아동들을 초대한다.
2. 놀이를 관찰하고, 성찰적인 언급, 행동, 감정을 제공한다.

놀이의 회고(10~15분)

1. 아동들은 자기 소집단에 다시 모여서, 자신들의 놀이를 회고하는 시간을 갖는다.
2. 기획 집행자는 이 토의를 이끈다. 이때 즉석 카드와 집단 계획을 참조한다. 성인은 집단의 필요에 따라 적절한 도움을 제공해 줄 수 있다.

즉석 카드 참조 목록

- 누가 누구와 함께 놀았는가?
- 누가 무엇을 가지고 놀았는가?
- 누가 무엇을 했는가?
- 이 퍼펫놀이에서 무슨 일이 일어났는가?

3. 각 놀이 집단은 다른 놀이 집단들에게 그들이 어떻게 놀았는지에 대해 이 야기할 기회를 얻는다.

생각의 확장

- 아동들은 놀이 경험에 대한 서면 검토를 완료한다. 이것은 상징, 단어 또는 문장의 형태를 취할 수 있다. 어린 아동 또는 읽고 쓰는 데 어려움을 겪는 아 동의 경우 성인이 서기 역할을 할 수 있다.
- 아동이 놀고 있는 모습을 촬영한다. 이 정보를 후속 학습에 사용한다. 놀이 사건의 순서를 정하거나 '의사'에 대한 사진 스토리를 만든다.
- 의사 주제를 더 공식적인 수업으로 확대한다.
- 부모와 보호자를 초대하여 퍼펫놀이 영역을 살펴보고 아동들의 퍼펫놀이 사 진을 관람하도록 한다.

비슷한 방식으로 퍼펫놀이는 학교 환경에서 아동들이 이야기, 시, 노래, 운율에 반응하고 탐구하는 데 사용될 수 있다. 창의적인 미술 수업의 일환으로, 아동들은 퍼펫들을 직접 디자인하고 만들 수 있다. 종이 접시, 봉투, 나무 숟가락, 종이 가방, 양말로 쉽게 퍼펫을 만들 수 있다(Jennings, 2008; Kennedy, 2004; Woodard & Milch, 2012). 그러면 아동들은 그들 자신의 퍼펫 창작물을 재연하거나, 이야기를 확장하거나, 노래나 운율을 즐긴다. 한 아동은 다른 아동들에게 수공예 퍼펫으로 이야기를 들려줄 수 있다. 또는 퍼펫놀이를 통해 '만약에'라는 질문에 답함으로써 이야기를 다시 편집하거나 자세히 설명하는 놀이를 할 수 있다. 예를 들어, Goldilocks가 죽을 먹는 동안 세 마리의 곰이 집에 도착했다면 어땠을까? 더 나이 든 아동들은 더 정교한 퍼펫들을 만들 수 있고, 그들과 관련된 상황과 경험들을 극화할 수 있다. 예를 들어, 〈The X Factor〉[1]의 최신 시리즈, 스포츠 스타나 TV 스타들과의 인터뷰 같은 것이다. 아동들은 단순한 손가락 퍼펫들을 활용하여 〈다섯 마리의 아기 원숭이(Five Little Monkeys)〉나 〈맥도날드 할아버지는 농장을 가졌네(Old MacDonald Had a Farm)〉 같은 노래와 리듬에 맞추어 놀 수 있다. 크레용으로 장식되고 손가락에 테이프로 장식된 종이 한 장은 개구리, 돼지, 소년 또는 여왕이 되기 쉽다. 퍼펫의 창조와 사용은 수업에 재미와 흥분을 더해 줄 것이다. 그러므로 아동들에게 더 적극적이고 참여적인 역할을 하도록 고무시키라.

- 기법: 퍼펫놀이를 통한 이야기나 노래에 대한 반응
- 연령 범위: 유치원부터 초등학교까지
- 집단 크기: 소집단 또는 전 학급
- 자료: 이야기책 또는 음악, 퍼펫 제작 자료
- 성인의 역할: 이야기를 읽고 반 아동들에게 노래를 들려준다. 아동들이 이야기나 음악을 나타내는 퍼펫의 특성들을 창조하도록 초대한다.
- 활동: 아동들은 퍼펫을 창의적으로 만든다(종이 접시 퍼펫, 손가락 퍼펫, 나무 숟가락 퍼펫 등). 그런 다음, 아동들은 그들의 퍼펫 캐릭터를 사용하여 이야기/노래를 극으로 만들어 보도록 초대된다.

❖ 학급 퍼펫

　P 선생님의 교실은 점심시간이다. 대부분의 아이들은 점심을 먹으면서 쉽게 서로 수다

---

1) 역자 주: 미국 FOX 채널에서 2013년에 방영한 오디션 프로그램.

를 떤다. 다른 아이들은 연주되고 있는 동요를 따라 부르기도 하고, 어떤 아이들은 그들의 테이블 위에 있는 도서관 책을 휙휙 넘겨 보기도 한다. 조용하고 수줍음이 많은 6세 소년 Max는 아무에게도 말하지 않고 조심스럽게 그의 자리에 앉아 점심을 먹는다. P 선생님은 Max 곁으로 다가가 "Max, Billy가 오늘 좀 외로운데 점심시간 동안 옆에 와서 앉아도 되겠니?"라고 말했다. "네!"라고 대답하며 Max의 얼굴에 우스꽝스러운 미소가 떠오른다. P 선생님은 퍼펫인 Billy를 Max 옆 좌석에 앉히고 자리를 옮긴다. 그녀는 Billy의 귀에 대고 속삭이며 그의 팔을 부드럽게 문지르는 Max의 모습을 볼 수 있다. 그는 계속해서 Billy에게 주스도 먹여 주고 심지어 그의 크래커들 중 하나를 Billy 앞의 테이블 위에 놓기도 한다. Max가 식사를 마치자, 그는 책을 꺼내 자신과 Billy 사이에 놓고 큰 소리로 읽기 시작한다.

실무자가 오랜 기간에 걸쳐 하나의 특정한 퍼펫을 사용하는 것은 학교 환경에서 치료적 퍼펫놀이를 응용하는 데 가장 유용한 도구 중 하나이다. 이 접근법에서 나는 전신 아동 퍼펫을 수업 또는 개별 치료나 집단 치료 회기에서 사용할 것을 추천한다.

실무자는 특정한 아동이나 아동 집단의 요구에 맞게 퍼펫들의 생활 이야기, 성격, 행동 패턴, 기질을 선택하고 맞춘다. 아동이 아닌 실무자가 퍼펫티어가 되어 퍼펫을 조종하고 퍼펫과 대화를 할 것이다. 실무자가 퍼펫에 대해 편안하게 느끼고, 사용법을 충분히 연습하며, 아동들에게 퍼펫을 사실적으로 표현해 줄 자신감을 갖는 것이 중요하다. 실무자가 퍼펫과 더 자신감 있고, 편안하고, 장난스럽게 소통할수록, 그 개입은 더 성공적일 것이다. 퍼펫을 소개하기 전에, 퍼펫을 위한 프로필을 만드는 시간을 가지라. 퍼펫의 개인화된 특성을 부여하고 조사해 본다. 퍼펫은 서로 다른 상황에서 무슨 말과 행동을 할까, 기쁠 때, 슬플 때, 걱정될 때 그 퍼펫은 무엇을 가지고 노는 것을 좋아할까, 싫어하는 것은 무엇일까, 특정한 두려움이나 걱정이나 문제가 있을까? 거울을 보면서 퍼펫 조작을 연습하면, 당신이 퍼펫을 보여 줄 때 아동들이 무엇을 보게 될지 미리 경험할 수 있는 기회를 얻을 수 있다. 당신이 퍼펫과 함께할 때, 아동들도 마찬가지이다. 아동들이 재미있게 놀고 퍼펫과 연결되고 유대감을 형성하는 것이 목적이다. 퍼펫은 집단의 구성원이 되고, 친구가 되고, 그들과 무언가를 공유하고, 대화하고, 놀고, 배우고, 가르칠 수 있는 사람이 된다.

퍼펫 조작을 위한 조언

눈 맞춤, 퍼펫 자세, 그리고 일관된 성격의 목소리가 도움을 준다. 당신의 퍼펫을 살아나게 하여 아동들이 더 잘 공감하고 반응할 수 있게 하라.

- 눈 맞춤: 퍼펫과 함께 작업할 때, 당신의 퍼펫을 바라보라. 당신은 당신이 입을 가리고 말하고 있다는 사실을 숨길 필요가 없다. 당신의 퍼펫이 말할 때, 당신은 퍼펫의 머리 뒷부분을 본다. 당신 스스로가 말할 때는 아동들을 바라보라. 이것은 아동들이 퍼펫이 말할 때는 퍼펫을 보고, 당신이 말할 때는 당신을 볼 수 있게 해 준다. 만약 집단이나 아동 개인이 당신을 쳐다보기를 원한다면, 당신의 퍼펫이 당신을 쳐다보게 하라. 이런 행동이 아동들의 관심을 퍼펫에서 당신에게로 옮겨 가게 해 준다.
- 퍼펫의 자세: 이것은 중요한 부분이다. 비언어적인 움직임은 퍼펫에게 생기를 불어넣어 준다. 퍼펫티어가 손을 위로, 아래로 부드럽게 움직이면 퍼펫이 숨을 쉬고 있는 것처럼 보인다. 머리를 조금씩 흔들면서 위아래로 움직이면 웃음이 나오고, 머리를 옆으로 이리저리 움직이면 퍼펫의 두려움을 보여 줄 수 있다. 퍼펫이 주먹을 불끈 쥐고 머리를 천장을 향하면 퍼펫의 분노를 보여 준다. 퍼펫의 머리를 천천히 아래로 움직이면서 가슴을 향하고 손으로 눈을 가리는 것은 퍼펫의 당혹감이나 실망감을 나타낼 수 있다. 다양한 방법으로 퍼펫들을 움직여 보고, 퍼펫들을 가지고 놀면서 이 자세가 어떻게 보이는지 익숙해지는 것이 중요하다. 퍼펫의 자세만으로도 다양한 감정을 보여 줄 수 있다.
- 일관된 성격의 목소리: 어떤 퍼펫들은 결코 아동 또는 아동들에게 직접적으

로 말하지 않을 수도 있다. 대신 당신의 귀에 속삭이고 당신이 퍼펫의 말을 아동들에게 다시 말할 수 있게 해 준다. 하지만 퍼펫이 아동을 직접 보고 말할 때 오는 기쁨은 꽤 놀랍다. 퍼펫에 맞는 목소리를 내기 전에 목소리를 가지고 놀라. 당신은 만들어 낸 목소리로 말할 필요가 없다. 당신은 단지 퍼펫의 나이, 성별, 기분에 따라 당신의 목소리 톤을 바꿀 수 있다. 조용한 목소리, 더 깊은 목소리, 더 느리거나 더 빠른 속도의 목소리 등 모든 것이 잘 적용된다. 중요한 것은 세상에서 가장 정교한 퍼펫 목소리를 내는 것이 아니라, 퍼펫 목소리를 일정하게 유지하는 것이다.

당신은 퍼펫을 당신의 친구라고 부를 것이다. 이것은 정말로 캐릭터가 아동들을 위해 살아날 수 있도록 돕고, 그들이 집단의 일부로서 퍼펫을 볼 수 있도록 도와주며, 실무자가 퍼펫 조종술의 세계에 완전히 참여하는 것을 보여 준다(Prendiville, 2014). 장난기 있고 좋은 이야기를 만드는 능력은 퍼펫과 아동들 사이의 긍정적인 관계의 발전을 촉진하므로, 학교에서 이 치료적 퍼펫놀이의 성공을 보장하는 데 매우 중요하다. 당신의 퍼펫을 살아나게 하고 이 긍정적인 관계의 발전을 촉진시키기 위한 조언들이 다음에 요약되어 있다.

- 당신의 퍼펫을 진짜처럼 대하라.
- 퍼펫이 도착하기도 전에 '새로운 친구'의 정보와 사진을 공유할 수 있다. 정보를 공유하고 만나고 싶은 욕구를 표현하는 편지, 엽서 또는 이메일이 퍼펫으로부터 올 수 있다.
- 퍼펫은 항상 살아서 나타나야 한다. 퍼펫을 찬장에 가두어서는 안 된다!
- 퍼펫은 다른 아동들처럼 앉을 자리, 의자, 코트 걸이 그리고 가방이 필요할 것이다.
- 다양한 활동에 참여하는 퍼펫 사진을 촬영하고 여러 가지 환경에서 이 사진을 아동들과 공유하라.

- 퍼펫이 당신의 학생들과 대화하고 개인 정보를 공유하도록 하라.
- 퍼펫과 정기적으로 대화하고, 수업 시간에 정기적으로 퍼펫을 참여시키며, 하루 종일 다양한 단계에서 퍼펫에게 인사한다.
- 아동들이 당신의 퍼펫을 만지고 이야기할 수 있는 기회를 제공하라. 예를 들어, 모든 아동이 퍼펫의 손을 흔들고, 하이파이브를 하고, 퍼펫과 그들의 소식을 공유할 수 있도록 하라.
- 퍼펫 가방: 퍼펫에게 이야기, 음식, 장난감 등 좋아하는 것들로 가득 찬 가방을 가지고 도착하도록 하라. 퍼펫은 또한 선생님이 발표하려고 계획하고 있는 구체적인 수업을 위한 자원을 가지고 올 수 있다.

　퍼펫 기술들, 사진 그리고 퍼펫의 개인적인 역사를 공유하여 퍼펫을 살아나게 함으로써 아동들은 퍼펫과 깊고 충만한 관계를 발전시키기 시작한다. 어떤 아동들에게는 퍼펫이 친구이자 동료가 될 것이다. 이야기를 나누고 점심을 나누고 껴안고 함께 논다. 아동들은 퍼펫과의 사이에서 생겨나는 관계를 통해 나눔, 차례 지키기, 긍정적 듣기 능력, 부드러운 접촉 사용, 이타주의, 공감, 자존감 등 다양한 친사회적 행동과 기술을 개발할 수 있다. 긍정적인 상호작용을 촉진할 뿐만 아니라, 이런 식으로 퍼펫 친구를 사용하는 것은 언어, 상상력 그리고 놀이 기술의 발달도 향상시킬 수 있다. 또래 관계에서 갈등을 일으키는 몇몇 아동은 이 관계를 통해 배우고 행해지는 기술들을 실제 관계에 적용할 수 있을 것이다.

- 기법: 새로운 친구
- 연령대: 4~8세
- 재료: 크고 몸집이 큰 퍼펫 하나

준비 작업

1. 프로필 준비: 새 퍼펫에 대한 자세한 정보

2. 퍼펫에 대해 알아 간다.

3. 퍼펫 조작을 연습한다.

4. 퍼펫의 사진을 몇 장 찍는다.

5. 퍼펫이 학급으로 이메일을 보낸다.

6. 학급이 퍼펫에게 답장을 보낸다—정보를 공유한다.

7. 책상, 외투걸이 등 새로운 '아동'을 위한 공간을 준비한다.

8. 도착! 즐겁게 도착하라: 당신의 상상력과 장난기를 사용하여 아동들을 참여시키라. 그 퍼펫은 자신을 소개할 수 있다. 아동 또는 아동들에게 직접 말하거나 당신의 귀에 대고 속삭임으로써 말이다. 퍼펫은 자신과 가족의 사진, 좋아하는 이야기 또는 활동지를 공유할 수 있다. 당신의 특정 집단이나 아동들에게 어울리는 것은 무엇이든지 좋다.

9. 아동들과 퍼펫 사이의 관계를 계속 발전시키라. 하루 종일 퍼펫을 활용하라. 퍼펫에게 이야기책, 연극과 미술 자료, 그리고 수업을 위한 자료들을 가져오도록 하라.

10. 퍼펫은 1년 내내 다양한 수업과 활동에 사용될 수 있다. 퍼펫은 또한 인지 · 행동 · 감정조절 전략을 모델링하는 수단으로 사용될 수 있다.

❖ 모델로서의 퍼펫

Billy는 그의 마음속의 큰 분노에 대해 반 학생들에게 이야기하고 있다. "가끔은 배 속에 화산이 있는 것 같은 느낌이 들어요. 누군가 나에게 부딪히거나 밀치면 화가 나요. 화가 나면 때리고 발로 차고, 그러다 곤경에 빠지고, 이것이 저를 더 화나게 하고 슬프게 만들어요." P 선생님은 "와, 정말 힘들 것 같네. 네 배 속의 화산을 솎아 낼 방법을 찾아야 해. 발길질과 때리는 것을 멈추도록 도와야 해."라고 말했다. P 선생님은 성난 감정을 다스리는 법을 잘 알고 있는 'Tommy Tucker'라는 그녀의 친구가 있다고 설명했다. 그녀는 거북이 퍼펫을 꺼내어 그가 어떻게 내면으로 들어가고, 심호흡을 하고, 긴장을 풀고, 큰 분노의 감정에 반응하기 전에 해결책을 생각하는 법을 배웠는지 보여 준다! Billy는 이 새로운 기법을 보고 깜짝 놀랐고 직접 시도해 보기로 했다.

사회학습이론은 모델링이 학습, 변화 및 성장을 촉진하는 데 미치는 영향을 개념화한다(Bandura, 1977). 아동들이 다른 사람들이 행동하고 상황에 반응하는 것을 보면서 얼마나 많은 것을 배울 수 있는지는 결코 과소평가할 수 없다. 교육 환경에서 실무자들은 친사회적 행동, 학습 전략, 대처 기술, 힘든 감정을 다루는 긍정적인 방법들을 모델링하기 위해 퍼펫을 사용할 수 있다. 학교에 기반을 둔 실무자는 아동들의 새로운 행동이나 인지적 사고 패턴을 강화하거나 발전시키고, 실제로 기존의 사고 패턴을 약화시키기 위해서 의도적으로 퍼펫의 행동, 반응, 말하는 것을 조종할 것이다.

Billy는 아이들에게 그가 어떻게 Tommy Tucker처럼 생각하려고 노력하는지 말하고 있다. 그는 그의 배에 분노한 감정이 쌓이는 것을 알아차렸다. 그는 그가 폭발하는 대신에 긴장을 풀려고 할 때 그의 특별한 오징어 공을 짜는 것이 큰 도움을 준다는 것을 발견했다고 설명한다! 그는 손가락으로 공을 쥐어짜는 방법을 아이들에게 보여 준다. 다음으로, 그는 그가 배운 또 다른 속임수를 그들에게 보여 준다. 그는 허리를 굽혀 꽃을 집는 척하다가 냄새를 맡고는 꽃잎을 날려 버린다. "이렇게 하는 건 내가 호흡법을 연습할 수 있게 도와줘."라고 말한다. 그다음, 그는 모든 아이가 그와 함께 새로운 호흡 게임에 참여하도록 격려한다.

실무자는 퍼펫 친구가 부드러운 손길, 앉아서 잘 듣는 행동, 손을 들어 질문하는 것 등 긍정적이고 바람직한 행동을 하도록 할 수 있다. 목표 행동에 대해 퍼펫에게 구체적인 칭찬을 함으로써 행동을 강화한다. 이런 방식으로 퍼펫은 가까이에서 칭찬하는 도구로 사용될 수 있다.

Tony는 6세이고 쉽게 산만해진다. 그는 선생님이 구체적인 개념을 가르칠 때 앉아 있고, 차례를 기다리며, 선생님을 쳐다보는 것과 같은 기본적인 교실 규칙을 지키는 것을 매우 어려워한다. P 선생님은 반의 퍼펫인 Billy를 Tony와 같은 테이블에 앉히기로 결정했다. Billy는 Tony 옆에 배치되어 P 선생님을 직접 보고 있다. 공식적인 수업 시간 동안, P 선생님은 Tony가 산만하다는 것을 알아차린다. 그는 의자에 앉아 휘청거리며 창밖을 보고 있다. 이것에 대해 언급하는 대신, 그녀는 Billy의 긍정적인 행동을 칭찬한다. "와, Billy, 네 자리에 앉아 있는 모습이 너무 좋아. 네 두 눈이 날 똑바로 쳐다보는 게 보여. 잘했어!" Tony는 이 칭찬을 알아차리고 앉는 것을 조절하고 선생님을 올려다본다. P 선생님은 즉시 이 행동에 대해 반영한다. "오, Tony, 너는 완벽하게 너의 자리에 앉아 있고, 두 발은 땅에 있고, 눈은 나를 보고 있구나. 잘했어, Tony."

또는 대안적으로 이 퍼펫 친구는 보고 따라 하는 모델로 사용될 수 있다(Knell, 2011). 그는 처음에는 이상적인 행동을 덜 보이다가 점차적으로 학급 규칙과 절차를 따르는 데 더 능숙해진다. 이 접근법에서 아동들은 퍼펫에게 새로운 행동, 예를 들어 어떻게 정돈하는지, 부드러운 접촉을 어떻게 사용하는지, 또는 실내에서는 목소리를 어떻게 해야 하는지를 가르쳐 주는 역할을 부여받는다.

P 선생님은 도움을 필요로 하는 그녀의 새로운 친구에 대해 말하기 위해 5~6세인 반 아이들을 모은다. "Alfie는 그의 이름이야."라고 그녀가 말한다. "그는 이미 몇몇 다른 학교에 다녔지만, 각각 학교에서 많은 문제가 있었어." Alfie가 교칙들을 따르기가 얼마나 많이 힘들었는지 설명할 때, 아이들의 눈이 휘둥그레졌다. "그는 친절한 말과 부드럽게 접촉하는 방법을 몰랐어. 대신 때리고, 발로 차고, 침을 뱉고, 소리를 지르고, 반 친구들과 선생님들에게 상처를 주는 말을 했지. 그는 이사를 많이 다녔어. 그는 다른 집에서 다른 사람들과 함께 살았어. 처음에는 그의 엄마, 그다음에는 그의 엄마와 양아버지와 함께 살았고, 지금은 그의 할머니와 함께 살기로 되어 있어. 아이들이 그렇게 많이 돌아다니면 힘들어. 그것은 아이들에게 많은 불편한 감정을 갖게 할 수 있어."라고 P 선생님은 설명한다. 아이들이 동의하며 고개를 끄덕인다. P 선생님은 Alfie의 할머니가 P 선생님의 학급에 대해 어떻게 들었는지에 대해 계속 설명하고 있다. 그녀는 이 아이들이 부드러운 접촉과 친절한 말

을 사용하는 것으로 알려져 있고, 사람들을 돕는 데 정말 능숙하다는 말을 들었다고 말한다. 그녀는 Alfie가 그의 착잡한 감정과 성가신 행동을 관리하기 위한 새로운 방법을 배우도록 아이들이 도울 수 있을지 궁금해했다. 그녀는 Alfie가 행복하고 진정한 친구를 사귈 수 있는 새롭고 영원한 학교를 찾기를 정말로 원한다.

아이들은 Alfie를 도울 것을 기대하고 기뻐하며, Alfie의 행동을 바꿀 수 있는 방법을 열심히 계획한다. 그들은 아이디어를 짜내고 그가 곧 도착할 수 있도록 교실을 꾸미기 시작한다.

이 전략은 아동들이 한 아동의 문제 행동에 주의를 갖기보다는 그 아동을 가르치는 위치에 놓이기 때문에 교실 환경에서 특히 유용하다. 이런 식으로 Alfie와 유사하게 파괴적인 행동을 하는 아동이 Alfie에게 부드러운 접촉과 친절한 말을 어떻게 하는지 보여 줌으로써 돕는 역할을 할 수 있다. 이러한 접근 방식은 도전적으로 행동 실천을 하는 아동들을 정말로 격려하게 된다. 그 아동들이 이제 그들의 행동을 향상시킬 이유를 가지게 되었고 목표 행동을 수행할 수 있는 자신들의 능력에 더 초점을 맞추기 때문이다. 특히 아동이 친구를 돕고 싶어 할 것이기 때문에 퍼펫과 이미 관계를 맺었을 때 더 성공적이다. 퍼펫을 가르치려는 모든 시도에서 특정한 칭찬과 긍정적인 확언을 연습하는 것은 아동이 보이는 긍정적인 행동들을 더욱 강화하는 데 효과가 있을 것이다. 예를 들어, "Tommy, 이야기 시간 동안 Alfie가 그의 자리에 앉아 있는 법을 보여 주는 걸 잘했어. 너는 그와 나에게 큰 힘이 되는구나!" 만약 목표한 아동이나 아동들이 원하는 행동에서 벗어나면, Alfie가 앉아 있고, 점심을 먹고, 장난감을 정리하고, 그 밖에 도와야 하는 중요한 일이 있음을 상기시켜 그들의 관심을 다시 끌 수 있다.

- 기법: 모델로서의 퍼펫
- 연령 범위: 3~10세
- 집단 크기: 개별, 소집단 또는 전체 학급

- 재료: 퍼펫 및 기타 필요한 자원 도구(예: 피젯 토이)
- 성인의 역할: 당신의 퍼펫이 아동들에게 특정한 문제 행동, 생각 패턴, 또는 자신이 경험하고 있는 감정에 대해 말하도록 하라. 퍼펫은 연령에 맞는 언어로 이 문제가 자신의 삶에 어떤 영향을 미치는지 설명할 것이다. 그다음에 선생님, 또는 실제로 아동들은 퍼펫이 어떻게 어려움을 극복할 수 있는지에 대한 조언과 지원을 제공하기 위해 합류한다. 이 퍼펫은 조언대로 시도하고, 예를 들어 아동들에게 탁자를 두드리는 대신 피젯 토이를 가지고 노는 것과 같은 기술을 보여 주며, 이후 단계에서는 자신이 지금 어떻게 하고 있는지를 아동들에게 알려 준다.

❖ 감정을 탐구하는 퍼펫

퍼펫들은 또한 아동들이 자신과 다른 사람들의 감정을 확인하고 건강한 방식으로 엄청난 감정을 관리하고 표현하는 법을 배울 수 있게 해 주는 훌륭한 자원이다.

이날은 새 학년의 첫날이며, P 선생님의 수업을 위한 초등학교 첫날이다. 어떤 아이들은 부모에게 행복하게 작별 인사를 하며 문으로 뛰어들었고, 어떤 아이들은 훨씬 더 망설이고 안심하기 위해 매달리며 하루하루를 떨어져 보낼 생각에 걱정하고 불안해하는 모습을 보였다. 포장지로 장식된 커다란 상자가 P 선생님의 책상 밑에 놓여 있다. 안에는 상추 한 포기 속에 부드러운 토끼 퍼펫이 들어 있다. P 선생님은 알록달록한 상자를 허공에 들고 아이들에게 안에 무엇이 있는지 보기 위해 동그랗게 앉도록 격려한다. 그녀가 작은 귀를 삐죽 내밀고 있는 상추의 머리를 천천히 드러내자 아이들은 흥미 어린 눈빛으로 응시한다. "내 친구 Rita Rabbit이야." P 선생님이 조용한 목소리로 말한다. "괜찮아, Rita. 아이들은 매우 친절해." 그녀가 퍼펫에게 속삭인다. "Rita는 매우 수줍어해. 그녀가 너희를 만나는 첫날이야. 그녀는 약간 두려움을 느끼고 있어."라고 P 선생님이 말한다. P 선생님이 아이들에게 "그녀를 밖으로 나오게 해서 인사시키는 것 좀 도와주겠니?"라고 묻자, 아이들이 "네."라고 대답한다. "좋아. 그녀가 매우 두려워하기 때문에 우리는 조용한 목소리를 사용해야 해. 그러니 셋을 세면 '안녕, Rita.'라고 불러 줘. 1······ 2······ 3!" "안녕, Rita." 아이들은 기대감에 눈을 크게 뜨고 속삭인다. Rita는 천천히 모습을 드러내기 시작한다. 둘을 더 세면서 그녀는 완전히 상추에서 벗어났고, 아이들은 행복하게 그녀에게 그들의 이름을 말해 준다.

- 기법: 수줍은 퍼펫
- 연령 범위: 3~8세
- 집단 크기: 개별, 소집단 또는 대집단
- 재료: 상추 속의 토끼 또는 거북이와 같이 그 자체로 숨을 수 있는 퍼펫
- 성인의 역할: 실무자는 퍼펫이 아직 안쪽에 박혀 있는 동안 그것을 소개한다. 성인은 퍼펫의 감정을 인식하고 수줍은 퍼펫을 달래는 데 도움이 되어 달라고 아동/아동들을 격려한다.

학교에 기반을 둔 실무자들은 또한 더 구체적이고 정서적으로 민감한 생활사건, 이슈, 그리고 문제들, 예를 들어 기분을 상하게 하는 것, 성질을 부리는 것, 불안, 부모 분리, 사별 등을 다루기 위해 퍼펫 친구들을 사용할 수 있다. 퍼펫의 사용은 종종 아동들이 더 편안하게 느낌으로써 더 민감한 문제를 탐색할 수 있을 만큼 안전하고 극적인 거리를 제공하기 위해 필요하다(Nash & Schaefer, 2010). 이 기술에서, 학교에 기반을 둔 실무자는 아동들의 경험이나 감정을 퍼펫에 투사하는 것을 용이하게 한다. 성인은 퍼펫의 경험과 감정에 대해 언급할 수 있고, 퍼펫에게 이제 안전하다고 말해 주면서 퍼펫을 안심시킬 수 있다. 퍼펫은 모델로서 아동들에게 이러한 문제들을 다루기 위해 실질적이고 정서적으로 건강한 대안적인 방법을 제공할 수 있다. 퍼펫은 감정 조절, 정서 표현, 조절 기술의 측면을 모델링할 수 있으며, 감정을 다루는 방법으로 아동들을 지도할 수 있

다. 종종 퍼펫이 새로운 아이디어를 소개하거나 기술을 시연할 때, 아동은 성인이 소개했을 때보다 더 잘 수용한다. 게다가 성인과 퍼펫은 아동에게 도움이 되도록 고안된 의미 있는 방법으로, 아동의 귀에 대고 서로 말할 수 있다. 이 퍼펫은 예를 들어, 아동에게 불안감을 주는 어떤 일, 혹은 부정적이고 파괴적인 행동과 감정에 대해 퍼펫의 귀에 대고 말할 수 있다. 성인이나 퍼펫 중 누구든 이러한 대화의 과정 내에서 가능한 해결책을 제시할 수 있다. 대안적으로, 실무자는 그 퍼펫들을 돌보고 지지하는 데 아동들을 참여시킬 수 있다. 아동 또는 아동 집단은 퍼펫에게 조언을 해 주고 퍼펫이 특정한 어려움을 극복하도록 돕기 위해 관여할 수 있다(Prendiville, 2014).

학교 놀이치료사인 Michelle은 7~8세 아동 집단과 함께 불안감을 다루기 위해 일하고 있다. 첫 번째 회기에서 Michelle은 그녀의 친구 'Molly'를 이 집단에 소개한다. 그녀는 Molly가 대부분의 시간을 매우 두려워하며 보낸다고 아이들에게 설명한다. Michelle은 Molly를 초대해서 그녀의 많은 걱정들에 대해 이야기하도록 한다. Molly는 아이들에게 직접 말한다. 그녀는 매우 조용한 목소리를 가졌고, 말하면서 Michelle 가까이에 들러붙어 있었다. "나는 너무 많은 다른 것들을 무서워해요."라고 그녀는 말한다. "괴물처럼 어둡고 시끄러운 소리, 그리고 심지어 내 댄스 교실에 가는 것까지…… 가끔 저는 집에만 있고 밖에 전혀 나가고 싶지 않은 기분이 들어요."

두 번째 회기에서 Molly는 '너무 큰 세상의 Teenie Weenie(Teenie Weenie in a Too Big World)'(Sunderland, 2003)라는 이야기를 집단과 나누었다. 그녀는 그녀의 걱정을 극복하는 데 도움이 될 것을 말해 주는 특별한 친구를 어떻게 만났는지를 이야기한다. 아이들은 Molly가 들려주는 이야기를 듣고 싶어 한다. Michelle은 Molly를 다른 아이들과 함께 동그랗게 자리에 앉히고 이야기를 읽는다. 아이들은 Teenie Weenie가 길을 잃고 혼자 매우 무서운 곳에 있다는 이야기를 들으면서 흥미를 느끼고 귀를 기울인다. 그들은 그가 Wip Wop 새와 그의 친구인 Hoggie를 만났을 때 웃는다. 어떤 아이들은 그가 다른 사람들과 함께 있는 것이 그의 걱정을 없애도록 돕는다는 것을 깨닫고 환호한다. 이야기를 한 후에 Molly가 함께 이것을 시도해 볼 것이라고 발표한다. 그다음 주에 그녀는 돌아와서 아이들에게 자신이 지난주에 댄스 수업에 갔고, 심지어 장난감 토끼를 가지고 있었기 때문에 엄마 없이 지낼 수 있었다고 자랑스럽게 말한다. "그건 내 인생의 동반자였어."라고 그녀가 즐겁게 말한다. "수고했어."라고 아이들이 한 목소리로 말했다. 그리고 이번 주 동안 그들의 성공담들도 나누기 시작했다.

그 후 Molly는 집단에게 어떻게 그녀의 걱정이 사라지도록 도울 다른 방법을 찾았는지 말한다. "나는 이제 엄마와 내 걱정을 공유해."라고 그녀가 알린다. "우리는 매일 저녁 특별한 시간을 함께 보내며, 나는 엄마에게 내 걱정을 전해 줘. 그렇게 하면 나는 밤에 걱정거리를 걱정할 필요가 없어. 우리가 함께 있는 시간이 지나면 나는 잠을 자는 것이 훨씬 더 쉬워져."라고 말했다. 몇 주가 지나면서 Molly는 자신감을 얻고 아이들과 우여곡절을 나누게 되었다. 호흡법에서부터 명상, 긍정적인 자기대화, 피젯 토이까지, Molly는 공유할 새로운 전략을 많이 가지고 있다!

❖ 결론

이 장에서는 학교 환경에서의 치료적 퍼펫놀이 접근법에 대해 설명했다. 교사, 놀이치료사, 보조 학급 선생님, 부모, 간병인이 이용할 수 있는 혁신적인 퍼펫놀이 아이디어가 아동들의 사회적·정서적·인지적·행동적 역량 개발을 지원한다. 학교 환경에서 퍼펫을 활용할 수 있는 방법으로는 다가오는 행사를 위해 아동들을 준비시키기, 아동들의 학습 과제와 활동에 대해 전적인 관심을 갖도록 해 주기, 수업과 행동 관리 도구로 활용하기, 아동들이 교대로 주말과 학교 쉬는 시간에 퍼펫을 집에 데려가도록 하기 등 여러가지가 있다. 치료적 퍼펫놀이의 가능성은 무궁무진하다. 퍼펫으로 자신의 장난기와 창의력을 발휘하기를 권한다. 퍼펫과 함께 재미있게 놀라. 그리고 퍼펫들이 당신의 상상력을 사로잡고 학교 환경에서 중심을 잡을 수 있도록 그들의 마법의 세계를 허락하라.

참고문헌

Bandura, A. (1977). *Social learning theory*. Oxford: Prentice-Hall.

Crenshaw, D., & Foreacre, C. (2001). Play therapy in a residential treatment centre. In A. A. Drewes, L. J. Carey, & C. E. Schaefer (Eds.), *School-based play therapy* (1st ed., pp. 139-163). Hoboken, NJ: John Wiley & Sons, Inc.

DeLucia-Waack, J. L. (2006). *Leading psychoeducational groups for children and adolescents*. Thousand Oaks, CA: Sage Publications.

Jennings, S. (2005). *Creative play with children at risk*. Oxon, UK: Speechmark.

Jennings, S. (2008). *Creative puppetry with children and adults*. Oxon, London, UK: Speechmark.

Kennedy, J. (2004). *Puppet mania: The world's most incredible puppet making book ever!* Cincinnati, OH: North Light Books.

Knell, S. (2011). Cognitive-behavioral play therapy. In C. E. Schaefer (Ed.), *Foundations of play therapy* (2nd ed., pp. 313-328). Hoboken, NJ: Wiley.

Nash, J., & Schaefer, C. (2010). Clinical and developmental issues in psychotherapy with preschool children: Laying the groundwork for play therapy. In C. E. Schaefer (Ed.), *Play therapy for preschool children* (pp. 15-29). Washington, DC: American Psychological Association.

Prendiville, S. (2014). The use of puppets in therapeutic and educational settings. In E. Prendiville & J. Howard (Eds.), *Play therapy today: Contemporary practice for individuals, groups, and parents* (pp. 97-112). London, England: Routledge.

Reynolds, C., & Stanley, C. (2001). Innovative applications of play therapy in school settings. In A. A. Drewes, L. J. Carey, & C. E. Schaefer (Eds.), *School-based play therapy* (1st ed., pp. 350-367). Hoboken, NJ: John Wiley & Sons, Inc.

Seach, D. (2007). *Interactive play for children with Autism*. Oxon, UK: Routledge.

Sunderland, M. (2003). *Teenie Weenie in a too big world*. Oxon, UK: Speechmark.

Woodard, C., & Milch, C. (2012). *Make-believe play and story-based drama in early childhood: Let's pretend!* London: Jessica Kingsley Publishers.

찾아보기

편저자 소개

Athena A. Drewes, PsyD, RPT-S

공인 아동심리학자, 학교심리학자, 등록된 놀이치료사이며 감독이다. 그녀는 Astor Services for Children and Family에서 임상교육과 APA 인증을 받은 박사과정 인턴십 지도감독자이다. 40년 이상의 임상 경험으로 임상의들을 감독하고, 통합적 접근의 놀이치료를 활용하여 학교와 외래 및 입원 환경에서 성학대, 복합외상, 애착 문제를 겪는 10대들과 함께 작업하는 것을 전문으로 하고 있다. 놀이치료협회 이사회의 전 감독이자 뉴욕 놀이치료협회 명예회장이다. 놀이치료에 대해 폭넓게 글을 썼으며 미국 전역과 전 세계에서 자주 초청되는 강사이다.

Drewes 박사는 『학교기반 놀이치료, 제2판(School-Based Play Therapy, Second Edition)』의 편저자이며, 『놀이치료에서 문화적 이슈들(Cultural Issues in Play Therapy)』 『아동과 놀이치료 슈퍼바이저를 위한 기법(Supervision Can Be Playful: Techniques for Child and Play Therapy Supervisors)』 『놀이치료와 인지행동치료의 융합: 증거 기반 및 기타 효과적인 치료법 및 기법(Blending Play Therapy with Cognitive Behavioral Therapy: Evidence-Based and Other Effective Treatments and Techniques)』 『통합적 놀이치료(Integrative Play Therapy)』 『놀이의 치료적 힘: 20가지 변화의 핵심요인(The Therapeutic Powers of Play: 20 Core Agents of Change)』을 포함한 11권의 책의 편집자/공동 편집자이다. 미국심리협회에서 가장 최근에 출판된 그녀의 책인 『중기 아동과의 놀이치료(Play Therapy in Middle Childhood)』에는 Drewes 박사의 통합적 놀이치료 작업인 동료 임상 비디오가 포함되어 있다.

Charles E. Schaefer, PhD, RPT-S

미국 뉴저지주 티넥에 있는 페어레이 디킨슨 대학교의 명예교수이다. 그는 놀이치료협회의 공동 창립자이자 명예 감독이다. Schaefer 박사는 100편 이상의 연구논문의 저자이자 『놀이치료 핸드북, 제2판(Handbook of Play Therapy, Second Edition)』 『놀이치료의 기초, 제2판(Foundations of Play Therapy, Second Edition)』 『놀이의 치료적 힘, 제2판(The Therapeutic Powers of Play, Second Edition)』 『효과적인 놀이치료 기술: 효과성이 검증된 접근법(Essential Play Therapy Techniques: Time-Tested Approaches)』 『단기 놀이치료, 제3판(Short-Term Play Therapy, Third Edition)』 『미취학 아동을 위한 놀이치료(Play Therapy for Preschoolers)』를 포함해서 60편이 넘는 전문서적의 저자/편집자이다.

기고자 소개

Jennifer C. Ablow, MA, PhD 미국 오리건주의 오리건 대학교 심리학부 조교수

Susan M. Carter, PhD, RPT-S 미국 미시간주 캘러머주의 Center for change & Growth에서 근무하는 면허를 가진 심리학자

Jo Ann L. Cook, EdD, NCSP, ABSNP, RPT-S 미국 플로리다주 윈터파크의 개인센터 소속

David A. Crenshaw, PhD, ABPP, RPT-S 미국 뉴욕주 포킵시의 아동시설 임상감독

Athena A. Drewes, PsyD, RPT-S 미국 뉴욕주 미들타운의 Astor Services for Children and Families에서 임상교육과 APA 인증을 받은 박사과정 인턴십 감독

Pam Dyson, MA, LPC-S, RPT-S 미국 텍사스주 플래이노의 DFW 놀이치료 훈련센터 소속

Brandon Eddy, MSc 미국 텍사스주 러벅의 텍사스 공과대학교 지역, 가족 그리고 중독 서비스학부 교수

Eliana Gil, PhD, RPT-S, ATR, LMFT 미국 버지니아주 페어팩스의 외상 회복과 교육을 위한 Gil 연구소, Starbright 훈련소의 감독, 버지니아주의 버지니아 공과대학 가족치료학부 부교수

Elizabeth Kjellstrand Hartwig, PhD, LPC-S, LMFT, RPT-S 미국 버지니아주의 텍사스 주립대학교 전문상담 프로그램 운영, 텍사스 놀이치료협회 차기 회장

Eleanor C. Irwin, PhD 임상심리학자, 드라마치료사(RDT), 면허를 가진 아동 및 성인 심리치료사, 피츠버그 대학교 의과대학 정신건강의학과 정신의학 임상 조교수, 펜실베이니아주 피츠버그 정신분석센터 교수

Jillian E. Kelly, LCSW, RPT 미국 노스캐롤라이나주 애슈빌의 개인센터 소속

Susan M. Knell, PhD, LLC 미국 오하이오주 하일랜드 하이츠의 임상심리학자

Elsa Soto Leggett, PhD, LPC-S, RPT-S, CSC 미국 텍사스주 카티의 휴스턴 빅토리아 대학교 프로그램 코디네이터와 상담교육 조교수

Kristin K. Meany-Walen, PhD, LMHC, RPT, NCC 미국 아이오와주 시더 폴스의 응용인문과학대학 상담 조교수

Jeffrey Measelle, PhD 미국 오리건주의 오리건 대학교 심리학과 부교수

Judi Parson, PhD, MA Play Therapy, MHthSc, Grad Dip Pediatrics, BN, RN 호주 빅토리아주 질롱의 디킨 대학교 정신건강 강사

Siobhán Prendiville, ME, MA 아일랜드 웨스트미스주의 아동 및 청소년 심리치료사와 놀이 치료사, 아동치료센터 주 트레이너, 아일랜드 놀이치료사와 심리치료사 협회(IAPTP) 소속

M. Jamila Reid, PhD 미국 워싱턴주 시애틀의 Incredible Years Program 아동 및 교사 교수

Charles E. Schaefer, PhD, RPT-S 미국 뉴저지주 티넥의 페어레이 디킨슨 대학교 명예교수, 놀이치료협회의 공동 창립자이자 명예감독

Quinn K. Smelser, MA, LPC, RPT, NCC 미국 조지 워싱턴 대학교, 버지니아주 페어팩스의 외상 회복과 교육을 위한 Gil 연구소 소속

Catherine Ford Sori, PhD, LMFT 미국 일리노이주 유니버시티 파크의 거버너스 주립대학교 심리학과 상담부서 정교수, MFC 트랙 리더

Brie Turns, MS, LMFTA 미국 텍사스주의 텍사스 공과대학교 결혼과 가족치료 프로그램, 지역, 가족 그리고 중독 서비스 학부 소속

Joanne F. Vizzini, PhD, LCPC, NCC 면허가 있는 임상전문상담사, 미국 메릴랜드주 컬럼비아의 심리치료를 통한 자유 연구소, 미국 메릴랜드주의 로욜라 대학교 전 외래교수 및 임상 슈퍼바이저, 퍼펫치료 연구소, 퍼펫티어, 국제인형극연맹(UNIMA; International Puppetry Association) 소속

Carolyn Webster-Stratton, PhD 미국 워싱턴 대학교 명예교수, 미국 워싱턴주 시애틀의 Incredible Years 소속

역자 소개

선우현(Hyun Sunwoo)
독일 쾰른 대학교 아동가족심리 전공 박사
현 명지대학교 통합치료대학원 아동심리치료학과 교수

⟨대표 저서 및 역서⟩
발달심리학의 이해(공저, 동문사, 2012)
학습부진아 치료교육 프로그램(공저, 동문사, 2014)
아동과 청소년 정신분석(공역, 시그마프레스, 2006)

노남숙(Namsook Roh)
명지대학교 아동학과 아동가족심리치료 전공 박사
현 명지대학교 통합치료대학원 아동심리치료학과 교수

⟨대표 저서 및 역서⟩
전생애 놀이치료(공저, 학지사, 2021)
재미있고 쉬운 인지행동놀이치료 1권(공역, 학지사, 2018)

왕영희(Younghee Wang)
미국 매사추세츠 대학교 교육학 전공 박사
현 서울신학대학교 상담대학원 교수

⟨대표 저서 및 역서⟩
유아교육개론(공저, 오래, 2011)
사회 · 가족 변화에 따른 부모교육(공저, 창지사, 2016)
C. G. 융과 후기 융학파(공역, 한국심리치료연구소, 2012)

서미진(Mijin Seo Kim)

캐나다 크리스천 대학 기독교상담 전공 박사

현 호주 기독교 대학 부학장

〈대표 역서〉

궁금한 아이, 진땀 빼는 부모(예수전도단, 2005)

유능한 상담자 워크북: 상담 기술 연습서(학지사, 2015)

안명숙(Myungsuk Ann)

연세대학교 기독교상담 전공 박사

현 서울장신대학교 신학과 교수

〈대표 저서〉

목회상담 이야기: 공감과 수용이 필요한 때(서울장신대학교, 2014)

최광현(Kwanghyun Choi)

독일 본 대학교 가족상담 전공 박사

현 한세대학교 심리상담대학원 교수

〈대표 저서〉

가족의 두 얼굴(부키, 2012)

가족의 발견: 가족에게 더 이상 상처받고 싶지 않은 나를 위한 심리학(부키, 2014)

인형치료: 상징체계의 활용과 적용모델(2판, 공저, 학지사, 2016)

사람이 힘겨운 당신을 위한 관계의 심리학: 상처는 어느 날 갑자기 찾아오지 않는다

　　(21세기북스, 2020)

퍼펫놀이치료의 이론과 실제

Puppet Play Therapy: A Practical Guidebook

2022년 3월 20일 1판 1쇄 인쇄
2022년 3월 30일 1판 1쇄 발행

엮은이 • Athena A. Drewes · Charles E. Schaefer
옮긴이 • 선우현 · 노남숙 · 왕영희 · 서미진 · 안명숙 · 최광현
펴낸이 • 김진환
펴낸곳 • ㈜ 학지사

04031 서울특별시 마포구 양화로 15길 20 마인드월드빌딩
대표전화 • 02)330-5114   팩스 • 02)324-2345
등록번호 • 제313-2006-000265호

홈페이지 • http://www.hakjisa.co.kr
페이스북 • https://www.facebook.com/hakjisabook

ISBN 978-89-997-2650-7   93180

정가 17,000원

출판 · 교육 · 미디어기업 학지사

간호보건의학출판 학지사메디컬 www.hakjisamd.co.kr
심리검사연구소 인싸이트 www.inpsyt.co.kr
학술논문서비스 뉴논문 www.newnonmun.com
교육연수원 카운피아 www.counpia.com